马克思诞辰200周年纪念文库
The 200th Anniversary Books for Karl Marx

普列汉诺夫社会主义革命思想研究

张 驰 | 著

中央编译出版社
Central Compilation & Translation Press

图书在版编目（CIP）数据

普列汉诺夫社会主义革命思想研究/张驰著. —北京：
中央编译出版社，2019.1
ISBN 978-7-5117-3672-7

Ⅰ. ①普…
Ⅱ. ①张…
Ⅲ. ①普列汉诺夫（Plekhanov, Georgi Valentino 1856-1918）—社会主义革命—思想评论
Ⅳ. ① B512.54②D04

中国版本图书馆 CIP 数据核字（2018）第 288093 号

普列汉诺夫社会主义革命思想研究

出 版 人：	葛海彦
责任编辑：	李易明
责任印制：	刘　慧
出版发行：	中央编译出版社
地　　址：	北京西城区车公庄大街乙5号鸿儒大厦B座（100044）
电　　话：	（010）52612345（总编室）　　（010）52612339（编辑室）
	（010）52612316（发行部）　　（010）52612346（馆配部）
传　　真：	（010）66515838
经　　销：	全国新华书店
印　　刷：	三河市华东印刷有限公司
开　　本：	710毫米×1000毫米　1/16
字　　数：	244千字
印　　张：	16
版　　次：	2019年1月第1版
印　　次：	2019年1月第1次印刷
定　　价：	85.00元

网　　址：www.cctphome.com　　邮　箱：cctp@cctphome.com
新浪微博：@中央编译出版社　　微　信：中央编译出版社（ID: cctphome）
淘宝店铺：中央编译出版社直销店(http://shop108367160.taobao.com)（010）55626985

本社常年法律顾问：北京市吴栾赵阎律师事务所律师　闫军　梁勤
凡有印装质量问题，本社负责调换，电话：（010）55626985

序　普列汉诺夫：马克思主义发展史学科应该关注的思想家[①]

俄国是否具备社会主义革命的必要条件，能否进行社会主义革命？在十月革命发生前后，列宁与普列汉诺夫在此问题上就存在重大分歧，两人的论争一直延续到1918年普列汉诺夫去世。在他们之后，围绕着十月革命的争论仍不时发生，尤其是在苏东剧变之后，有关争论更是达到高潮。然而，纵观后来争论的有关材料，我们发现，在很大程度上，人们似乎只是在重复列宁与普列汉诺夫的争论，思想的深度与广度也未见得超过他们。迄今，十月革命发生已逾100周年，重温列宁与普列汉诺夫之争，并从中获取教益，从而坚定社会主义信念，是一件很有意义的事情。

一

在1903年以前，普列汉诺夫与列宁在政治上和理论上是一致的。在1903年俄国社会民主工党第二次代表大会上，普列汉诺夫还坚决支持列宁，并以其声望帮助列宁赢得了多数代表的支持。但此后不久，普列汉诺夫为了调和党内矛盾，开始转向孟什维克。从这时起，两人开始出现政治分歧和理论分歧，而分

[①] 本文原刊发于《政治学研究》2009年第1期。本序在原文基础上做了修订，并增加了有关内容。特此说明。——序者

歧的焦点恰恰就是俄国革命道路问题。普列汉诺夫先后给列宁扣上多顶帽子，如"民意党人""民粹派""空想主义者"等。在他看来，以列宁为代表的布尔什维克主张用暴力革命使俄国跳过资产阶级革命阶段，这实际上"继承了民粹派衣钵"，"同我们俄国的布朗基主义即已经不存在的'民意主义'是根本没有任何区别的：同样的'阴谋'，同样的'武装起义'（民意派分子说：造反），同样的革命者'夺取政权'"[①]。对于列宁领导的十月革命，普列汉诺夫更是极力反对。众所周知，列宁正是以其对民粹主义的理论批判开始为俄国革命者所熟悉的，他对民粹主义的理论批判深度也远非一般人能及。普列汉诺夫这位俄国及第二国际的权威理论家，为什么恰恰给列宁扣上民粹派的帽子并大加反对呢？归结起来，普列汉诺夫认为：

第一，俄国生产力水平落后，尚不具备社会主义革命的物质前提。在普列汉诺夫看来，列宁的社会主义革命主张是在重复民粹派的错误，会妨碍俄国资本主义的发展。1917年4月，他撰文批驳列宁的"四月提纲"。他先引证马克思在《〈政治经济学批判〉序言》中关于"两个决不会"的论述，接着写道："现在试问，资本主义在俄国的情况如何？我们有没有根据断言，我国资本主义的黄金时代已经过去，也就是说，它达到了这样一个高级阶段，在这个阶段上它不再促进本国生产力的发展，相反，而是阻碍它的发展呢？"他的回答是："以马克思的学说为依据的社会主义政策当然有自己的逻辑。如果一国的资本主义尚未达到阻碍本国生产力发展的那个高级阶段，那么号召城乡工人和最贫苦的农民推翻资本主义就是荒谬的。"因此，他认为，列宁关于夺取政权的号召"乃是在俄国土地上散播无政府主义混乱状态的一种极其有害的疯狂企图"[②]。

第二，俄国无产阶级人数少，劳动群众觉悟不高，不具备社会主义革命的阶级基础。普列汉诺夫在1906年就指责布尔什维克"狂热地急于超过革命的发展过程；他们发现必须预先实现自己的政治'口号'。他们根本没有想到，实现这些口号要以实现一系列的先决条件为前提，在这些条件中占首要地位的是组

[①] 《普列汉诺夫机会主义文选》下册，生活·读书·新知三联书店1965年版，第74页。
[②] [俄]普列汉诺夫：《在祖国的一年》，生活·读书·新知三联书店1980年版，第22—24页。

织无产阶级的力量和使它的有组织的——因之也就是多少有觉悟的——力量去影响还处于黑帮鼓动家影响下的没有觉悟的无产阶级阶层"①。1917年5月，他又说，"社会主义制度至少要以两个必不可少的条件为前提：（一）生产力（所谓技术）高度发展；（二）国内劳动居民具有极高的觉悟水平。在不具备这两个必要条件的地方，根本谈不上组织社会主义的生产方式。"② 随后，他进一步强调："我国劳动群众还没有实行这种专政的准备。正像恩格斯指出过的，对于任何一个特定的阶级说来，最大的不幸莫过于在它还没有充分发展而不能适当的利用政权的时候就得到政权：因为在这种情况下它一定要遭到惨重的失败。至于我国劳动群众，那么，如果它夺取政权，它的失败也会是必然的。"因为"俄国历史还没有磨好将来要用它烤成社会主义馅饼的那种面粉"③。在普列汉诺夫看来，列宁等人想依靠尚未觉悟的工农群众搞革命，这与民粹派将希望寄托在落后的农民身上一样，乃是知识分子劣根性的表现。

第三，俄国社会主义革命得不到欧美国家的响应，必将归于失败。普列汉诺夫在十月革命后针对列宁的有关观点发表了自己的看法，"有人说：俄国工人所开始的事业将由德国人来完成。不过，这是一个很大的错误。不容争辩，就经济意义上说来，德国比俄国要发达得多。德国人的'社会革命'比俄国人的要更加逼近一些。不过，就是在德国人那里它也不是当前的问题。""现在，在德国，不仅没有发生'社会'革命的希望，也没有发生政治革命的希望。""这就是说，德国人不可能完成将由俄国人开始的事业。无论法国人、英国人、美国人都不可能完成这一事业。俄国无产阶级不适时宜地夺取政权之后，决不能完成社会革命，而只会引起内战。"④

第四，基于以上认识，普列汉诺夫认为，俄国革命只能是资产阶级革命而不能是社会主义革命。1917年6月，他在《错误的逻辑》中写道："我国那些反对列宁的革命派分子的根本错误就在于他们不彻底：他们认为俄国还没有跨

---

① 《普列汉诺夫机会主义文选》下册，生活·读书·新知三联书店1965年版，第166页。
② ［俄］普列汉诺夫：《在祖国的一年》，生活·读书·新知三联书店1980年版，第121页。
③ ［俄］普列汉诺夫：《在祖国的一年》，生活·读书·新知三联书店1980年版，第207页。
④ ［俄］普列汉诺夫：《在祖国的一年》，生活·读书·新知三联书店1980年版，第465—466页。

过资本主义发展阶段,因此他们发现资产阶级参加国家管理是必要的,但同时,他们自己又用一种促进和帮助群众接受'打倒资本家部长'这个口号的语言谈论'资产者'。①1917年8月,他还坚持认为:"我们现在正经历着资产阶级革命。只有不可救药的空想主义者,只有失去任何理论思维和任何实践嗅觉的人,才敢断言,俄国目前可以达到社会主义运动的最终目的。"②他多次指责列宁及其领导的布尔什维克"制造革命",试图使俄国跨过资产阶级革命阶段。直到十月革命已经发生并取得胜利,他还在致彼得格勒工人的公开信中说,十月革命推翻联合政府的事变"使我痛心","我之所以痛心,不是因为我不希望工人阶级取得胜利,相反,而是因为我要竭尽全部心力促其实现"。③但是,"我国工人阶级为了自己和国家的利益还远远不能把全部政权夺到自己手中来。把这样的政权强加它,就意味着把它推上最大的历史灾难的道路,这样的灾难同时也会是整个俄国的最大灾难"。④

总起来说,普列汉诺夫反对以列宁为代表的布尔什维克的革命理论和策略,他坚持认为,俄国不具备进行社会主义革命的客观条件,不能跨越资产阶级革命阶段,俄国无产阶级应与资产阶级分头行动,共同完成资产阶级革命;俄国无产阶级政党的现实任务不是进行社会主义革命,而是宣传社会主义革命。从而为社会主义革命积累和准备力量。

二

在当时的国际国内形势下,资本主义不发达的俄国是否具备进行社会主义革命的条件?针对普列汉诺夫等人的诘难,列宁进行了深入的思考,从理论上予以了系统的回答。

第一,俄国在一定程度上具备社会主义革命所需要的经济条件,并将通过革命创造出先进的社会生产力。列宁指出:"如果社会主义在经济上尚未成熟,

---

① [俄]普列汉诺夫:《在祖国的一年》,生活·读书·新知三联书店1980年版,第207页
② [俄]普列汉诺夫:《在祖国的一年》,生活·读书·新知三联书店1980年版,第306页
③ [俄]普列汉诺夫:《在祖国的一年》,生活·读书·新知三联书店1980年版,第462页
④ [俄]普列汉诺夫:《在祖国的一年》,生活·读书·新知三联书店1980年版,第464页

任何起义也创造不出社会主义来。"① 俄国是一个落后国家，但它是帝国主义国家中的落后国家，并非世界范围内的落后国家，它既苦于资本主义的发展，又苦于资本主义的不发展。在国际垄断资本主义的影响下，俄国资本主义"也成了垄断资本主义"，而战争又"异常地加速了垄断资本主义向国家垄断资本主义的转变"②，形成了社会调整生产和分配的机构，为俄国的社会主义革命创造了一定的经济条件。当然，俄国资本主义发展得不够，生产力不够发达，列宁对此毫不否认。但是，他认为俄国并不一定要等到生产力高度发展了以后才来进行社会主义革命，"如果说我们既然承认我国经济'力量'和政治力量不相称，'因而'就不应该夺取政权，那就犯了不可救药的错误。所谓的'套中人'就是这样推论的，他们忘记了，'相称'是永远不会有的"③。面对着特殊的形势提出的问题，即"既然毫无出路的处境十倍地增强了工农的力量，使我们能够用与西欧其他一切国家不同的方法来创造发展文明的根本前提，那又该怎么办呢?"列宁提出了首先夺取政权，然后利用先进的上层建筑促进生产力发展的思路——"既然建立社会主义需要有一定的文化水平（虽然谁也说不出这个一定的'文化水平'究竟是什么样的，因为这在各个西欧国家都是不同的），我们为什么不能首先用革命手段取得达到这个一定水平的前提，然后在工农政权和苏维埃制度的基础上赶上别国人民呢?"④

第二，俄国的无产阶级人数不多，但是它具有自己独特的优势。传统观念认为，社会主义革命只有在工人阶级占总人口多数的西方发达国家才能首先取得胜利。普列汉诺夫无疑是坚持以上观点的。列宁根据帝国主义时代资本主义国家工人运动发展的状况和俄国工人运动的实际，得出了不同的结论："与各先进国家相比，俄国人开始伟大的无产阶级革命是比较容易的'，因为俄国具备有利的阶级条件：其一，"沙皇君主国在政治上的非常落后（就20世纪的欧洲来说）使得群众的革命冲击力量异常强大"⑤；其二，"俄国的落后使得无产阶级

---

① 《列宁选集》第3卷，人民出版社1995年版，第266页。
② 《列宁选集》第3卷，人民出版社1995年版，第264—266页。
③ 《列宁选集》第3卷，人民出版社1995年版，第531页。
④ 《列宁选集》第4卷，人民出版社1995年版，第777页。
⑤ 《列宁选集》第3卷，人民出版社1995年版，第793—794页。

反对资产阶级的革命与农民反对地主的革命独特地结合了起来",而"无产阶级同农民的特殊关系便利了从资产阶级革命过渡到社会主义,便利了从城市无产者去影响农村半无产的贫苦劳动阶层"①;其三,战争十倍地增强了工农的力量;其四,工人阶级有一个完全以马克思主义为指导、具有丰富斗争经验的布尔什维克党的正确领导。② 因此,列宁得出结论:"现在的形势与马克思和恩格斯所预料的不同了,它把国际社会主义革命先锋队的光荣使命交给了我们——俄国的被剥削劳动阶级。"③

第三,苏俄革命必将取得人口众多的东方国家的国际支持,社会主义的最终胜利是完全有保证的。普列汉诺夫提出的俄国社会主义革命能否得到西方无产阶级的响应和支持问题,列宁也非常关心。在相当长一段时间内,列宁的思路是:以俄国革命的胜利去促进和引发西方社会主义革命的胜利,从而争取世界社会主义革命的胜利。他在十月革命胜利后不久说:"毫无疑问,欧洲的社会主义革命应该到来,而且一定会到来。我们对社会主义取得最终胜利的一切希望,都是以这种信心和科学预见为基础的。"④ 但是,西方社会主义革命迟迟没有到来,这就给列宁提出了两个非常现实的问题:其一,没有取得革命胜利的西方无产阶级的国际支持,苏俄如何与资本主义世界对抗并坚持到社会主义在全世界的胜利? 其二,没有取得社会主义革命胜利的西方先进国家的物质帮助,苏俄如何获得建设社会主义所必需的物质基础?⑤ 列宁晚年对这两个问题进行了着重思考,并给出了自己的答案:对于建设社会主义所需要的物质基础,俄国必须依靠自己,为此他提出了一系列利用资本主义发展社会主义的"自救"政策;对于俄国坚持社会主义革命胜利成果所需要的国际支持,列宁寄希望于东方国家。他说,"斗争的结局归根到底取决于如下这一点:俄国、印度、中国等等构成世界人口的绝大多数。正是这个人口的大多数,最近几年来非常迅速地卷入了争取自身解放的斗争,所以在这个意义上说,世界斗争的最终解决将会

---

① 《列宁选集》第 4 卷,人民出版社 1995 年版,第 794 页。
② 《列宁选集》第 4 卷,人民出版社 1995 年版,第 136—137 页。
③ 《列宁选集》第 3 卷,人民出版社 1995 年版,第 416—417 页。
④ 《列宁全集》第 33 卷,人民出版社 1985 年版,第 248 页。
⑤ 安启念:《东方国家的社会跳跃与文化之后》,人民出版社 1994 年版,第 238 页。

如何，是不可能有丝毫怀疑的。在这个意义上说，社会主义的最终胜利是完全和绝对有保证的。"①

第四，俄国必须实现从资产阶级民主革命到社会主义革命的转变，不采取走向社会主义的步骤就不能前进。1917年二月革命后，面对动荡不定的局势，特别是科尔尼洛夫发动的旨在把俄国重新拖回到专制主义深渊的反革命叛乱，资产阶级临时政府软弱无力，其首脑人物克伦斯基甚至充当了叛乱的同谋。列宁由此指出，形势十分危急，"要求各族人民立即作出选择：是死亡，还是马上采取走向社会主义的坚决步骤"②。俄国在取得资产阶级民主革命的胜利以后，不走向社会主义，不采取走向社会主义的步骤，就不能前进。③ 在十月革命胜利后，列宁还针对考茨基的责难作了进一步阐述："企图在这两个革命中间筑起一道人为的万里长城，企图不用无产阶级的准备程度、无产阶级同贫苦农民联合的程度而用其他什么东西来分开这两个革命，就是极大地歪曲马克思主义。"④ 他后来在《十月革命四周年》一文中还说：普列汉诺夫和考茨基等人不理解两种革命的关系，不懂得"前一革命可以转变为后一革命。后一革命可以顺便解决前一革命的问题。后一革命可以巩固前一革命的事业。斗争，只有斗争，才能决定后一革命能比前一革命超出多远"⑤。

总之，在列宁看来，十月革命不是少数人密谋的结果，不是布尔什维克人为制造出来的，而是俄国革命形势发展的必然产物。普列汉诺夫等人将俄国"还没有成长到实行社会主义的地步"当作金科玉律，是他们不懂得"世界历史发展的一般规律，不仅丝毫不排斥个别发展阶段在发展的形式或顺序上表现出特殊性，反而是以此为前提的"⑥。列宁甚至大胆预言，俄国革命所体现出的特殊性到了东方国家又会产生某些局部的新东西，"在东方那些人口无比众多、社

---

① 《列宁选集》第4卷，人民出版社1995年版，第796页。
② 《列宁全集》第32卷，人民出版社1985年版，第108页。
③ 《列宁选集》第3卷，人民出版社1995年版，第266页。
④ 《列宁选集》第3卷，人民出版社1995年版，第657页。
⑤ 《列宁选集》第4卷，人民出版社1995年版，第566页。
⑥ 《列宁选集》第4卷，人民出版社1995年版，第776页。

会情况无比复杂的国家里,今后的革命无疑会比俄国革命带有更多的特殊性"①。

三

普列汉诺夫、列宁同为19世纪末20世纪初俄国最有影响的思想家,同为当时万众瞩目的无产阶级革命导师,两人对俄国革命道路问题却存在如此重大的意见分歧,这不能不引起人们的一再深思。尽管十月革命的胜利以及由此开创的社会主义实践运动已经给这场争论作了历史评判,尽管苏东剧变以后人们又从不同角度对这场争论作出不同评价,但是,我们不得不承认,这是一场关乎社会主义发展道路的严肃而认真的争论,透过这场争论,并联系当前的现实,我们可以从中获取不少有益启示。

启示之一:对待马克思主义有一个态度问题,真正的马克思主义者既要坚持马克思主义基本原理,又要结合新的实际情况不断发展马克思主义。

根据马克思和恩格斯的一般设想,社会主义革命是资本主义基本矛盾激化的产物,首先要在资本主义发达国家大致同时发生才能取得胜利。这一设想,是马克思、恩格斯根据自由资本主义的政治经济等方面的条件提出来的。但是,资本主义发展到垄断阶段以后,情况发生了很大的变化,政治经济发展不平衡成了资本主义发展的绝对规律。俄国在特殊的情况下被卷入帝国主义体系,并成为当时帝国主义链条上的薄弱环节。面对新的形势,俄国革命者对马克思、恩格斯的前述设想应该采取什么态度呢?是用他们的结论来苛求实际,要求实际去适应理论,还是理论主动去适应实际,并根据新的实际得出新的结论?马克思主义的答案其实非常明确。恩格斯曾说:"结论如果变成一种故步自封的东西,不再成为继续发展的前提,它就毫无用处。"② 他以毋庸置疑的态度宣布:"我们的理论是发展着的理论,而不是必须背得烂熟并机械地加以重复的教条。"③

普列汉诺夫无疑是通晓马克思、恩格斯著作的大理论家,并且对马克思主

---

① 《列宁选集》第4卷,人民出版社1995年版,第778页。
② 《马克思恩格斯全集》第1卷,人民出版社1956年版,第642页。
③ 《马克思恩格斯选集》第4卷,人民出版社1995年版,第681页。

义怀着真诚的信仰，但由于受其思维方式的影响，加之常年旅居国外、习惯于埋首书斋等原因，他未能及时准确地把握俄国革命形势的急剧变化，因而对俄国革命的认识还停留在旧时的水平；此外，他常常将马克思、恩格斯的话当作一成不变的金科玉律，习惯于引用他们关于另一历史时代的某些论述来论证和设计俄国革命道路。如此对待理论，不管他怎样熟悉马克思、恩格斯的著作，其结果必然"只会抓住书中的一些引文，像一个脑袋里似乎装着引文卡抽屉的学者一样，随时可以把引文抽出来，可是一旦遇到书中没有谈到的新情况，就束手无策，从抽屉里抽出恰恰不该抽出的引文来"①。正因为如此，像普列汉诺夫这样一位曾经反对过教条主义的理论家，最终却成为教条主义者的典型，其经历可以而且应当作为无产阶级的"有益的教训"②。

列宁坚定地信仰马克思主义，但他忠于的是它的精神而不是它的字句。十月革命前几个月，俄国的局势复杂多变，阶级斗争异常激烈。列宁反对削足适履地拿狭隘了解的"理论"来硬套现实，指出："我们不是学理主义者。我们的学说不是教条，而是行动的指南。我们并不苛求马克思或马克思主义者知道走向社会主义的道路上的一切具体情况。"③他审时度势，运筹帷幄，及时制定适应新形势的斗争方针和策略，最终领导人民夺取了十月革命的胜利，为我们树立了理论联系实际、在实践中坚持和发展马克思主义的光辉典范。邓小平评价说："列宁之所以是一个真正的伟大的马克思主义者，就在于他不是从书本里，而是从实际、逻辑、哲学思想、共产主义理想上找到革命道路，在一个落后的国家干成了十月社会主义革命。"④邓小平还说，毛泽东也不是在马克思、列宁的书本里寻求在落后的中国夺取新民主主义革命胜利的途径。革命是这样，建设也是这样。"真正的马克思列宁主义者必须根据现在的情况，认识、继承和发展马克思列宁主义。"⑤这是对待马克思主义的正确态度，也是我们从列宁与普列汉诺夫之争中得到的宝贵启示。

---

① 《列宁全集》第36卷，人民出版社1985年版，第346页。
② 《列宁全集》第39卷，人民出版社1986年版，第81页。
③ 《列宁全集》第32卷，人民出版社1985年版，第111页。
④ 《邓小平文选》第3卷，人民出版社1993年版，第292页。
⑤ 《邓小平文选》第3卷，人民出版社1993年版，第291页。

启示之二：对待革命队伍内部犯了错误的人，真正的马克思主义者既要坚持无产阶级的党性原则，又要坚持辩证的、历史的评价态度。

作为俄国马克思主义的先行者和宣传家，普列汉诺夫的著作培养了一整代俄国马克思主义者，对列宁的思想也发生过重要的影响。普列汉诺夫在晚年犯了严重的教条主义错误，尤其是在俄国革命道路问题上，他对列宁大加指责。那么，列宁对普列汉诺夫这位复杂而重要的人物采取了何种态度和做法呢？

列宁也有常人一样的感情。在与普列汉诺夫发生争论之前，列宁也曾批判过一些人，这些人当中有许多原先是革命队伍内部的人，其中不少人与他有交情。与这些人进行论战，列宁心里并不好受。他说："在自己人中间展开论战是不愉快的，所以我尽量缓和语气，但是，如果闭口不谈分歧，那就不仅仅是不愉快的，而简直是有害的了。"① 列宁立党为公，战斗为公。为了捍卫马克思主义不受曲解，他义无反顾，毅然抛弃一切个人的好恶。为此可能要牺牲友谊，要忍受痛苦。1924年4月，克鲁普斯卡娅曾生动地描述了列宁为了坚持原则，与普列汉诺夫等人断绝政治关系时，心灵上所经历的痛苦。她写道，普列汉诺夫在列宁的发展上起过巨大的作用，帮助他找到了正确的革命道路，因此，在很长一段时期内，对他来说，普列汉诺夫身上是带有光环的，同普列汉诺夫发生任何最微小的分歧，都使他感到万分痛心。② 尽管如此，列宁在党性原则与私人感情两者发生冲突必须作出抉择时，他都是毫不犹豫地选择党性原则，在自己的政治判断和政治行动中抛弃一切个人的好恶。他说："交情是交情，公事是公事。"③

但是，对于普列汉诺夫为俄国革命所作的贡献，列宁总是给予充分肯定，他毫不隐讳地承认自己"曾从普列汉诺夫那里学到很多东西"④。即使在普列汉诺夫后来犯了许多错误、对自己进行了尖锐指责的情况下，列宁也从不否认这一点。十月革命期间，针对一些群众包围、搜查普列汉诺夫住所的事件，列宁

---

① 《列宁全集》第53卷，人民出版社1988年版，第193—194页。
② ［苏］克鲁普斯卡娅等：《回忆列宁》第1卷，人民出版社1982年版，第753—755页。
③ 《列宁全集》第46卷，人民出版社1990年版，第215页。
④ ［苏］克鲁普斯卡娅等：《回忆列宁》第1卷，人民出版社1982年版，第748页。

及时予以制止，并指示属下要确保普列汉诺夫的安全。在十月革命胜利后，他结合自己的切身体会，郑重地向年轻党员推荐普列汉诺夫的著作。他说："不研究——正是研究——普列汉诺夫所写的全部哲学著作，就不能成为一个自觉的、真正的共产主义者，因为这些著作是整个国际马克思主义文献中的优秀作品。"①列宁对待普列汉诺夫的这些态度和做法，充分体现了一个真正的马克思主义者的修养和胸襟，永远值得后人学习。

启示之三：社会历史发展既有决定性又有选择性，真正的马克思主义者既要尊重历史的客观规律，又要主动发挥自己的革命能动性。

恩格斯说："社会发展史却有一点是和自然发展史根本不相同的。在自然界中（如果我们把人对自然界的反作用撇开不谈）全是没有意识的、盲目的动力……相反，在社会历史领域内进行活动的，是具有意识的、经过思虑或凭激情行动的、追求某种目的的人；任何事情的发生都不是没有自觉的意图，没有预期的目的的。"②这表明，社会发展不仅具有决定性，而且具有选择性。正因为社会历史的主体是"具有意识的、经过思虑或凭激情行动的、追求某种目的的人"，所以在一定的历史条件下，主体可以在社会发展的多种可能性中作出自己的能动选择。

诚如列宁所论，在特殊的国际国内局势下，俄国在一定程度上具备了进行社会主义革命所必需的经济的、阶级的和国际的条件。正是这些条件，体现了俄国十月革命的历史决定性。当然，从马克思、恩格斯所设想的社会主义革命一般条件来看，相比西方发达资本主义国家而言，俄国经济文化发展水平确实不高，俄国革命的条件又具有不完全成熟的一面。但是，如果等客观条件完全成熟，再去进行社会主义革命，不仅会痛失有利的革命时机，而且连民主革命的成果也难保。在历史发展的紧要关头，在俄国民众的革命热情高涨的情况下，是借口客观条件不充分，给行动起来的革命群众泼上一瓢冷水，还是积极参加并科学引导群众的革命行动，带领他们走向胜利呢？以列宁为首的布尔什维克

---

① 《列宁全集》第40卷，人民出版社1986年版，第292页。
② 《马克思恩格斯选集》第4卷，人民出版社1995年版，第247页。

党，充分利用特殊的革命形势，顺应历史发展的要求，将广大人民群众争取"和平、土地、面包"的斗争巧妙地引向了社会主义革命，从而挽救了俄国和俄国民主革命。在俄国处于何去何从的十字路口，布尔什维克采取断然措施发动十月革命，充分体现了无产阶级政党的革命能动性。"社会主义革命对俄国来说不是徒劳的'布尔什维克实验'，在很大程度上是在很多'社会主义前提'不成熟的情况下被迫迈出的一步，是在经济崩溃、国土沦丧、地主—资本家执政集团完全失去活动能力的状况下使民族—国家得以生存的唯一现实机遇。正因为如此，广大人民接受并捍卫了十月革命。"① 苏联解体以后，俄罗斯学者弗罗洛夫所说的这段话比较公正地评说了历史。

如何把握历史的决定性与选择性，长期以来存在着不同看法。针对普列汉诺夫等人的责难，列宁以其十月革命的理论和实践告诉我们，真正的马克思主义者要将尊重客观规律性与发挥自觉能动性结合起来，既要做历史规律的自觉遵守者，又要做历史发展的积极促进派。

启示之四：落后国家建设社会主义确实面临着巨大的困难，真正的马克思主义者既要敢于直面困难，经得住曲折的考验，又要敢于战胜困难，始终对前途充满信心。

在俄国革命道路问题上，普列汉诺夫晚年确实犯了严重的教条主义错误，但是，他的意见也从侧面反映出落后国家走社会主义道路必将遇到前所未有的难题。普列汉诺夫的深刻之处就在于他提出了问题，他的失误之处就在于他的思考停留在马克思主义的字句的理解上，并且被问题所吓倒。

相对于普列汉诺夫而言，列宁的伟大之处就在于他对难题的深刻思考和无畏探索，在于他坚持马克思主义而又不受已有理论的束缚，把马克思主义和俄国实际紧密结合，开创了落后国家建设社会主义的伟大道路。对于在经济文化相对落后的俄国建设社会主义的困难，列宁毫不回避。他说："与各先进国家相比，俄国人开始伟大的无产阶级革命是比较容易的，但是把它继续到获得最终

---

① 中央编译局世界社会主义研究所编：《当代国外社会主义：理论与模式》，中央编译出版社1998年版，第66页。

胜利，即完全组织起社会主义社会，就比较困难了。"① 他将俄国社会主义建设道路的探索形象地比喻为攀登一座人迹罕至、未经勘探的高山，其中要经历无法想象的困难和曲折。但是，列宁并没有被困难所吓倒。十月革命胜利以后，他就领导俄国开始了社会主义建设的实践。列宁开始曾试图利用战时共产主义政策直接向社会主义过渡，但遭到了挫折。经过摸索，他领导制定并实施了新经济政策，采取了一系列向社会主义迂回过渡的有效办法，找到了一条经济文化比较落后的国家通向社会主义的可行道路。

在十月革命的影响下，包括中国在内的一批东方落后国家先后走上社会主义道路，掀起了20世纪社会主义运动的高潮。这些国家社会主义实践所取得的伟大成就初步向世人显示了社会主义制度的无比优越性。

20世纪社会主义运动不仅有凯歌高奏，也有重大曲折，既有高潮，也有低潮。应该说，这符合新生事物的发展规律。但是，苏联剧变以后，一些人祭出普列汉诺夫的大旗，动辄引证他的某些言论。在这些人看来，苏联演变的原罪在于十月革命，历史"验证"了普列汉诺夫的"天才预言"。在我们看来，这种观点的错误是很明显的。苏联演变的原因是复杂的、多方面的，但戈尔巴乔夫推行的"人道的民主的社会主义"改革路线是最直接最主要的原因。苏联剧变并没有验证普列汉诺夫的预言，而是从反面以惨痛的结果证明了十月革命道路的正确性。②

社会主义制度是一种全新的社会制度，它又建立在经济、文化基础比较落后的国家，这就决定了它在前进的过程中必然要经历许多曲折，其中发生暂时的反复也是可能的，甚至是难免的。列宁早就告诫人们："设想世界历史会一帆风顺、按部就班地向前发展，不会有时出现大幅度的跃退，那是不辩证的，不科学的，在理论上是不正确的。"③ 邓小平在苏东剧变之后指出："从一定意义上说，某种暂时复辟也是难以完全避免的规律性现象。一些国家出现严重曲折，

---

① 《列宁选集》第3卷，人民出版社1995年版，第793—794页。
② 孙来斌：《"跨越论"与落后国家经济发展道路》，武汉大学出版社2006年版，第263—264页。
③ 《列宁选集》第2卷，人民出版社1995年版，第694页。

社会主义好像被削弱了,但人民经受锻炼,从中吸收教训,将促使社会主义向着更加健康的方向发展。因此,不要惊慌失措,不要认为马克思主义就消失了,没用了,失败了。哪有这回事!"①

经济文化落后国家搞社会主义,确实有许多先天不足,存在着巨大困难。真正的马克思主义者应该向列宁和邓小平学习,既要敢于直面困难,经得住曲折的考验,又要敢于战胜困难,始终对前途充满信心。

孙来斌

2018 年 6 月 25 日于珞珈山

---

① 《邓小平文选》第 3 卷,人民出版社 1993 年版,第 383 页。

目录

序 普列汉诺夫:马克思主义发展史学科应该关注的思想家 ········· 1

导 言 ··· 1
  一、研究背景与意义 ·· 1
  二、国内外研究综述 ·· 5
    (一)国内研究综述 ··· 5
    (二)国外研究综述 ··· 18
  三、研究方法及研究思路 ··· 25
    (一)研究方法 ··· 25
    (二)研究思路 ··· 27
  四、可能的创新点及不足 ··· 27

第一章 普列汉诺夫社会主义革命思想的时代背景 ····················· 29
  一、普列汉诺夫社会主义革命思想的国内背景 ································ 29
    (一)19世纪末俄国社会的本质特征 ······································· 30
    (二)20世纪初俄国国内矛盾深化 ··· 34

二、普列汉诺夫社会主义革命思想的国际背景 ……………………… 38
　（一）19世纪70年代以来资本主义出现的新现象 ……………… 38
　（二）马克思主义理论与资本主义新现象的"反差" …………… 40
　（三）"反差"所致的理论分歧:否弃或发展 …………………… 42

三、普列汉诺夫社会主义革命思想的理论渊源 ……………………… 45
　（一）马克思、恩格斯关于俄国革命和社会发展的论述 ……… 46
　（二）恩格斯晚年对革命理论和革命道路的新补充 …………… 54
　（三）第二国际理论家对马克思主义革命思想的争论 ………… 57

第二章　普列汉诺夫对俄国革命道路的早期探索 …………………… 63

一、早期马克思主义世界观确立的客观前提 ………………………… 63
　（一）实施个人恐怖策略致使革命陷入低潮 …………………… 64
　（二）主张跨越资本主义使民粹派失信于众 …………………… 65

二、早期马克思主义世界观形成的思想脉络 ………………………… 67
　（一）革命早期:接受并宣传民粹主义的理论、纲领和策略 …… 68
　（二）动摇时期:对民粹派理论立场正确性的怀疑 …………… 71
　（三）转变时期:以马克思主义观点分析社会问题的初步尝试 … 72
　（四）确立时期:认真研究、积极宣传马克思主义 …………… 75

三、普列汉诺夫早期的革命主张 ……………………………………… 77
　（一）察觉到工人阶级在革命中的重要性 ……………………… 78
　（二）猛烈抨击个人恐怖策略的危害性 ………………………… 81
　（三）预测农村公社即将瓦解的必然性 ………………………… 82

第三章　"劳动解放社"时期奠定俄国革命运动的理论基础 ………… 85

一、普列汉诺夫"劳动解放社"时期的革命主张 …………………… 86
　（一）斗争的形式:阐明政治斗争的目的和必要性 …………… 86
　（二）革命的道路:捍卫马克思主义暴力革命原则 …………… 89
　（三）革命的性质:坚定俄国资产阶级民主革命特性 ………… 94

二、"劳动解放社"时期为俄国革命作出的重大贡献 ·········· 98
  （一）积极翻译马恩著作，广泛宣传马克思主义 ·········· 99
  （二）批判各种错误思潮，捍卫马克思主义原理 ·········· 102
  （三）培养革命骨干，筹建马克思主义政党 ·········· 107
  （四）加强同欧洲革命党联系，促进无产阶级国际团结 ·········· 109
三、"劳动解放社"时期革命主张中的不足 ·········· 112

第四章 孟什维主义时期特殊的政治立场和革命策略 ·········· 118

一、孟什维主义时期特殊政治立场的演变过程 ·········· 119
  （一）合作阶段：建党初期的布尔什维主义立场 ·········· 119
  （二）分歧阶段：党的"二大"以后的调和主义立场 ·········· 121
  （三）决裂阶段：1905年资产阶级革命期间的右翼立场 ·········· 124
  （四）拥护阶段：反取消派时期的护党立场 ·········· 129

二、俄国1905年革命时期的策略主张 ·········· 135
  （一）主张"平行领导"，号召无产阶级放弃领导权 ·········· 135
  （二）否认农民的革命作用，反对工农民主专政 ·········· 139
  （三）批判武装起义，颂扬国家杜马 ·········· 143
  （四）搬用"万里长城论"，否认民主革命转变为社会主义革命 ·········· 147

三、孟什维主义时期特殊性的具体表现 ·········· 151
  （一）政治立场的特殊性：孟什维主张中包含国际主义精神 ·········· 152
  （二）转变成因的特殊性：面对不同意见的错误取舍 ·········· 155
  （三）思维方法的特殊性：政治立场演变与哲学思想演化的关系 ·········· 159

第五章 普列汉诺夫晚年对俄国革命道路的思考 ·········· 163

一、普列汉诺夫晚年对俄国革命道路的主张 ·········· 163
  （一）关于俄国社会主义革命的物质前提 ·········· 164
  （二）关于俄国社会主义革命的阶级基础 ·········· 166
  （三）关于俄国社会主义革命的国际支持 ·········· 169

二、普列汉诺夫晚年革命主张的实质 ……………………………… 170
  （一）普列汉诺夫对布尔什维克"社会跳跃"的批判 …………… 171
  （二）普列汉诺夫反对俄国社会跳跃的主观原因 ……………… 177
  （三）普列汉诺夫反对俄国社会跳跃的客观依据 ……………… 180

三、普列汉诺夫晚年革命主张的缺陷 ……………………………… 183
  （一）回避无产阶级革命中对待国家的态度问题 ……………… 183
  （二）忽视阶级矛盾对国家产生的首要意义 …………………… 186
  （三）对俄国革命进程考察的机械化色彩 ……………………… 189

第六章　普列汉诺夫社会主义革命思想的历史地位及现实启示 …… 193

一、普列汉诺夫社会主义革命思想的历史地位 …………………… 193
  （一）应以历史视角分阶段加以考察 …………………………… 194
  （二）应以辩证方法分角度加以评析 …………………………… 197

二、普列汉诺夫社会主义革命思想的现实启示 …………………… 201
  （一）对待马克思主义既要坚持基本原理，又要寻求发展创新 ………… 201
  （二）对待复杂历史人物既要坚持党性原则，又要坚持辩证历史态度 … 204
  （三）对待发展道路既要尊重客观规律，又要发挥革命能动性 ………… 205
  （四）对待落后国家建设社会主义既要直面困难，又要充满信心 ……… 207

参考文献 …………………………………………………………… 210

后　记 ……………………………………………………………… 229

导 言

一、研究背景与意义

格奥尔基·瓦连廷诺维奇·普列汉诺夫（1856—1918）是国际共运史上赫赫有名而又复杂矛盾的人物。他是俄国马克思主义政党的创始人和领袖之一，对于马克思主义理论在俄国的传播和俄国无产阶级政党的建立有不可磨灭的历史功绩。但1903年俄国社会民主工党第二次代表大会后他渐渐与布尔什维克分道扬镳，开始以孟什维主义立场分析俄国革命道路，成了"十月革命最著名的反对者"。

其实回顾普列汉诺夫的一生，革命才是他最显著的标签。他一生都在为俄国革命事业奋斗。他努力将马克思主义理论运用到经济文化相对落后的俄国，严格遵循马克思的革命指导理念，形成了关于俄国革命和建设的一系列理论和策略原则，极大地丰富了马克思主义革命思想，为我们留下了丰厚的理论遗产。

但是开拓者的道路总是艰辛——普列汉诺夫一生的革命事业一直饱受争议：从早期冲出民粹主义阵营，成为俄国第一个杰出的马克思主义者，第一个马克思主义团体的主将，第一个反击民粹主义的先锋，到19世纪末，国际共产主义运动出现了修正主义逆流，马克思主义遭遇歪曲和攻击，他带头起来向伯恩施坦修正主义开火，旗帜鲜明地保卫了马克思主义，接连批判了修正主义的变种——米勒兰主义、合法马克思主义、经济主义等。从20世纪初社会民主工党面临思想分离、政治动摇、组织涣散的危机，他与列宁站在一起，挽救并重建了党，成为了党的领袖，到1903年俄国社会民主工党第二次代表大会后倒向孟什维克，成为政治立场转变的起点。从1905年俄国资产阶级革命时的特殊立场，到1908年俄国第一次革命遭受失败，党的事业遭到严重摧残，党内动摇、消沉、叛变成风的严峻时刻，普列汉诺夫又同布尔什维克建立护党同盟，共同反对取消派，批判马赫主义等形形色色的唯心主义，保护了党，捍卫了马克思主义。从1914年8月第一次世界大战爆发时的护国立场，到1917年十月革命前后坚决反对立刻进行社会主义革命的主张——可以说，普列汉诺夫在俄国革命每一个重大关口所做的理论主张和革命实践都遭受到了不同程度的批评与反抗——这其中既有沙皇专制势力以及民粹主义阵营的直接武器批判，也有同时期以列宁为首的马克思主义阵营的理论批评。如果说前者反映的是封建势力和资产阶级针对无产阶级的阶级斗争因而尚在情理的话，那么后者反映的马克思主义阵营内部的理论和意识形态分歧无疑应该引起我们重视，它促使我们去思考普列汉诺夫的革命理论和实践与马克思主义革命学说之间的关系。

　　普列汉诺夫的去世并没有结束上述争论。列宁在十月革命后进行的激烈改革引起众多争议，继承者斯大林创造的"斯大林模式"虽然取得了一些耀眼的历史成就，但政治、经济、文化方面的高度集中带来的明显弊端，不但使他成为西方资产阶级攻击对象，在社会主义阵营里也引发着各种分歧。随着1991年苏共垮台、苏联解体，人们开始对苏联的前世今生作出深刻反思，由此引发的意识形态斗争再次风起云涌。人们开始意识到普列汉诺夫晚年革命主张中也存在一定合理成分和启示价值。随着西方思潮的渗透，人们甚至幻想：如果普列汉诺夫在世，俄国的社会主义可能是其他面貌。1999年11月30日，俄罗斯《独立报》发表了由普列汉诺夫的侄子谢·格·普列汉诺夫保存的"政治遗嘱"《格·瓦·普列汉诺夫最后的想法》①，遗嘱中有一些"新鲜"材料和观点将矛头直指十月革命，认为十月革命违反了马克思主义基本思想，是发展并不充分

---

① 据普列汉诺夫的侄子谢·格·普列汉诺夫介绍：这篇《政治遗嘱》是普列汉诺夫在1918年4月7—21日在病危中口授，由密友列·格·捷依奇笔录，又曲折而戏剧性地经过尼·尼热戈罗多夫的秘密收藏，终于在《遗嘱》所预言的苏联崩溃之后，于1999年11月30日俄国《独立报》发表面世。但是这篇《遗嘱》的真实性一直受到质疑，基本可以断定"遗嘱为假"。

的"早产儿",是苏联时期各种社会危机的"根源"。遗嘱错误地否定了十月革命的历史必然性,对苏联解体的原因做了片面分析,引起了国际社会的广泛争议。这样"从左及右",促使着我们去思考如何真实、客观评价普列汉诺夫的革命主张。

普列汉诺夫在革命理论和实践中留下的长期争论,彰显了他在俄国革命历史中的突出地位。回顾他的一生,其实都是在用马克思主义探寻俄国社会发展道路的过程。只是与列宁跳出马克思主义的理论解释框架,结合俄国实际探索思考不同,普列汉诺夫更多的是传承马克思主义的经典文本,探寻与解决俄国历史与现实问题。当今看来,两种不同的思维方式并没有孰对孰错之分,他们就俄国革命道路问题既有对立也有交织,梳理普列汉诺夫关于俄国社会主义革命的相关论述,评析他对俄国资本主义发展的规划,探寻他政治立场转变的深层次原因,挖掘他和列宁在十月革命分歧上的内在逻辑,找寻晚年主张的危害及其遭到批判的原因,对普列汉诺夫的革命理论作客观、公正评价,这不仅是一个有益的话题,也是一个极富有启发性的理论课题,无论对于正确探讨当今时代与马克思主义之间的内在关联、准确判断时代形势,还是正确探讨无产阶级斗争策略以及"什么是马克思主义、怎样科学对待马克思主义"和经济落后国家如何开展社会主义建设等重大问题都具有思想价值和启示意义。这也是本书之所以选择《普列汉诺夫社会主义革命思想研究》为题的主要缘由。

这一研究有着诸多价值。具体而言,首先,有助于对马克思主义革命思想的正确理解与继承。马克思主义革命思想是国际共产主义运动的重要指导思想。普列汉诺夫对此做了卓有成效的继承与发展:早期他通过对俄国社会发展规律一般性与独特性的分析,论证了资本主义在俄国社会发展的现实必然性,有力地捍卫了马克思主义革命思想所蕴含的历史观和方法论。但到了中后期,他对马克思主义革命思想产生了肢解,其核心就在于理解马克思主义革命思想的教条化色彩。他突出强调受制于经济必然性而开展革命的客观规律性,这种革命观念潜藏着把人由社会革命的历史主体降为历史规律自我实现的手段,奉行消极等待主义革命策略,泯灭了马克思主义革命思想中辩证、能动的特质。分析普列汉诺夫各个时期的革命主张,探讨其原因,总结其教训,对我们正确理解马克思主义革命思想理论有莫大帮助。

其次，有利于促进对第二国际同时期各理论家思想主张的正确认识。第二国际的成立，一方面加速了马克思主义在各国工人阶层中间的传播，成为了马克思主义在世界范围内由理论形态向实践形态转变的重要平台；另一方面，第二国际也是马克思主义发展由"一元"到"多线"的历史源头。这一时期，自由资本主义向垄断资本主义过渡所出现的新情况、新问题，对马克思主义理论权威造成挑战。一些学者站在不同视角对马克思主义进行了"新的修正"，各种马克思主义"过时论"层出不穷。普列汉诺夫对此进行了坚决的批判，确保了马克思主义在俄国的传播与发展。因此对他各项批判主张的归纳和整理，不仅有利于梳理他自身的革命思想，也能加深我们对马克思主义的正确认识，加强对普列汉诺夫同时期各个流派思想家的认识。

再次，有利于客观评价普列汉诺夫毕生革命事业的功过是非。作为国际共产主义运动中烜赫一时的人物，尽管他的哲学理论贡献被人奉为圭臬，但他毕生的革命事业却遭遇种种批判。普遍认为他前期功勋卓越，中期摇摆不定，后期在机会主义泥潭中越陷越深，坠落为不可救药的机会主义首领。盖棺定论，他是功过掺和、复杂多变的人物。盖棺未定论，他一生的功过是非历来众说纷纭。盖棺只是说明一个人事业的结束，然而历史将会对一个人毕生的事业不断澄清，日益提纯。尤其是对普列汉诺夫这样复杂历史人物的定论，需要一定的历史过程，不能一蹴而就。几十年来，由于人们的立场观点疏异，水平角度不同，加上政治形势多变，所以对他的评价不免高低起伏，左右偏颇，褒贬皆有。如何真正以马克思主义为指导，从客观历史事实出发，本着实事求是的原则，全面、准确、客观评价他一生各个时期、各个方面的是非功过，具体、细致、恰当地分析他一生思想发展变化的全过程，这是值得我们所有马克思主义工作者认真探索的一个课题。

最后，有利于提高学习马克思主义理论的自觉性。"什么是马克思主义，怎样对待马克思主义"是研究马克思主义发展史和国际共产主义运动史的基本理论问题，也是贯穿于整个无产阶级革命运动全部进程的重大实践问题。随着资本主义社会从自由时代向垄断时代过渡，以电力的广泛应用为标志的第二次科技革命为资本主义社会生产力和生产关系带来的新变化，马克思主义理论的影响力和号召力遭到削弱，出现了各种质疑声：马克思主义是否过时？是否应该继续坚持马克思主义的基本原理？在坚守马克思主义立场的基础上，如何丰富发展马克思主义？如何解决当时俄国革命实际？普列汉诺夫和列宁形成了两种不同观点。围绕俄国革命道路的选择问题：是否应跨越卡夫丁大峡谷、立即开展社会主义革命，双方展开了激烈辩论，其核心在于对马克思主义的不同运用。从这场世纪之交的大辩论中，双方之间存在着一定的交互性和相似性，十月革命的胜利肯定了列宁的观点，但随后向社会主义过渡的挫折却又验证了普列汉诺夫主张中存在的合理成分。因此分析他们的争论，探寻分歧的原因，不仅有利于正确理解和运用马克思主义理论，更能准确把握马克思主义发展规律，有利于提高学习马克思主义理论的自觉性。

二、国内外研究综述

（一）国内研究综述

1. 关于普列汉诺夫一生革命活动的阶段划分问题

如何划分普列汉诺夫一生革命活动，自 20 世纪 20 年代开始，学术界大体上有四种不同意见，即"老三阶段论""新三阶段论""四阶段论"和"五阶段论"。

其一，"老三阶段论"。这种意见认为普列汉诺夫一生可以划分为三阶段，即从革命民粹主义者转变为马克思主义者时期（1878—1882）、马克思主义者时期（1883—1914）、同孟什维克断交并和工人运动失去联系的时期（1914—1918）。这种意见最早是由《普列汉诺夫全集》主编梁赞诺夫所提。他在 1922 年 11 月为《普列汉诺夫全集》第一卷所写的"编者的说明"中指出，"普列汉诺夫的著述活动明显地分为三个时期：第一个时期是 1878—1882 年，即准备时期。在此期间，普列汉诺夫从革命的民粹主义者变成革命的马克思主义者。第二个时期是 1883—1914 年。在这一时期，尽管他发生过种种动摇，但是作为俄国马克思主义的奠基人仍然留在革命队伍中。第三个时期是 1914—1918 年，他和孟什维克断交，并且和工人运动几乎失去了任何联系。"①尽管梁赞诺夫主要指的是普列汉诺夫的"著述活动"，但实际上也涉及了他的革命活动。这种意见，在20世纪20年代的苏联颇有影响力。

其二，"新三阶段论"。相对于"老三阶段论"而言，这种意见认为普列汉诺夫一生应该划分为：民粹主义者时期（1875—1883）、马克思主义者时期（1883—1903）、机会主义者时期（1903—1918）。此意见也是由苏联学者首先提出来。罗森塔尔和尤金编写的《简明哲学辞典》中"普列汉诺夫"词条上写道：普列汉诺夫的"全部活动可以分为三个阶段：从1875到1883年他是民粹主义者；从1883年到1903年是马克思主义者；1903年以后，就开始右倾，变成了孟什维克，变成了孟什维主义的一个首领，背叛了革命的马克思主义"②。苏联大百科全书"普列汉诺夫"词条大体上也持这种意见。此说法自20世纪30年代即流行于苏联，成为一种极有影响的传统观点，对我国学术界有较大的影响。我国学者在20世纪50年代、60年代乃至70年代所发表的一些关于普列汉诺夫思想研究的著作中，都秉持这一观点。

"新三阶段论"与"老三阶段论"相比较，有同也有异。相同之处在于这两种意见都以1883年为界，把普列汉诺夫区分为民粹主义者和马克思主义者。而不同之处主要表现在：第一，"老三阶段论"侧重于普列汉诺夫的"著述活动"即理论活动，"新三阶段论"侧重于他的"全部活动"即政治活动和理论活动；第二，前者把普列汉诺夫革命活动的起始年代定于1878年，后者则定在1875年；第三，前者把普列汉诺夫的第三个阶段划在1914年以后，而且对此阶段的性质没有一个明确规定，后者则把他的第三阶段划在1903年以后，并明确指出在这一阶段普列汉诺夫成为孟什维主义的领袖，背叛了马克思主义。

其三，"四阶段论"。这种意见主张把普列汉诺夫的革命实践活动划分为四个阶段：民粹主义时期（1876—1883）、马克思主义时期（1883—1903）、孟什

---

① 梁赞诺夫：《普列汉诺夫全集〈第一卷〉编者的说明》，载《马克思主义研究参考资料》，1984年第9期。

② ［苏］罗森塔尔，尤金：《简明哲学辞典》，中共中央马克思恩格斯列宁斯大林著作编译局译，生活·读书·新知三联书店1973年版，第78页。

维主义时期（1903—1914）、社会沙文主义时期（1914—1918）。这种意见在我国最早见于《普列汉诺夫机会主义文选》中的"出版者说明"。该"说明"认为，"普列汉诺夫四十多年来的政治生活是复杂多变的。他的政治思想变化过程可以分为四个时期：即民粹主义时期（1876—1883）；马克思主义时期（1883—1903）；孟什维主义时期（1903—1914）；社会沙文主义时期（1914—1918）。"① 此后，20世纪70年代末苏联出版的约夫楚克、库尔巴托娃合著的《普列汉诺夫传》，大体上也持这种意见。②

自20世纪80年代初，随着学术界研究的深入，许多学者也倾向于按照上述意见划分普列汉诺夫的政治活动和理论活动。长期从事普列汉诺夫研究的王荫庭教授在1988年出版的《普列汉诺夫哲学新论》一书中，也表示把普列汉诺夫一生划分为四个时期是完全正确的。因为1903—1914年普列汉诺夫的孟什维主义具有两面性，既有革命的一面，又有不革命甚至反革命的一面，但"大战时期普列汉诺夫的孟什维主义——社会沙文主义根本没有这个特点"③。李清崑、王秀芳合著的《普列汉诺夫与唯物史观》（河北人民出版社1984年版）以及黄楠森、施德福、宋一秀主编的三卷本《马克思主义哲学史》（北京大学出版社1987年版）均持此说。

"四阶段论"的独特之处，就在于它把1903年以后的普列汉诺夫又进一步具体划分为"孟什维主义时期"和"社会沙文主义时期"两种不同的阶段，并且指出："孟什维主义时期的普列汉诺夫在政治上的表现最为摇摆不定，经常在布尔什维克和孟什维克之间'倒过来倒过去'。"④ 也就是说，"四阶段论"不像"新三阶段论"那样笼统概括，而是把1903年以后至1918年这长达15年的革命实践活动作了较为具体的分析。

---

① 《普列汉诺夫机会主义文选》（上），虚容译，生活·读书·新知三联书店1964年版，第1页。
② 该书共分4章，依次叙述了普列汉诺夫在民粹主义时期、马克思主义时期、孟什维主义时期和社会沙文主义时期这四个阶段的政治活动、理论活动及其他活动。
③ 王荫庭：《普列汉诺夫哲学新论》，北京出版社1988年版，第72页。
④ 《普列汉诺夫机会主义文选》（上），虚容译，生活·读书·新知三联书店1964年版，第1页。

其四,"五阶段论"。这种意见认为,普列汉诺夫一生应划分为如下五个阶段:民粹主义时期(1875—1883)、马克思主义时期(1883—1903)、孟什维克主义时期(1903—1908)、反取消主义时期(1908—1914)、社会沙文主义时期(1914—1918)。这是由我国学者高放、高敬增在《普列汉诺夫评传》中所提。他们认为,"四阶段论"虽然比"三阶段论"前进了一步,但这种划分没有充分反映出普列汉诺夫一生复杂多变的曲折历程。"与其划分为四阶段,不如划分为五阶段。我们的看法是:第一阶段是民粹主义(1875—1883年),第二阶段是马克思主义(1883—1903年),第三阶段是孟什维主义(1903—1908年),第四阶段是反对取消主义(1908—1914年),第五阶段是社会沙文主义(1914—1918年)。"①

但王萌庭教授认为,把普列汉诺夫反对取消派的斗争从第三个时期中再划分出来,从而使第四个时期变为第五个时期是不妥当的。因为这种划分的主要理由是说普列汉诺夫反取消派的斗争具有进步作用,"但是如果以是否具有进步作用为标准进行分期的话,那么他的民粹主义时期和马克思主义时期就应该合二为一。而且这种分期势必在一定程度上损害人们对普列汉诺夫孟什维主义时期小资产阶级动摇性这一特点的理解"②。

"五阶段论"与"四阶段论"的主要区别是前者把1903—1914年期间的普列汉诺夫又具体划分为"孟什维主义"和"反对取消主义"这两个不同阶段。作者认为,"反对取消主义"时期的普列汉诺夫是一个坚持辩证唯物主义哲学的马克思主义者,这一阶段应当作为普列汉诺夫一生中的一个独立阶段加以肯定。"只有把普列汉诺夫反对取消主义的斗争作为他一生中的一个独立阶段划分出来,才能便于看清他复杂曲折的细致变化,从而对他的功过是非作出准确公正的评价。"③

如果把以上几种划分意见比较一下,"四阶段论"是较为可取的。因为:

首先,按照四个阶段划分普列汉诺夫一生的革命实践活动,比较符合他一

---

① 高放、高敬增:《普列汉诺夫评传》,中国人民大学出版社1985年版,第657—658页。
② 王萌庭:《普列汉诺夫哲学新论》,北京出版社1988年版,第73页。
③ 高放、高敬增:《普列汉诺夫评传》,中国人民大学出版社1985年版,第657—658页。

生的经历，也能够反映他在政治上和思想上复杂多变的特点。虽然普列汉诺夫从1903年俄国社会民主工党"二大"后倒向孟什维克，但并不是像所有人所说的那样"一刀切"，一下子变成一个孟什维主义者。事实上，普列汉诺夫向孟什维主义的演变经过了一个长期过程，在此期间，他经常在布尔什维克和孟什维克之间"倒过来倒过去"，摇摆不定。"三阶段论"以1903年为界过于笼统，不能体现他的反复摇摆。而"五阶段论"中也存在争议，因为反对取消主义时期的表现则是普列汉诺夫在孟什维主义总的动摇过程中向左靠拢的明显而又突出的表现，不一定非把它划分为一个独立阶段不可。

其次，按照"四阶段论"划分普列汉诺夫一生的革命实践活动，与列宁对他的评价相符。列宁在不少论述当中都谈到了普列汉诺夫在1903—1914年期间摇动不定的情况。他在给《布鲁塞尔国际社会党执行局书记处的信》中写道："的确，在我们党内有一些同志被人们戏称为'泥潭派'。他们在党内斗争中经常从一方面倒向另一方面。这一些倒戈分子中的第一个是普列汉诺夫。"[①] 他在《工人运动中的思想斗争》一文的注释中还专门谈到普列汉诺夫在这一时期，究竟在哪些问题上离开甚至反对过孟什维克。在他看来，1903年以后普列汉诺夫虽然有很多观点接近孟什维克，甚至成了孟什维克的思想代表，但又有"好多次脱离了孟什维克主义"。[②] 所以，列宁认为普列汉诺夫这一时期"采取了一种特殊的立场"[③]，即动摇于布尔什维克与孟什维克之间的立场。列宁的论述表明，列宁虽然十分重视普列汉诺夫反对取消主义的表现并给予积极评价，但他是把普列汉诺夫这一表现放在1903—1914年这一特定的时期中来考察，从未把它视为一个单独阶段。

这里需要指出，普列汉诺夫在1903—1914年是"采取了特殊立场"的阶段，究竟称它是"孟什维主义时期"，还是称它为"动摇于布尔什维克和孟什维

---

① 《列宁全集》第45卷，人民出版社1990年版，第55页。
② 例如：在1903年召开的俄国社会民主党代表大会上反对过孟什维克，代表大会之后他在自己主编的《火星报》第46—51号上同孟什维克进行了斗争；1905年春天他曾脱离了孟什维克；1906年第一届杜马解散后又采取了"根本不是孟什维克的立场"；在1907年俄国社会民主工党第五次代表大会上反对过孟什维克组织上的无政府主义，等等。
③ 《列宁全集》第25卷，人民出版社1988版，第141页。

克时期"？其实这两种概括各有利弊，说它是"孟什维主义时期"，是因为普列汉诺夫总的倾向是属于孟什维克，但没有突出他的动摇性和反复性。说他是"动摇于布尔什维克和孟什维克的时期"，倒是体现了普列汉诺夫的动摇性，但对他的总体倾向又缺乏概括。

2. 关于普列汉诺夫早期马克思主义观的确立问题

普列汉诺夫早期由民粹主义向马克思主义立场的转变，学术界的研究主要集中在两个方面：转变的原因和确立的时间。

其一，关于普列汉诺夫早期确立马克思主义观的原因。早期有学者认为，这种转变是当时客观历史条件所决定的。[①] 虽然也指出普列汉诺夫积极参加阶级斗争，但更突出由于自身思想适应时代潮流和人民需要，才促使这种转变完成。近些年随着研究的深入，对转变的原因也越发客观。有学者从主、客观双方进行研究，认为"普列汉诺夫的马克思主义观的产生不是偶然的，而是客观条件和主观条件共同作用的结果"[②]。突出强调普列汉诺夫"少年时期养成的勤奋向上的精神和坚实的文化理论基础、热爱人民的思想和高度的革命自觉性、深厚的马克思主义理论功底、顽强的奋斗精神"[③] 等主观因素。当前，学术界普遍认为，俄国革命形势发展的推动，参加工人阶级革命斗争实践，以及马恩著作对他的巨大影响，是普列汉诺夫从民粹主义者转向马克思主义者的主要原因。

其二，关于普列汉诺夫早期马克思主义观确立的时间，存在三种说法：第一种认为是1883年创立了俄国第一个马克思主义团体——"劳动解放社"，这标志着他在政治上和组织上同民粹派的决裂，同时1883年普列汉诺夫第一本马克思主义著作《社会主义与政治斗争》的问世，标志着他在思想上和理论上同民粹派的彻底决裂。[④] 两方面的标志清晰表明，1883年是普列汉诺夫一生光辉

---

① 参见赵克毅：《普列汉诺夫从民粹主义到马克思主义的转变》，载《河南师大学报（社会科学版）》，1981年第4期。
② 参见郭鹏：《浅议普列汉诺夫马克思主义观产生的条件》，载《山西高等学校社会科学学报》，2008年第10期。
③ 参见郭鹏：《浅议普列汉诺夫马克思主义观产生的条件》，载《山西高等学校社会科学学报》，2008年第10期。
④ 李清昆：《唯物史观与哲学史—普列汉诺夫哲学思想研究》，中国社会科学出版社2016年版，第17页。

的起点。第二种认为是1882年,理由是普列汉诺夫自己在1910年说过:"我之成为马克思主义者不是在1884年,而是在1882年。"① 主要标志是翻译出版《共产党宣言》。而《社会主义与政治斗争》则是他成为马克思主义者之后第一篇系统的马克思主义著作。② 第三种认为从1883年发表《社会主义与政治斗争》到建立"劳动解放社",都是与民粹派决裂的体现,强调把1882年与1883年统一起来,即把1882年翻译《共产党宣言》并接受它的基本思想看作是普列汉诺夫从民粹主义向马克思主义转变的起点和重要标志,1883年"劳动解放社"的创立和《社会主义与政治斗争》的问世看作是这一转变的彻底完成。③

这里便隐藏一个问题:既然转变的时间存在偏差,那么转变的过程更非一蹴而就,如何理解他转变的艰辛历程?学术界对此缺乏深入细致的研究。事实上,从对民粹主义的捍卫到对民粹主义的怀疑,从以马克思主义立场分析问题的初步尝试到认真研究、积极宣传马克思主义,整个转变也是用新思想自省和清理旧思想的过程。因此,从文献视角梳理他早期立场转变的脉络,对我们当今确立马克思主义世界观,仍有重要的借鉴启示意义。

3. 关于普列汉诺夫晚年政治悲剧的成因问题

造成普列汉诺夫晚年政治悲剧的原因,学者尽管意见不一,但实质分歧不大。总体而言,除了社会客观原因以外,自身主观方面无外乎以下几条:第一,不理解帝国主义时代的实质和特点;第二,多年严重脱离俄国革命现实;第三,对马克思学说的教条主义态度,不能用批判的眼光看待西欧工人运动的经验;第四,个性上的种种缺点,如骄傲自大、不能容人、"贵族作风"等;第五,从认识论上,则没有深入研究马克思主义辩证法,过于相信自己逻辑推论的可靠

---

① [苏]米·约夫楚克、伊·库尔巴托娃:《普列汉诺夫传》,宋洪训、纪涛、谢梅馨、李兴耕译,生活·读书·新知三联书店1980年版,第78页。
② 参见李忠杰:《普列汉诺夫何时成为马克思主义者?》,载《马克思主义研究》,1985年第2期。
③ 参见李清崑:《唯物史观与哲学史——普列汉诺夫哲学思想研究》,中国社会科学出版社2016年版,第18页。

性①；第六，长期患病侨居国外，妨碍他参加革命实践活动②，等等。提出的所有这些原因都有道理，但问题在于这些原因之间相互关系如何？其中决定性的根本原因又是什么？

有学者认为"本本主义"即教条主义是最根本的原因。③ 认为正是普列汉诺夫对待理论的教条主义态度导致他不能了解俄国现实。但是晚年的普列汉诺夫在哲学、社会学、思想史的著作中并没有体现出"句句是真理"的教条精神。当今评析《俄国社会思想史》的论述中也没有指责这套著作体现了"本本主义"。从革命实践看，1903 年以后，他对待西欧工人运动和国际重大事件的态度远不像对待俄国革命策略问题那样错误。在批判工团主义时，列宁也只是批评他的文章有些"学究"气，并不认为他有"教条"气。

同时也应看到，说普列汉诺夫脱离俄国革命实践，也并不意味着他脱离了俄国社会一切实践。他严重脱离的主要是俄国政治、经济实际，但对于当时俄国思想文化的实际，他基本上没有脱离。正因为如此，他后期撰写的那些批判马赫主义，批判造神、寻神主义，批判颓废派，批判托尔斯泰主义等等的论著都得到列宁高度的评价，认为他们是非常适时的。况且说他脱离俄国的政治实践也不能绝对化，"谁能否认他的那么多取消派的著作不是同当时党内生死攸关的实际政治问题密切结合着呢？"④

所以，对待马克思理论的教条主义态度在成为他晚年政治悲剧的原因之前，本身乃是一种结果。造成"本本主义"的根本原因在于脱离实际。这样也就合理地解释了"为什么普列汉诺夫在政治上失误之后还能继续写出有价值的理论著作"？这样一个充满矛盾的现象：他的后期政论之所以遭到批判，因为他长年严重脱离俄国政坛实践；他的哲学、美学、文艺批评、社会思想史著作之所以是有价值的优秀著作，因为他并没有脱离哲学和文学的实践。在这里，马克思

---

① 参见郭鹏：《以马克思主义的方法论谈普列汉诺夫陷入机会主义的主要原因》，载《河南广播电视大学学报》，2006 年第 1 期。

② 高放、高敬增：《普列汉诺夫评传》，中国人民大学出版社 1985 年版，第 672 页。

③ 参见陈启能：《一个本本主义者的悲剧——论普列汉诺夫机会主义的一个特点》，载《世界历史》，1980 年第 2 期。

④ 王荫庭：《普列汉诺夫哲学新论》，北京出版社 1988 年版，第 80 页。

主义关于理论和实践的相互关系被再一次证实了。当然政治错误必然会映射到哲学理论上,哲学理论的错误又必然对政治主张产生影响。这是研究普列汉诺夫的一个重要问题。

4. 关于普列汉诺夫一生功过是非的评价问题

对普列汉诺夫这样一个重要而又复杂的历史人物,他的功过是非,一直是学术界关注的问题。长期以来,对普列汉诺夫的评价上,存在着否定过多的倾向,这对普列汉诺夫的理论研究产生了不良影响。自改革开放以来,学术界的评价开始趋于客观,在评价原则上,有学者提出,应以列宁对普列汉诺夫的评价为榜样,秉承实事求是的原则,把历史人物放在一个发展着的历史环境中进行具体的分析。① 这为普列汉诺夫的客观评价产生了良好的指导作用。

有学者明确提出普列汉诺夫一生功大于过的观点,认为普列汉诺夫一生中,有四个历史关头经受住了考验,不愧为马克思主义理论家和无产阶级革命家,也有三个历史关头没有经受住考验,陷入机会主义泥潭。但纵观他的一生,还是功大于过,理应作为正面的历史人物载入史册。② 也有学者虽态度谨慎,但依然主张普列汉诺夫应是一个基本上肯定的历史人物。③

但是有学者提出了不同意见,他们认为,对普列汉诺夫功过是非的评价,应作具体分析。在理论方面,说普列汉诺夫"功大于过"是合适的,虽然他在理论方面也有不少错误,但仍不失为马克思主义理论家,而在政治方面说"功大于过"就未必妥当。虽然普列汉诺夫在俄国革命和国际共产主义运动中有着不朽功绩,但晚年他抛弃了无产阶级革命原则,陷入了机会主义、沙文主义的泥潭,因此普列汉诺夫在政治上不是功大于过,而是过大于功。④

对此,有学者坚持认为,普列汉诺夫一生功大于过的评价是切合实际的,

---

① 参见许复宁、王乃格:《列宁怎样评价普列汉诺夫》,载《南京师大学报》(社会科学版),1978年第4期。
② 参见高放、高敬增:《纵观一生,功大于过——评普列汉诺夫》,载《湖南师范学院学报》,1983年第1期。(后来在《普列汉诺夫评传》中进一步发挥了这一观点)
③ 参见陈忠雄:《试论普列汉诺夫》,载《河南师大学报(社会科学版)》,1980年第4期。
④ 参见李清昆、王秀芬:《普列汉诺夫与唯物史观》,河北人民出版社1984年版,第22页。

因为他的理论观点同他的政治立场很难区分开来①，例如他在俄国传播马克思主义很难断定就是纯理论问题，他对各种思潮的批判，既有理论部分，也包含政治实践。如果将理论体系和政治立场完全割裂，则有悖于普列汉诺夫作为马克思主义革命家的标签，并将晚年政治立场同哲学演化的关系简单化。

可见，几十年来，由于人们的立场观点殊异，水平角度不同，加上政治形势复杂多变，所以对普列汉诺夫的评论出现高低起伏，左右偏颇。因此在分析他的历史地位时，既不能鼓吹"前功卓越不计过"，也不能宣扬"晚节不忠全勾销"。既要以历史视角，分阶段加以考察，又要以辩证方法，分角度加以评析。

5. 关于普列汉诺夫与列宁就十月革命的争论问题

十月革命的胜利建立了世界上第一个社会主义国家，引起了世人广泛关注，革命前后普列汉诺夫与列宁就俄国革命道路问题的争论自然成了学术界的研究热点，对此问题有以下几种观点：

其一，普列汉诺夫是错误的，列宁完全正确。这一派学者认为晚年普列汉诺夫顽固坚持沙文主义立场，错误分析了十月革命胜利后的国内工人阶级、农民阶级地位和苏维埃政府的对外政策，竭力贬低十月革命的伟大历史作用。② 学术界持有这一观点的人不在少数。有学者肯定列宁的主张："历史证明，列宁的主张是完全正确的……历史经验证明，无产阶级首先夺取政权，然后努力进行社会主义建设，赶上发达国家完全可行的。"③ 有学者强调落后国家建设社会主义的难度，称赞列宁的胆魄卓识"是具有宏伟胆略的无产阶级革命家"④。而与之相反，对普列汉诺夫的评价则是"一刀切"的否定。有学者全盘否定了1914年后普列汉诺夫为俄国革命所作的贡献，认为："从这个时候，他开始坠落为社会沙文主义者，并开始吹捧庸俗生产力。"⑤ 有学者更是将普列汉诺夫犯错的时间提前至1903年，认为1903年政治立场转变以后，普列汉诺夫便看不清俄国革

---

① 参见高放、高敬增：《普列汉诺夫评传》，中国人民大学出版社1985年版，第665页。
② 高放、高敬增：《普列汉诺夫评传》，中国人民大学出版社1985年版，第611页。
③ 参见齐世荣：《论有关俄国十月革命的几个问题》，载《世界历史》，1996年第2期。
④ 参见周尚文：《历史裁决了论战的是非》，载《历史教学问题》，2014年第1期。
⑤ 刘邦凡：《论苏联解体的原因与我党执政风险的治理》，载《科学社会主义》，2011年第5期。

命形势,"导致了他最后站在了无产阶级革命的对立面"①。

其二,普列汉诺夫只有理论贡献,而列宁的贡献则是理论与实践相结合。这一派学者认为普列汉诺夫理论上贡献突出,但严重脱离实际,而列宁才扎根俄国国情,作了卓越探索。作为经济文化落后的俄国,开展社会主义革命虽然有悖于马克思主义经典理论,但恰恰是这种条件导致了十月革命爆发的必然性,而普列汉诺夫的反对立场,则是对马克思主义的机械教条理解。有学者通过对列宁的肯定间接批评了普列汉诺夫,认为他只讲理论不懂现实。"普列汉诺夫认为,冒然进行革命只会给俄国带来灾难。列宁不是一个空谈理论的人,而是把理论与俄国革命的现实结合起来,为现实的需要服务。"② 有学者在肯定列宁主张的同时,也肯定了普列汉诺夫早期的贡献。"普列汉诺夫是第一个系统地将马克思主义介绍给俄国的'俄国马克思主义之父',而列宁最善于理论联系实际。"③ 有学者从政治实践和哲学思想的双重维度分析了两人争论,得出结论:"是俄国现实的革命实践和斗争促成了列宁思想的转变,而普列汉诺夫却很少把马克思主义应用于现实的革命实践,因此也就未能正确地把马克思主义运用于俄国的实践。"④

其三,普列汉诺夫完全正确,列宁发动十月革命是错误的。这种观点完全否定十月革命的重要意义,甚至鼓吹十月革命"灾难论"。苏联解体后,俄罗斯内部出现一大批否定、攻击十月革命的文章。受此影响,国内也有极个别学者持此观点。

其四,普列汉诺夫与列宁的主张都有合理成分与经验教训。这是近期对十月革命研究的较新观点,这一观点认为,在这场争论中,就成功地夺取政权建立人类历史上第一个社会主义国家而言,列宁无疑是胜利者,而从后来社会主义实践的进程来说,普列汉诺夫的一些观点对我们今天的社会主义建设事业也

---

① 宋有:《从普列汉诺夫的失足谈对马克思主义的科学态度》,载《学术交流》,1997年第5期。
② 包毅:《论列宁意识形态理论发展的逻辑进路》,载《创新》,2012年第3期。
③ 徐明:《马克思主义理论正误的举证与溯源》,载《求实》,2004年第6期。
④ 潘锦全:《列宁与普列汉诺夫关系探析——基于政治实践与哲学思想的双重维度》,载《福建论坛》,2011年第4期。

不无启示意义。① 有学者以历史为主线，认为十月革命前后双方的分歧可以归纳为两个方面：一是布尔什维克是否应该发动十月革命夺取政权，二是夺取政权后是否应该立即开始向社会主义过渡。有学者列举了不同时期、不同派别的国内外学者对十月革命的不同看法，虽然作者没有直接表明对十月革命的态度，但是通过对不同学者的分析、归纳、总结，全面展现了普列汉诺夫、列宁对十月革命的不同看法，在肯定十月革命伟大意义的同时，也明确指出了当时的历史局限性。② 有学者分析普列汉诺夫对社会跨越的理解，明确指出："普列汉诺夫后期对布尔什维克的反对被彻底否定是错误的。"③

通过上述梳理也可以清晰发现，学术界对十月革命争论的评价日趋客观。对普列汉诺夫的全盘否定，是对历史的不负责任；而对十月革命的抨击，则是在苏联解体后对共产主义的诋毁，一左一右都是极端片面化的。第二种观点介于这两者之间，也是大多数学者所秉持的，整体而言这一观点相对客观，但是也存在偏差：仅关注普列汉诺夫的理论贡献，完全否定他在革命实践斗争中的影响；仅肯定普列汉诺夫早期贡献，完全否定晚年的各项主张。所以，在之前学者已有研究的基础上，如何秉承历史真相，客观公正地说明普列汉诺夫与列宁争论的是非曲直，对普列汉诺夫晚年的革命主张予以正确解读，仍是当今值得探讨的理论话题。

6. 对普列汉诺夫的研究的总体评价

评价一：研究成果分布不均，整体性有待提高。对普列汉诺夫社会主义革命思想的研究，研究成果分布不均，整体性显得不足。这主要体现在：第一，在内容上，对普列汉诺夫革命思想的研究主要集中在晚年十月革命阶段，但这只是普列汉诺夫革命一生的重要组成部分，并不能涵盖全部。如果以晚年的争议而忽略早期一系列卓越的革命主张，便是以偏概全，难圆其说。第二，在关

---

① 参见吴炜、周全华：《普列汉诺夫和列宁关于在俄国能否实行社会主义的争论》，载《社会科学》，2014 年第 8 期。

② 参见项佐涛、孔寒冰：《历史中的观念与观念中的历史——国外对十月革命的看法及其演变研究》，载《当代世界与社会主义》，2007 年第 4 期。

③ 参见张光明：《从"跳跃"到不可"跳跃"——重评普列汉诺夫的俄国社会发展规划》，载《当代世界与社会主义》，2003 年第 2 期。

联上,早期革命思想与晚年革命主张的传承与转变,早期思想是否存在晚年主张的萌芽,相互之间的关系如何,这方面研究并不多见,因此,需要整体研究。第三,在特征上,对普列汉诺夫的研究侧重于各阶段的现实需要,带有鲜明的阶段性特征,从而在一定程度上阻碍了整体性研究。第四,在立场上,存在着各阶段反差分明,前阶段褒大于贬,后阶段则贬大于褒,褒贬不一缺乏客观评述,阻碍了研究的有效创新。

评价二:比较研究范围广泛,衔接度有待完善。比较研究范围涉及面比较广泛,不管是资产阶级民主革命与社会主义革命的比较,还是普列汉诺夫社会主义革命思想自身发展的比较以及与同时代主要理论家关于俄国革命的争论,虽然研究成果丰富,观点鲜明,但是在比较的衔接程度上有待完善。这主要体现在:首先,资产阶级民主革命与社会主义革命观虽然存在取代、超越关系,但是也存在共存、利用关系,现有研究很多都是取其一,侧重点依然是究竟走哪条道路?难以把这两种革命放入普列汉诺夫社会主义革命思想中加以研究。其次,普列汉诺夫社会主义革命思想自身的比较研究,多数学者主要对晚年十月革命前后普列汉诺夫的革命思想进行研究,对十月革命以前的革命思想很少涉猎,或者仅仅涉猎革命观的一个方面,在一定程度上出现研究的断层,破坏了普列汉诺夫社会主义革命思想的衔接性与整体性。最后,普列汉诺夫与同时期第二国际理论家关于革命的比较分析,研究成果多侧重于列宁的比较,而忽视了同时期其他第二国际理论家的革命主张;侧重于从十月革命等现实事件进行比较,而忽视了放进共产国际运动与俄国社会主义发展的历史长河中进行多方面分析,使得现有研究成点而不成线。

评价三:现实启示研究需加开拓,历史评价研究仍要重视。关于普列汉诺夫社会主义革命思想的历史地位及其当今启示研究成果稀少。多数是从批判的角度提出现实反思。事实上,普列汉诺夫的革命主张,是在坚持马克思主义的前提下,以工人阶级为主体,以摆脱专制统治,实现无产阶级专政的一系列系统工程,因此,研究路径需加开拓,应从历史角度分阶段加以考察,以辩证方法分角度加以评析。同时,回顾晚年与列宁关于社会主义发展道路的严肃讨论,我们仍然可以获得不少现实启示,这对当今中国特色社会主义现代化建设无疑有着重要意义与价值。

(二) 国外研究综述

作为国际共产主义运动中的领袖人物，普列汉诺夫享有广泛影响力和知名度，因此也是学术界进行工人运动史尤其是第二国际的理论与实践研究中不可绕过的重要人物，众多国外学者都站在不同理论视角作了相关的研究。

1. 苏联关于普列汉诺夫著作的出版情况

普列汉诺夫生前自编的论文集有6种，包括：1905年出版的《普列汉诺夫全集》（第1卷）、1905年出版的《在两条战线上》、1905年至1908年陆续出版的《二十年来文集》、1906年出版的《对我们的批判者的批判》、1910年出版的《从防御到进攻》、1917年出版的《论战争》。普列汉诺夫逝世后不久，1920年，孟什维主义者将普列汉诺夫1917年4月回国后至1918年逝世为止的全部文章、演词、文稿和宣言等汇集起来，编为两卷，以《在祖国的一年》为题，在巴黎出版。

作为普列汉诺夫同时期的思想家，列宁是最早研究普列汉诺夫思想的代表之一。虽然两人在俄国革命问题上产生了巨大分歧，但是列宁至始至终肯定普列汉诺夫的理论成就，认为他是"精通唯物主义""通晓马克思主义哲学的社会主义者"。为了弘扬以普列汉诺夫和车尔尼雪夫斯基为代表的先进大俄罗斯文化，列宁倡议组织出版普列汉诺夫的全集。由梁赞诺夫主编于1923—1927年在莫斯科和彼得格勒陆续出版了24卷本的《普列汉诺夫全集》。[①] 与此同时，根据当时汇集的普列汉诺夫、查苏利奇和捷依奇的档案材料，于1924—1928年陆续出版了6卷本的《劳动解放社文集》，其中收有普列汉诺夫亲友写的大量回忆录。1925年还出版了两卷本的《普列汉诺夫与巴·波·阿克雪里罗得通信集》。从20世纪30年代起，苏联的一些杂志，例如《战斗的唯物主义者》《在马克思主义旗帜下》《马克思主义年鉴》《历史问题》《历史档案》等，还陆续刊登了普列汉诺夫的许多遗作和往来书信。

---

① 据《普列汉诺夫哲学新论》中记载，该书原计划出版26卷。第25卷为数显，第26卷为遗补、生平和图书索引，未果。

1929 年，普列汉诺夫档案馆作为列宁格勒国立图书馆一个分馆对外开放。档案馆馆藏大约有 13000 个收藏单位，其中 7500 个单位保存着普列汉诺夫的档案。其余的则存放着查苏利奇、捷依奇以及"劳动解放社"其他同事的档案。为数不多的另外一些普列汉诺夫的材料则存放在苏共中央附属马克思列宁主义研究院中央党务档案馆和普希金馆。这些档案馆内收藏着普列汉诺夫的大量遗著、译文、纲要、笔记、往来书信、演讲、报告和发言记录等，以及总数大约 16000 册的个人藏书。① 多数书刊上留有他的批注、评语等各种阅读笔记。

　　根据这些材料，1934—1940 年，由卢那察尔斯基、克列托夫等主编，先后出版《普列汉诺夫遗著》8 卷本（第 8 卷只出版了第 1 分册）。1941 年爆发的卫国战争中断了该遗著的出版。1964—1966 年，苏联社科院通过了出版 3 卷本《普列汉诺夫哲学遗著》的决定。1973—1974 年，由约夫楚克、库尔巴托娃和恰金共同主编的《普列汉诺夫哲学遗著》和读者见面。

　　1956 年，为了纪念普列汉诺夫诞生 100 周年，苏联科学院哲学研究所主持编辑出版了 5 卷本《普列汉诺夫哲学著作选集》，这套取材于《普列汉诺夫全集》和《普列汉诺夫遗著》的著作是迄今为止普列汉诺夫哲学著作的最好选本。1959 年 12 月，苏联《哲学问题》杂志上发表了 6 卷本《普列汉诺夫历史学—社会学著作选集》征订广告。选集预定在 1960—1962 年间以每年两卷的速度出齐。它将收集 1876—1916 年作者所写，20 世纪 30 年代起就没有再版过的历史学、社会学论著，但不包括 5 卷本著作选集的作品。其中某些著作是第一次发行。遗憾的是这套被称为著作选集的"续篇"的"普列汉诺夫最好的著作"不知是什么原因，中途夭折，至今未能与读者见面。相反，此时普列汉诺夫的美学和文艺批评著作则顺利出版，大量发行。1948 年由罗森塔尔主编的《论艺术和文学》、1958 年由布尔索夫主编的《论文学和美学》（两卷本）、1978 年由米赫·利夫席茨撰写的长篇序文的《论美学和艺术社会学》（两卷本）相继出版。此外，苏联的普列汉诺夫文选类出版物还有：1935 年出版的《反对哲学中的修

---

　　① 据 1965 年苏联《哲学科学》杂志第 6 期报道，1965 年列宁格勒油印了一份《普列汉诺夫藏书目录》。目录把全部藏书按系统分为四辑。

正主义》、1957 年出版的《论宗教和教会》和 1978 年出版的《论社会史和文化史中的无神论和宗教》。

虽然发表的普列汉诺夫著作在数量上同普列汉诺夫档案馆内收藏的材料还有很大差距，但不可否认的是，苏联专家在收集、整理、注释、出版普列汉诺夫的遗著方面做了很多工作，在研究普列汉诺夫思想特别是哲学思想方面也取得了巨大成就。① 就资料的齐全程度而言，苏联学者在研究普列汉诺夫方面的优势是得天独厚的，但这并不等于中国学者在普列汉诺夫问题上没有任何发言权。只要秉承客观事实的指导原则，积极汲取他们的研究成果，避免他们的种种偏见，就未必不能有所前进。

2. 关于列宁思想与普列汉诺夫著作的关系问题

几十年来，学术界围绕普列汉诺夫思想的评价一直有着激烈争论，核心在于如何看待列宁哲学思想同普列汉诺夫著作，特别是同它的哲学著作之间的关系问题。事实证明，如果背离列宁对普列汉诺夫的分析，就不可能实事求是、恰如其分地评价普列汉诺夫功过一生。而要正确理解列宁的分析，首先必须处理好列宁哲学思想的发展与普列汉诺夫著作之间的关系。苏联时期对这一问题大致有以下三种看法：

其一，"普列汉诺夫哲学正统论"。其主要代表是柳·依·阿克雪里罗德、德波林、戈烈夫等人。他们在理论上未能成为列宁主义者，仍坚称自己"精神上的父亲"是普列汉诺夫，积极肯定、捍卫、宣传普列汉诺夫哲学思想的重大贡献。事实上他们对普列汉诺夫哲学著作中许多真正有独创性的科学内容并无认识，他们的主要错误在于忽视了普列汉诺夫思想中的缺陷，低估了列宁在马克思主义发展史中的伟大作用。这种观点统治着整个 20 世纪 20 年代。

其二，"列宁哲学思想发展完全独立论"。从 20 世纪 30 年代开始，"普列汉诺夫哲学正统论"受到了以米丁、埃·彼·西特柯夫斯基为代表的学者的公开批判。他们第一次明确提出了马克思主义哲学发展的列宁阶段，指出不能脱离

---

① 据《普列汉诺夫哲学新论》中记载，从 20 世纪 20 年代开始苏联学者共发表关于普列汉诺夫思想的专门著作和小册子多达 50 多种，专题论文 400 多篇。各种著作和文章中论及普列汉诺夫的内容多得无法统计，在苏联，涌现出大批对普列汉诺夫研究有素的学者。

列宁思想来评价普列汉诺夫的哲学功过。但是在一系列问题上他们违反了列宁的思想,夸大了普列汉诺夫的哲学缺点,生造了一批所谓"哲学错误"。在他们统治苏联学术界的20多年间,普列汉诺夫思想的研究并没有取得太多进展,相反在一些方面还出现了倒退。米丁派的主要错误在于不理解普列汉诺夫著作在列宁哲学思想形成和发展过程中的实际作用,因而对两者的相互关系采取了片面性的观点。进入20世纪50年代中期以后,1955年福米娜发表的《普列汉诺夫的哲学观点》一书,并没有脱离列宁思想独立论的影响来客观评价普列汉诺夫,只是在一些次要问题上提出了自己不同的看法。随后,西多罗夫在《普列汉诺夫是杰出的马克思主义理论宣传家》这本小册子中,对普列汉诺夫理论遗产的优缺点采取了客观分析的态度,肯定了他在论证和发展马克思主义哲学上的地位,指出"在哲学思想史中,在俄国和世界文化思想史上,普列汉诺夫占有突出的地位。普列汉诺夫的哲学著作在俄国思想发展中构成了一个时代。……他是俄国工人们的第一位教师。"①

其三,"青蓝关系论",即承认普列汉诺夫著作对列宁思想的影响的观点。这方面成就最大的就是波·阿·恰金,他在《普列汉诺夫及其在发展马克思主义哲学中的作用》一书中明确指出:"考察哲学中列宁阶段的历史前提问题时,要撇开普列汉诺夫的理论活动,是完全不可能的。"② 到了20世纪70年代,恰金在1971年出版的《马克思主义辩证史(从马克思主义产生到列宁主义阶段之前)》一书中写道:"他(列宁,引者注)高度评价了马克思恩格斯的杰出的追随者,特别是狄慈根和普列汉诺夫。"③ 接着恰金在1975年出版的《二十年代苏联保卫历史唯物主义的斗争》一书中指出:"最后……不能不谈谈弗拉基米尔·伊里奇极端的谦逊……他经常强调,在哲学领域他是马克思、恩格斯和普列汉诺夫的学生之一。"④ 恰金说列宁谦逊,意思是列宁如实承认自己是马克思、恩格斯和普列汉诺夫的学生。

---

① 转引自王荫庭:《普列汉诺夫哲学新论》,北京出版社1988年版,第721页。
② 转引自王荫庭:《普列汉诺夫哲学新论》,北京出版社1988年版,第721页。
③ 转引自王荫庭:《普列汉诺夫哲学新论》,北京出版社1988年版,第723页。
④ 转引自王荫庭:《普列汉诺夫哲学新论》,北京出版社1988年版,第724页。

可见，恰金在著作中反复强调普列汉诺夫的哲学著作对列宁的重大影响，在考察列宁思想时撇开普列汉诺夫的理论活动是完全不可能的。所以，自20世纪50年代后从恰金等人开始才真正把普列汉诺夫的著作以科学研究态度看待，但也存在着一些缺点：首先，并未摆脱对列宁的神化或半神化，没有详细、具体、全面地把两者的著作进行系统的对比研究；其次，他们的观点与米丁派的观点是对立的，但没有公开这种对立，因此没有真正地批判米丁派在一系列关于普列汉诺夫哲学思想的评价问题上的错误观点，也无法全面发挥自己的正确观点；最后，他们没有超越苏联教科书体系的某些马克思主义哲学原理，没有看清普列汉诺夫的独到思想和真正的局限性。

所以，"列宁是不是普列汉诺夫的哲学学生？"这个问题孤立地看，也许是个微不足道的问题，但在探寻列宁与普列汉诺夫的关系当中，却是极其严肃的、重大的、有原则意义的根本问题。对这一问题的探讨，有助于正确评价普列汉诺夫在马克思主义发展史中的作用和地位，正确分析他的政治错误和哲学理论之间的关系，正确对待"劳动解放社"的作用和意义。

3. 在西方其他国家出版和研究普列汉诺夫著作的情况

世界上其他一些国家，也翻译、出版了普列汉诺夫的许多著作，对普列汉诺夫做了深入研究，取得了丰硕成果。

在保加利亚，格奥尔基·巴卡洛夫早在1924年就在《新道路》上发表了论述普列汉诺夫对保加利亚革命斗争影响的文章《普列汉诺夫在保加利亚》，随后撰写了几篇回忆普列汉诺夫在日内瓦从事革命活动的文章。此后，保加利亚学者的很多专著中都谈到了普列汉诺夫对保加利亚社会主义革命运动的影响。① 他们一致认为普列汉诺夫是继马克思、恩格斯之后，19世纪在保加利亚威望最高、

---

① 1978年保加利亚共产党出版社出版了安格尔·维科夫写的学术专著《普列汉诺夫和保加利亚的社会主义运动》。这本书充分阐述了普列汉诺夫对保加利亚工人运动的巨大影响，认为普列汉诺夫是19世纪在马克思和恩格斯之后、列宁之前对保加利亚革命斗争影响最大、在革命人民心目中威信最高的一个人物。

影响最大的一个人。同时，普列汉诺夫思想在南斯拉夫①、波兰②、日本③也得到了广泛的传播。

西方也不断翻译出版普列汉诺夫的著作。由普列汉诺夫的女儿巴托·普列汉诺夫娃翻译的《俄国社会史导论》于1926年作为法国斯拉夫研究所历史丛书第三册在巴黎出版，随后还出版了普列汉诺夫的三卷本《俄国社会思想史》法文本，书中附有富于启发性的长篇导言。此后，普列汉诺夫的著作被翻译成各种文字广泛流传，西方学者对普列汉诺夫的研究也取得了颇多成果。④ 美国斯坦福大学教授塞缪尔·哈谢尔·巴伦是西方研究普列汉诺夫成果最多的学者。他从1953年以来就在《美国斯拉夫与东欧评论》《俄罗斯评论》《思想史季刊》《苏联研究》等刊物上先后发表过多篇论述普列汉诺夫的文章，尤其是1963年斯坦福大学出版社出版的他所著的《俄国马克思主义创始人普列汉诺夫》一书，长达400多页，是目前为止西方出版的内容最充实的一本普列汉诺夫传记。

此外，西方马克思主义者在批判苏联马克思主义的教条化色彩时，也肯定地指出苏联对马克思主义的理解更多地依靠了普列汉诺夫以及第二国际理论家的影响，所以他们把普列汉诺夫视作列宁主义的中介环节。⑤ 有学者认为普列汉诺夫过于强调唯物主义理论方面而忽视实践概念的原因，主要是由于当时历史

---

① 1967年，在南斯拉夫萨格勒布文化出版社以塞尔维亚文出版了佩特洛维奇著的《格·瓦·普列汉诺夫的哲学观点》。1961年萨格勒布前进出版社出版了弗兰尼茨基著的《马克思主义史》，设有普列汉诺夫专栏。

② 1970年在波兰华沙，以波兰文出版了卢卡弗斯基写的《格奥尔基·普列汉诺夫》，内容较为丰富。

③ 早在20世纪二三十年代，在日本就有藏原惟人、外村史郎、川内唯彦、平林初之辅等人把普列汉诺夫的代表作译为日文出版，或者发表研究普列汉诺夫学术思想的著述。1973年日本大月书店还发行了内村有三译的普列汉诺夫名著《社会主义与政治斗争》，书后附有普列汉诺夫小传和译者注八十六条。

④ 1948年纽约出版了伯·沃尔夫著的《三个人实现了一场革命》，书中把普列汉诺夫、列宁和托洛茨基三人并列为俄国革命的创始人。1954年纽约出版了艾·多伊彻著的《权威的预言家》。1955年波士顿出版了西德尼·胡克著的《历史上的英雄》。1958年法国《思想》杂志发表了卡韦安写的《哲学战士格奥尔基·普列汉诺夫》。1960年伦敦出版了弗·文图里的《革命创始人》。

⑤ 参见［法］莫里斯·梅洛-庞蒂：《辩证法的历险》，杨大春、张尧均译，上海译文出版社2009年版。

条件所限。① 也有学者认为普列汉诺夫是俄国马克思主义者中无可争辩的精神领袖，他最重要的贡献在于为俄国革命的发展奠立了一种正统的马克思主义参照视角，而不足在于没有看到俄国和西方国家的根本区别。②

通过以上梳理，苏联专家在收集、整理、注释、出版普列汉诺夫的著作方面做了大量工作，对普列汉诺夫的研究主要集中在哲学思想上。而在其他国家，对普列汉诺夫思想的研究，更多的是集中在对其思想内容的介绍，多是在批判列宁主义和斯大林模式的时候，给予理论上的关注，很少联系当时国际和俄国工人运动、阶级斗争实际，对此我们应该有分析地加以批判。可以预测，在马克思主义指引下，随着未来国际社会主义、共产主义运动的发展，今后世界各国对普列汉诺夫的研究将取得更加丰硕的成果，对普列汉诺夫的功过将作出更加符合实际的评价。

3. 国外学者研究普列汉诺夫社会主义革命思想的方法特点

整体而言，由于政治和意识形态立场、主观认识甚至是话语体系等原因，早期西方国家对普列汉诺夫社会主义革命思想研究中观点分化极为明显。理性和公允的缺失导致研究成果失去学术价值。随着近些年俄罗斯作为新兴国家经济体的复苏，对普列汉诺夫的关注度也呈递增趋势，研究立场也更趋于客观。一些西方学者（尤其是左翼学者）能够在一些具体问题上（如普列汉诺夫革命思想与马克思、恩格斯革命思想的关系等）进行更加细致的讨论，从而丰富了我们的视野，给予我们很大启发。

从研究方法来看，西方学者对普列汉诺夫的研究路径有三种：第一种是传记研究，通过对普列汉诺夫生平活动的研究以传记的形式来介绍普列汉诺夫的相关思想③；其次是历史学的研究，主要是在研究俄国革命史（和苏联史）的

---

① 参见［南斯拉夫］普雷德拉格·弗兰尼茨基：《马克思主义史》，胡文建译，黑龙江大学出版社2015年版。

② 参见［美］戴维·麦克莱伦：《马克思以后的马克思主义》，李智译，中国人民大学出版社2008年版。

③ 参见 Baron, Samuel Haskell, *Plehannov. the father of Russian Marxism*, Stanford, Stanford University Press, 1963.

过程中穿插普列汉诺夫的相关革命理论与实践，这方面的研究最多。① 最后是对列宁政治思想的研究中，涉及普列汉诺夫与列宁的相关争论。② 值得注意的是，随着"革命学"③ 的发展，西方学者开始将革命学的最新研究成果以及革命进程的一般模式运用于俄国革命研究。这为我们理解俄国社会主义革命进程以及普列汉诺夫对进程的看法有了新的把握和借鉴。

不过，西方学者对普列汉诺夫社会主义革命思想研究的缺点也较为明显：首先，缺乏对普列汉诺夫著作文本的全面解读，也许受翻译版本影响，西方学者对普列汉诺夫文本的研究有限，大多只是停留在名篇的解读中，对他大量的政论文章、书信、草稿、读书笔记则比较忽视，这就难以反映普列汉诺夫相关思想的全貌，使得解读难免带有片面性。其次，由于缺乏马克思主义革命观的科学概念，西方学者对普列汉诺夫社会主义革命思想的理解比较狭隘，往往侧重于十月革命前后的权力斗争、政党建设等政治方面主张，而忽视了普列汉诺夫对俄国落后生产力阐述等经济主张，随之而来的是缺乏对同一时期普列汉诺夫社会主义革命思想中政治主张与经济主张的互动关系，以及不同时期革命思想的演进的关注。因此，本书积极借鉴他们的相关概念同时，力图以马克思主义为指导，为弥补西方学者研究中的缺陷做一些尝试。

三、研究方法及研究思路

（一）研究方法

1. 文献研究法

普列汉诺夫社会主义革命思想的发展是纵向延伸，因此，需要我们根据普

---

① 参见 Fitzpatrick Sheila, *The Russian Revolution*, Oxford University Press, 1994; Patrick Flaherty, *Lenin and Russian Revolution*, Harvard Revolution, 1984.

② 参见 Neil Harding, *Lenin's Political Thought: Theory and Practice in the Democratic and Socialist Revolution*, Macmillan Press, 1977, 1981; James D. White, *Lenin: the Practice and Theory of Revolution*, Palgrave, 2001.

③ 关于西方"革命学"的介绍，可参考 [美] 西达·斯考切波：《国家与社会革命——对法国、俄国和中国的比较分析》，何俊志、王学东译，上海世纪出版社2015年版，第3—12页。

列汉诺夫的原著及其相关代表大会决议进行认真的研究，其中主要的文献包括《普列汉诺夫哲学著作选集》《普列汉诺夫文选》《普列汉诺夫机会主义文选》《苏联共产党代表大会、代表会议和中央全会决议汇编》，国内外学者关于普列汉诺夫思想的研究专著、教材、普列汉诺夫亲友的回忆录，等等。通过对各类文献资料的认真细致地梳理，从而概括出普列汉诺夫的社会主义革命思想。

2. 逻辑与历史相统一的方法

恩格斯曾说："历史从哪里开始，思想进程也应当从哪里开始。"① 逻辑与历史的统一，是辩证思维的一个基本原则。本书的主旨思想研究，偏重于从逻辑体系上揭示普列汉诺夫的社会主义革命思想，阐明其发展的历程与阶段性特点，在总体揭示普列汉诺夫的社会主义革命思想的发展中，在具体研究某一思想时，又尽可能遵循思想发展的历史真实情景。

3. 比较研究方法

所谓比较研究方法，就是对照各个事物，以确定其差异点和共同点的逻辑方法。从时间、空间、内容上的可比性来比较分析。这个也是本论题的核心方法，从纵向角度，考察马克思、恩格斯社会主义革命思想与普列汉诺夫社会主义革命思想的关系，说明普列汉诺夫对马克思主义的继承、丰富和发展；同时探索普列汉诺夫在一生的不同阶段中，其社会主义革命思想的反复和动摇。从横向来看，比较普列汉诺夫与同时代其他理论家如列宁、考茨基和卢森堡等人在革命观上的异和同、借鉴和批判，指明普列汉诺夫对马克思主义学说理解的缺陷——恪守原文而非忠于实践；固执己见而非兼听则明。

4. 理论和实践相统一的方法

本书重点研究的背景为俄国社会主义革命的历史发展，但这并不是简单的逻辑演绎，而是把这一研究和当时的具体实践统一起来加以考察，以此说明普列汉诺夫社会主义革命思想发展所内存的经济、政治、文化等诸多方面的成因。这种实践研究不仅仅研究普列汉诺夫在世时期的实践，而且也涉及普列汉诺夫之后苏维埃政权的实践，同时也探讨了世界社会主义运动的实践发展。

---

① 《马克思恩格斯选集》第2卷，人民出版社2012年版，第14页。

（二）研究思路

本书试图从历史、理论和现实结合上构建全文。首先，侧重于历史的角度，探讨了普列汉诺夫马克思主义革命观的时代场景和思想来源。其次，从理论发展的角度梳理了普列汉诺夫社会主义革命思想的初步形成、发展、转变和最后探索，概括了普列汉诺夫社会主义革命思想的逻辑演进。这一部分构成了本书的主干和核心内容。再次，从侧重于现实的角度，依据普列汉诺夫社会主义革命思想的历史发展所取得的丰硕成果和经验教训，总结今天如何坚持马克思主义、发展中国特色社会主义建设的重大意义。

需要说明的是，如恩格斯所言："世界不是既成事物的集合体，而是过程的集合体。"[①] 思想家的思想发展过程是由思想发展的若干阶段衔接而成。探讨普列汉诺夫社会主义革命思想的历史发展正是对社会主义革命理论过程的抽象概述，同时也要对其进行阶段划分。而要进行阶段划分，必须坚持一定的原则方法。这其中，最具说服力的是如下观点[②]：第一，坚持阶段性和连续性的统一方法；第二，坚持历史和逻辑、理论和实践统一的方法；第三，坚持总体和部分相互促进的方法。依据这些方法，既要分别考察普列汉诺夫在社会主义革命思想方面发表的阶段性、标志性的著作，又要达到前后有机衔接；既要注重革命思想的发展过程，又要分析思想背后的实践成因；既要在整体中把握部分，也要在部分中丰富整体。同时，在对普列汉诺夫社会主义革命的分析过程中，在学界研究的基础上，进行进一步的归纳表述，以此更加科学地进行分析和研究。

四、可能的创新点及不足

当今中国，研究普列汉诺夫思想的人不胜枚举，研究成果丰硕。因此，本书的研究只能是"接着说"。"接着说"看似容易，其实做起来非常之难。因为在众多优秀成果的基础上进行新的阐释，在创新力上难度可想而知。"三人行，

---

① 《马克思恩格斯文集》第4卷，人民出版社2009年版，第298页。
② 孙来斌：《列宁的马克思主义理论教育思想研究》，中国社会科学出版社2003年版，第31页。

必有我师"。正是抱着这种求学的心态，本书试图从以下几个方面提出自己一些创新之处。

第一，在整体研究上，试图对普列汉诺夫社会主义革命思想的发展脉络作系统性梳理。既关照了普列汉诺夫社会主义革命思想的主要内容，同时也弥补了研究普列汉诺夫社会主义革命思想仅仅探求十月革命前后争论的局限性。本书以普列汉诺夫一生为主线，立足于俄国落后的经济文化的历史背景，把普列汉诺夫社会主义革命思想的发展脉络分为初步形成、发展、转变和最后探索四个阶段进行了整体考察。

第二，在研究评价普列汉诺夫社会主义革命思想的历史地位时，力求做到符合历史、客观公正。既要重视普列汉诺夫社会主义革命思想历史发展过程存在的优点和成果，也要审视其错误和不足。正是基于此，本书既高度重视普列汉诺夫对马克思主义革命观的继承和发展，也努力寻求普列汉诺夫社会主义革命思想对中国特色社会主义建设的启示。

但是同时也应承认，书中也存在诸多不足。首先，作为此领域的初学者，研究时间不长，在占有史料的全面性方面存在不足。其次，由于缺乏深入系统的研究，在涉及对普列汉诺夫功过是非评价时，叙有余而论不足，不敢轻易下结论，相关问题的学术含量有待提升。最后，对待像普列汉诺夫这样复杂而又存在争议的历史人物，存在各种看法，本书的看法未必都妥当，也会存在各种偏误。只能尽己所能，将学习研究中的初步所得求教于各专家学者，不妥之处，在所难免，期待教导指正。

第一章　普列汉诺夫社会主义革命思想的时代背景

19世纪末，资本主义社会各种矛盾激增。俄国汇集了资本主义制度下的一切矛盾，成为世界革命运动新的中心。但俄国革命进程并非一帆风顺。虽然俄国马克思主义者与德国社会主义者能够接触到的马克思著作在内容方面根本上是相同的[①]，但在落后的社会生产力和封建专制的沙皇统治的背景下，著作中的相关内容对俄国马克思主义者而言显得较晦涩难懂，造成了马克思主义在俄国的各种"变种"。理论上的困境加之俄国独特的国情，致使俄国无产阶级革命运动也一波三折：从1883年"劳动解放社"的成立开始，历经34年，直到1917年才取得了十月革命的胜利。

同普列汉诺夫的全部思想一样，普列汉诺夫的社会主义革命思想也是俄国社会历史发展的产物，是在人类社会开始由自由资本主义进入到帝国主义的时代背景下，他运用马克思主义的普遍真理探寻俄国革命实际的产物；是他在领导俄国革命的进程中，同马克思主义内部和外部敌人的斗争中产生并得到不断发展的产物。因此要深刻研究普列汉诺夫社会主义革命思想的内涵，必须了解普列汉诺夫所处的时代背景。

一、普列汉诺夫社会主义革命思想的国内背景

与同时期西方国家相比，落后是俄国社会发展的最基本特性。这首先源于

[①] 所有重要的俄国马克思主义者都使用多种语言，他们中的大多数，作为流亡者在欧洲或北美生活了较长时间，并同其他国家的社会主义者广泛深入接触。

俄国历史的开端晚于西欧，与日耳曼人征服罗马不同，"东斯拉夫人的原始生活条件，决定了他们的发展比较缓慢，他们的社会结构比较简单，同时也决定了这种发展和这种社会结构的很大的独特性"①。落后始终影响着俄国的历史发展进程，即便到了 20 世纪初，也仍然是俄国革命形势的背景底色。列宁在十月革命一周年谈到俄国革命胜利的原因时说，由俄国来开始无产阶级社会主义革命，"绝不是由于俄国无产阶级有什么功劳，也不是由于它比别人先进，相反地，正是资本主义的特别软弱和落后，以及特别逼人的军事战略形势"。② 托洛茨基在论述革命的历史背景时，也谈及俄国相对西欧的落后："俄国历史最基本也是最稳定的特点就是其发展的迟缓性，以及由此相伴产生的落后的经济状况、原始的社会形态和低下的文化水平。"③

普列汉诺夫就在这样一个物质匮乏、文化贫乏、思想闭塞的封建专制国家开启了他的革命之路。俄国独特的历史条件孕育了他革命思想从启蒙、成长到成熟的全过程。有鉴于此，详细概括普列汉诺夫所处时代的国内背景是必要的。"此外，由于俄国马克思主义对国内环境的反应较为敏感，因而需要对沙皇专制帝国的本质给予更多的关注。"④

（一）19 世纪末俄国社会的本质特征

俄国作为专制持续时间最长的欧洲国家，其封建统治在 19 世纪中叶仍然十分稳固⑤。沙皇政府作为统治者，掌握着国家一切政治资源。它的中央集权制对社会的统治程度，是西欧专制国家无法比拟的。

政治制度上，俄国独特的沙皇专制制度规定国家是土地的所有者，拥有大部分的非农业部门⑥。沙皇并掌控着一支庞大的军队，形成了一整套对内镇压的

---

① ［俄］瓦·奥·克柳切夫斯基：《俄国史教程》第 1 卷，张草纫译，商务印书馆 2013 年版，第 24 页。
② 《列宁全集》第 35 卷，人民出版社 1985 年版，第 137 页。
③ ［俄］托洛茨基：《俄国革命史》第 1 卷，丁笃本译，商务印书馆 2014 年版，第 13 页。
④ ［英］M. C. 霍华德、J. E. 金：《马克思主义经济学史 1883—1929》，顾海良译，中央编译出版社 2014 年版，第 125 页。
⑤ 自 1547 年沙皇专制制度建立以来，已历经 17 个沙皇长达 350 余年的残暴统治，社会矛盾积怨已久。随着尼古拉一世沙皇残暴统治的加剧，矛盾积怨愈加深重。
⑥ P. Gatrell, *The Tsarist Economy* 1850—1917 London: Batsford, 1986.

国家机器。到 19 世纪中叶，经济上占统治地位的世袭贵族，占据了俄国绝大多数的土地①，并拥有稳固的土地所有权。政府规定的国家官僚机构与贵族等级制度的对应融合②，大大加深了沙皇政府的统治力度。尽管名义上依旧是沙皇政府统治，但在现实生活中沙皇政府可以通过官僚贵族、地主阶级来强化自己的统治力度和范围。专制力度之强不仅决定了俄国自上而下的改革的政治基础，也使得"沙皇专制国家经受住了资产阶级革命的高潮和随之而来的拿破仑扩张的考验"③。

经济形态上，庞大的封建专制主义的上层建筑，意味着支撑它的经济基础是极其落后的。这种极度落后性，致使俄国经济发展呈现出无序性、复杂性和跨越性。当然，"一个落后国家固然要吸收先进国家的物质和精神成果，可是这并不等于它盲目地模仿后者，复制后者以往所有的发展阶段。"④ "跨越过渡阶段的可能性当然不是绝对的，其程度归根到底取决于一个国家的经济规模和文化容量。而且，落后民族在采用外部现成的文明成果以适应自己比较原始的文明的过程中，往往会降低这种做法的效能。如此一来，文明同化的过程本身就具有了矛盾的性质。"⑤ 作为奴隶制度在封建社会的"变种"，农奴制在俄国根深蒂固。在 19 世纪 60 年代以前，"农奴的生活条件与奴隶非常接近，与中世纪欧洲隶农的地位差不多。农奴依附于他们的主人，而不是土地，只有少数人在大规模的采矿业、建筑业和工业活动中工作，而不是仅仅局限在封建农业中"⑥。

---

① "在大约 1000000 个贵族地主中，接近 500000 个地主拥有不到 270 公顷地产。另外一半的地主贵族，却在 10 亿公顷土地中占有 97%，而且在俄国的欧洲部分，这些面积超过了所有私人拥有土地的 50% 以上。"（引自 [英] M. C. 霍华德、J. E. 金：《马克思主义经济学史 1883—1929》，顾海良译，中央编译出版社 2014 年版，第 126 页）

② 对应于国家官僚机构的级别，在贵族阶级内部形成一种封建等级制。反之，凡在国家机构中占据确定位置的人，也被授予相应的贵族等级，在一定级别之上的等级为世袭等级。这样，一直到 1917 年，贵族头衔和特权，通过政治体制同各种级别的行政职能联系在一起。

③ [英] M. C. 霍华德、J. E. 金：《马克思主义经济学史 1883—1929》，顾海良译，中央编译出版社 2014 年版，第 125 页。

④ [俄] 托洛茨基：《俄国革命史》第 1 卷，丁笃本译，商务印书馆 2014 年版，第 14 页。

⑤ [俄] 托洛茨基：《俄国革命史》第 1 卷，丁笃本译，商务印书馆 2014 年版，第 15 页。

⑥ [英] M. C. 霍华德、J. E. 金：《马克思主义经济学史 1883—1929》，顾海良译，中央编译出版社 2014 年版，第 127 页。

即使 60 年代后农奴制度的废除，也是按照贵族利益、不合比例地展开。拥有土地的农民数量少于农奴制下的农民数量，农奴因分得贵族土地而付给贵族高昂的补偿费，"农民获得的自由也是非常有限的。大多数农民尽管在法律意义上拥有土地，但仍然受当地贵族的剥削，同时又受中央政府苛捐杂税的盘剥"①。农奴制的残余直到 1917 年十月革命之后才彻底消除。

意识形态和文化传播方面，俄国大力宣扬东正教，走政教合一道路。政府通过东正教麻痹广大群众，以服务于沙皇专制的对内镇压和对外扩张。民族关系方面，政府大肆鼓吹大俄罗斯主义，将四处扩张并吞并的领土都作为自己的殖民地，鼓吹"俄罗斯民族优越论"，"宗教不独立，教育机构的自治也微乎其微。帝国的意识形态并不复杂，它打的旗号是'权威、正统和民族性'。这一意识形态的谱系是清晰的、绝对的"②。沙皇政府正是以此为原则，力求在整个全俄境内建立沙皇专制、东正教和俄罗斯民族统治的大一统国家。

虽然俄国资本主义的产生源于彼得大帝时期的改革，但农奴制的存在严重阻碍了资本主义的正常发展。到 19 世纪 50 年代，俄国城市人口不足总人口的 10%，其中仍然处于萌芽状态的无产阶级的人口比例，更是微乎其微。城市本质上应是行政、军事和商业中心，但是在俄国城市更多的只有零星商业，仅有的大工业只是统治阶层为了满足自己军事上的需要而强行干预的产物。国内私人资本并不是 19 世纪中叶俄国资本主义经济的主要力量。这也部分程度上解释了为什么 1789 年、1830 年和 1848 年资产阶级革命的浪潮未能在沙皇统治地区产生重要的影响。直到 1861 年开始废除农奴制后，资本主义发展才走上正轨。但与英、法等国相比，俄国资本主义发展已经落后了几十年甚至上百年。面对更具活力的西方国家，沙皇政府也开展了工业化自救，但是一方面生产侧重于重工业和军工业，轻工业和民用工业大为滞后；另一方面这种生产在本质上是用封建方式为沙皇提供资源，在新建立的工业企业普遍使用强制劳动，从而成

---

① ［英］M. C. 霍华德、J. E. 金：《马克思主义经济学史 1883—1929》，顾海良译，中央编译出版社 2014 年版，第 127 页。
② ［英］M. C. 霍华德、J. E. 金：《马克思主义经济学史 1883—1929》，顾海良译，中央编译出版社 2014 年版，第 125 页。

为一种强化的剥削形式。"沙皇政权引进西方文化的基本目的不是为了改变俄国的现存社会及其制度,而是为了增强它的力量,巩固它的基础。"① 落后和发展并存是当时俄国的主要特征,19 世纪晚期,政府在更大的规模上一再进行加速资本主义发展的各种尝试,导致各种矛盾因此而激化,并为该体系最终的分崩离析创造了基础性条件。

作为资本主义的主导者,俄国资产阶级分散在全国各地,缺乏行之有效的组织管理机构。政治上依附于沙皇政府,不敢与之对抗,更不敢领导无产阶级开展革命。与西方国家涌现出一批对资本主义发展有卓越见解的资产阶级思想家、理论家不同,俄国资产阶级呈现明显的落后性。英、法、德等国资产阶级政党普遍比工人政党成立时间早,而俄国最早的资产阶级政党(立宪民主党)成立于 1905 年,比俄国无产阶级政党(社会民主工党)创建晚了 7 年。与西方国家资产阶级政党联合无产阶级共同反对封建专制不同,俄国资产阶级反动性的突出表现在它与沙皇政府联合,共同镇压无产阶级革命运动。

俄国资本主义的发展造就了俄国的资产阶级,同时也造就了它的对立面无产阶级。"无产阶级的形成过程在西欧老牌资本主义国家中用了一百多年的时间,而在俄国只用了几十年。"② 在俄国,集中在大工厂、采矿工业、铁路部门的工人,1865 年约为 70 余万人,而过了 25 年,人数增加了一倍。到 19 世纪末,俄国全部产业工人大约有 1000 万人。③ 作为城市发展的主力军,俄国无产阶级遭受封建沙皇和本国资产阶级的双重压迫,被枪杀、逮捕、流放比比皆是。艰苦的生存环境造就了俄国无产阶级特有的高度集中性。由于俄国资本主义发展的不平衡性,重工业、军工业和铁路的大发展积聚了大量工人,提升了无产阶级的规模和战斗力。19 世纪 70 年代工人在自发罢工运动兴起后就意识到建立工人集中组织的必要性,以工人协会领导工人开展经济、政治斗争。通过持续不断地开展斗争,使无产阶级意识到暴力革命的极端重要性。

---

① 姚海:《苏联史》第 1 卷,人民出版社 2013 年版,第 35 页。
② 孙来斌:《列宁的马克思主义理论教育思想研究》,中国社会科学出版社 2003 年版,第 12 页。
③ 参见[苏]波斯别洛夫:《苏联共产党历史》第 1 卷,彭卓吾译 上海人民出版社 1983 年版,第 16,234 页。

俄国革命的一波三折，除了阶级特质外，种类繁杂的社会思潮也影响了革命发展。英国的工联主义与法国的蒲鲁东宣扬的无政府主义都在不同程度上扰乱了工人的革命意识，腐蚀了工人阶级的革命斗志。总之，沙皇政府严酷的政治、经济制度，大肆奴化的意识形态教育，以及无产阶级自身的艰苦处境，决定了在这样的军事帝国主义多民族大国，开展无产阶级革命运动面临着常人难以想象的艰难困苦。

（二）20 世纪初俄国国内矛盾深化

尽管沙皇政府废除农奴的改革并不彻底，"但毕竟还是打破了封建农奴制度的坚冰，为俄国资本主义的发展开辟了一条道路"①。资本主义在俄国迅速发展起来，主要工业产品的产量大幅度增长，主要工业部门逐渐采用机器生产方式。"可以说，正当世界资本主义开始向帝国主义过渡的时候，俄国也较快地初步完成了工业革命，并产生了第一批垄断组织。"② 至 20 世纪初俄国也过渡到帝国主义，只不过这种帝国主义带有浓厚的前资本主义色彩，"可以说是被前资本主义关系的密网紧紧缠绕着"③。列宁曾评论说："如果把俄国前资本主义时代同资本主义时代作比较……那就必须承认，在资本主义下，社会经济的发展是非常迅速的。如果把这一发展速度与现代整个技术文化水平之下所能有的发展速度作比较，那就确实必须承认，俄国当前的资本主义发展是缓慢的。"④ 进入 20 世纪，资本主义并不发达的俄国，却成为当时帝国主义一切社会矛盾的集合点。

首先，俄国国内各种矛盾极其突出，马克思说过，西欧大陆的国家不仅苦于资本主义生产的发展，而且苦于资本主义生产的不发展。⑤ 普列汉诺夫等俄国革命家多次引用这一观点，来论证"俄国由于资本主义的特殊发展而造成的社会阶级矛盾"⑥。

矛盾一方面源于封建专制与人民大众之间。这是俄国社会最主要也最突出

---

① 孙来斌：《列宁的马克思主义理论教育思想研究》，中国社会科学出版社 2003 年版，第 12 页。
② 孙来斌：《列宁的马克思主义理论教育思想研究》，中国社会科学出版社 2003 年版，第 12 页。
③ 《列宁全集》第 27 卷，人民出版社 1984 年版，第 394 页。
④ 《列宁全集》第 3 卷，人民出版社 1984 年版，第 552 页。
⑤ 参见马克思：《资本论》第 1 卷，人民出版社 1975 年版，第 8—11 页。
⑥ 孙来斌：《列宁的马克思主义理论教育思想研究》，中国社会科学出版社 2003 年版，第 12 页。

的矛盾。虽然当局为了缓和民众情绪推行了一系列自上而下的改革，但结果却是，俄国贵族成了改革的受益者，而占人口绝大多数的农民不仅在经济上为改革政策承受了沉重的负担，在人身自由方面更受到残酷的奴役。上下阶层的差距不断扩大。民粹主义兴起的暗杀沙皇政策，并没有换来人民希望的生活，反而激化了国内矛盾。① 随着国内经济危机的爆发，3000 多家大中型工厂倒闭，10 多万工人被裁，在职的工人工资骤减。工人们纷纷上街游行，明确提出"打倒沙皇专制"的口号，不仅得到了包括学生在内的广大人民拥护，甚至地主阶级和部分资产阶级，也因为不满沙皇的暴行，纷纷走上反对沙皇统治的道路上。终于在 1905 年的革命中沙皇政府被推翻。

另一方面，俄国无产阶级与资产阶级的矛盾日益尖锐。俄国资本主义的迅速发展是通过对工人阶级惨无人道的剥削来实现的。俄国资本主义起步较晚，为了赶超英、法、德等先进的资产阶级国家，俄国资本家开始加紧压迫本国无产阶级，工人们处境越发艰苦。美国工人在 1866 年就已经提出了 8 小时工作制的要求，而在 19 世纪 80 至 90 年代的俄国，却还在重复着西方工厂幼年时期的骇人听闻现象。工人的日平均工作时间普遍在 13 至 14 个小时以上，这在欧洲是最长的工作日。② 由于劳动极端繁重、没有安全技术和保护措施，以及保险医疗的缺失，致使俄国工人有极高的死亡率。老百姓称工厂为"伤筋动骨所"。工人的工资极低且经常被工厂主无端克扣。工厂里大量使用女工、童工，工人们的生活条件也极其艰苦，他们"在地窖、阁楼和陋室中住得愈来愈挤，比往常更加吃不饱，他们把家里最后剩下来的一点破烂也出卖给了高利贷者"③。非人的待遇使俄国工人阶级的不满情绪日益增长，先是不断发生小规模的骚乱，后来发展成有组织的罢工。特别是在 70 年代中期成立"南俄工人协会""俄国北

---

① 在 19 世纪 70—80 年代，民粹主义中兴起的"政治派"，主张暗杀沙皇、大臣等封建贵族来消灭专制制度。虽然两次行刺计划失败，终于在 1883 年 3 月 13 日将亚历山大二世成功刺杀。但一个沙皇的倒下却没有换来人民希望的生活，新沙皇亚历山大三世大开杀戒，致使国内矛盾愈发激烈。

② 在 19 世纪 80 年代，和英、法、德等国工人普遍实行十小时工作制相比，俄国工人不仅工作强度大，工作时间也长，重工业工人劳动时间不低于 12 小时，轻工业、纺织工业工人工作长达 15 小时。而领取的薪资报酬却不及西方国家工人的一半。

③ 《列宁全集》第 5 卷，人民出版社 1986 年版，第 287 页。

方工人协会"的组织领导下，工人运动有了更大的发展。据不完全统计，在1870—1879年间，俄国工人举行过187次罢工运动；而在1880—1889年间，则多达323次。① 1901—1903年的经济危机成为矛盾激化的导火索，工人纷纷罢工游行，斗争迅速遍及全俄几十个大城市，到1903年夏天发展为政治性总罢工。无产阶级和资产阶级的矛盾不断加深。

同时，地主贵族阶级与广大农民的矛盾也极其突出。虽然政府于1861年被迫废除了农奴法令，但矛盾不但没有缓解，反而愈发激化。一方面，农奴制的废除使得地主们趁机以各种方式大肆掠夺土地和农民，农民如果想获取属于自己的土地与自由，需要付出比原价高二、三倍的赎金。② 部分地区甚至交了赎金后，农民依旧要向之前的地主服役多年。另一方面，沙皇政府规定：土地的所有权由农村公社掌管，农民只有土地的使用权。沙皇政府掌管农村公社的行政、立法权，农村公社实质上成为沙皇政府在基层统治的代理人。这些措施使得广大农民民不聊生，各地区农民骚动和起义频发。③

沙皇俄国还是一个民族大监狱。在政治上，占总人口多数的非俄罗斯民族完全没有任何权利。④ 政府规定：在非俄罗斯民族居住的地区，国家公职几乎完全由俄罗斯人充任，并强制所有机关、学校、法院必须一律使用俄语。为了反抗沙皇政府在国内奉行的大俄罗斯主义，各地不断爆发民族起义。尤其在乌克兰、伏尔加流域极为突出。

其次，沙皇俄国与一些落后国家、地区的矛盾突出。如前所述，俄国资本主义在20世纪初也过渡到帝国主义阶段，"虽然并不发达，但是，它仍然具有

---

① [苏]波斯别洛夫：《苏联共产党历史》第1卷，彭卓吾译，上海人民出版社1983年版，第93，122页。

② 据不完全统计，从1861—1904年期间，农民交付的赎金总额已达20多亿卢布。

③ 自1861年至1901年间，俄国农村共计爆发大大小小300余次骚动和起义。在俄国1901—1903年发生经济危机时，农民也响应工人阶级的号召，揭竿而起。沙皇政府虽然进行了残酷的镇压，但是地主和农民之间矛盾激化已成事实。

④ 从1547年沙皇制度建立到19世纪末期，俄罗斯族先后吞并了周围185个民族。这185个民族约占总人口的57%，而俄罗斯族只占43%。虽然身为少数民族，但俄罗斯族却以统治者自居，以军事占领、政治控制、经济掠夺、文化渗透等方式欺压其他弱小民族，致使民族矛盾不断加深。

一般帝国主义的扩张本性"①。同时，这种扩张本性又与沙皇制度的暴虐以及大俄罗斯民族主义的侵略性特殊地结合在一起，成为一种"军事封建帝国主义"。受此影响，沙皇俄国对土耳其、波斯以及中国广大地区大举进攻，大搞殖民地压迫和军事剥削侵略。这实质上是帝国主义与殖民地和附庸国矛盾的一种反映。

再次，沙皇俄国与西方其他列强的矛盾不断激化。19 世纪末，资本主义从自由竞争过渡到垄断竞争，作为新兴资本主义国家，沙皇俄国不满原有资本主义势力，主张重新划分殖民地和势力范围，双方斗争不断加剧。重新瓜分世界的战争一触即发。② 局部地区摩擦最终酝酿为俄、英、法三国同盟与德、意、奥三国协约为争夺世界霸权的第一次世界大战。当"一战"激战正酣，俄国又把目光转向中国，强行霸占辽东半岛，修建海军基地，加快修筑中东铁路，强硬地把我国东北变为"黄俄罗斯"。为了共同瓜分在华利益，日本也加紧扩军备战，日俄战争爆发。沙俄作为欧洲最大的反动堡垒，为争夺世界霸权的斗争愈演愈烈。

总之，帝国主义的各种矛盾在俄国特别尖锐地反映了出来，由于沙皇政府的利益与西方帝国主义利益的交织与牵涉，它被卷入帝国主义体系并成为当时帝国主义一切矛盾的焦点。与此同时，历史还造就了解决这些矛盾的阶级力量——俄国无产阶级及其同盟军。革命终将不可避免。这场革命是什么性质？将俄国带向何方？对世界历史进程有何影响？考茨基对此作了深入思考。他指出："现在可以认为，斯拉夫人不仅已经踏进革命民族的行列，而且革命思想和革命事业的重心正在日益转向斯拉夫人。"③ "新的一代英雄任务已经在俄罗斯民族中成长起来，并且现在已经不再是孤军作战了……我们正在面临着俄国革命斗争的新时代……从西方接受了革命首创精神的俄国，现在可能成为西方革命动力的源泉"④。考茨基的论述启迪了比他小两岁的普列汉诺夫，促使他去思考如何在俄国以马克思主义之"火""点燃"无产阶级革命运动。

---

① 孙来斌：《列宁的马克思主义理论教育思想研究》，中国社会科学出版社 2003 年版，第 14 页。
② 俄国为了争夺欧洲统治权先后与德国、奥匈帝国发动战争。
③ [德] 卡尔·考茨基：《考茨基文选》，王学东编，人民出版社 2008 年版，第 90 页。
④ [德] 卡尔·考茨基：《考茨基文选》，王学东编，人民出版社 2008 年版，第 91 页。

二、普列汉诺夫社会主义革命思想的国际背景

普列汉诺夫所处的时代,正是世界资本主义进入帝国主义阶段的过渡期。资本主义社会原先固有的各种矛盾不仅没有得到解决,相反却日益加深。生产力的巨大发展又使资本主义社会出现了新情况、新问题。这些变化,"引起了马克思主义内部和外部的理论家对于马克思主义的科学性、现实性、历史命运的反思"①。

(一) 19世纪70年代以来资本主义出现的新现象

在普列汉诺夫所处的时代,资本主义发达国家的生产力不仅集中程度高、规模大,而且已经发展为行业垄断形态。在垄断企业成为资本主义支配力量的同时,资本主义的某些基本特性开始转化为自己的对立面。这些新变化,不仅推动了世界经济的发展,也加深了人们对资本主义本质的认识。

在经济领域,首先表现出暂时的繁荣,特别是由于辛迪加、托拉斯等垄断组织的出现,资本主义经济的无政府状态似乎得到了克服,资本主义基本矛盾似乎已经"缓解"。虽然资本主义国家出现了持续性的经济萧条,但是资本主义经济的转型与发展并没有因此而打破,反而保持较大幅度攀升。② 这种特殊萧条,引起了理论界的争议。马克思主义者认为,资本主义世界的经济萧条本身就是资本主义内在矛盾的真实体现,它再次表明了资本主义国家无力在资本主义制度内克服资本主义矛盾,资本主义的灭亡是必然的。也有部分学者认为,虽然资本主义出现了经济萧条,但是不但没有使他们走向大规模的经济衰退,反而在萧条中实现了自身经济的增长,这表明资本主义已经有了驾驭危机、克

---

① 孙来斌:《列宁的马克思主义理论教育思想研究》,中国社会科学出版社2003年版,第19页。
② 自19世纪40年代中期到19世纪70年代初期,资本主义经济经历了一场不同寻常的转型,虽然这一过程被1847年的经济危机和1857年的经济萧条暂时阻隔,但是并没有因此打断。转变期间部分资本主义国家迅速实现了工业化,经济保持以较大幅度攀升,并在1871—1873年达到了顶峰。然而在此以后,资本主义的繁荣很快被经济萧条所取代。自1873年起,世界经济便出现大规模的骚动和不景气,持续性的"大萧条"笼罩全球,但这是种特殊的萧条,发达资本主义国家并没有因为萧条而走向经济衰退,相反,而是在萧条中实现了经济的增长。

服自身矛盾的能力。因此他们宣称大规模的暴力革命已经过时，社会需要的是改良。这为后来的修正主义埋下了伏笔。

其次，随着资本主义的发展，单个资本家所拥有的财力已经远远不能适应资本对利润的追求，于是股份公司作为一种新的形势登上了历史舞台。这种资本方式明显改善了过去只能通过企业实现财产集中的操作模式，是资本发展史的重大革命。同时这种集资方式也为美化资本主义提供了契机：由于大量的雇佣劳动者也可以购买一定的股票，从而造成一种假象：工人摆脱了被剥削的命运。因此，传统意义上雇佣工人与资本主义之间的矛盾仿佛已经消失，一夜之间人人都成了"资本家"，整个资本主义成为了"人民的资本主义"。虽然资本的"人民化"是资本社会化的必然后果，但是如何从理论上认识这种最新现象，是所有马克思主义者必须面对的严肃问题。

最后，资本主义生产企业之间的无序竞争被各大企业集团的垄断所代替，垄断作为这一时期最引人注目的时代特征，引起了资本主义社会生产关系的深刻变化：在自由竞争时代，市场活动的主体是单个的资本家，他们独自经营，自为一体，为了获得更多的利润，他们必须与其他资本家进行激烈的竞争，致使整个社会处于一种生产无政府状态。而在垄断时期，大型垄断企业代替单个资本家，成为了市场活动的主体，它们可以根据市场的需要来"规划"自身生产，使整个资本主义摆脱原来的无政府状态，实现有组织、有计划地生产。学者对这种现象予以不同的认识，有学者公开宣称垄断资本主义的出现实现了资本主义生产的计划性，克服了资本主义内在矛盾。事实上，虽然垄断组织的出现改变了资本主义的运行模式，但是还无法从根本上解决资本主义的内在矛盾，无法克服资本主义的内在危机。这种认识的不同成为后来引发争论的现实根源。

随着经济变化，在政治领域也产生了一些新情况。单一线性的阶级结构开始向多元化方向转变。在垄断资本主义条件下，企业内部结构发生巨大变化，导致企业人员配置发生重大转变。① 这种转变模糊了资产阶级与无产阶级的两极

---

① 从经理、律师到广告分析家、市场运营师等，所有这些都成为巨型公司不可或缺的组成部分，而这些在竞争资本主义年代是闻所未闻的。

对立，阶级矛盾更加隐蔽、复杂，甚至出现了崭新的"工人贵族"阶层。"收买本国下层阶级，使它们安分守己。"① 这种"贿赂"手段已成为当时帝国主义统治策略中不可或缺的一部分。随着垄断组织的出现和竞争的加剧，大批小资产阶级生产者纷纷破产加入无产阶级的行列。这一方面壮大了无产阶级的力量，同时却又把小资产阶级的世界观和固有特点带进了无产阶级队伍中，并企图以此来改造无产阶级政党。

社会意识形态领域，民主化和法制化成为了社会新现象。资本主义开始采用民主和法治的手段来调节社会生活，实现阶级统治。工人开始享有一定的民主参选权利，无产阶级政党也从非法状态逐步取得了合法地位。工人阶级通过工会和工厂法与资本家进行斗争，以期望提高自身收入和待遇。无产阶级政党也通过合法的议会斗争而维护自身权利。②

资本主义的国际化发展，在国际政治和国际关系领域产生了重大影响，世界政治格局特别是世界革命运动出现了重大转变：资产阶级革命在欧洲已经完成。随着新世纪的来临，开启了东方革命的新时代。相比西方，东方国家更易于发生革命，一方面由于东方国家的经济落后性决定了这些国家易于发生革命。国家经济落后，人民受剥削的程度必然深重，广大人民群众必然处于饥寒交迫之中。在这样的国家里，阶级矛盾尖锐，社会上滚动着革命的岩浆，一遇契机，就会火山爆发。③ 另一方面东方国家的政治制度极为反动，人民没有合法地进行斗争的权利，这也决定了他们只能走暴力革命的斗争道路。

（二）马克思主义理论与资本主义新现象的"反差"

在马克思和恩格斯的时代，世界资本主义发展尚未达到垄断资本主义阶段，所以他们主要是从殖民政策、殖民掠夺和争霸世界等含义上，来论述各国争夺

---

① 彭树智：《修正主义的鼻祖——伯恩施坦》，陕西人民出版社1982年版，第19页。
② 标志性事件就是1890年德国《反社会党人非常法》的废止，无产阶级政党利用民主和普选权，通过工会和议会斗争取得了相当的成果。这一新的情况必然在社会主义运动的理论和实践中得到反映。
③ 1900—1903年，俄国发生了工业危机，大批工人失业，工人的生活条件和工作条件恶化，各城市不断爆发工人罢工的斗争。同时，农村不断发生歉收和饥荒，大批农民因土地被地主兼并而破产，农民的斗争也风起云涌。在这种形式下，1905年1月9日，以彼得堡梯洛夫工厂的工人罢工为契机，爆发了1905年革命。

世界霸权，并没有用帝国主义这一概念。尽管他们对垄断的本质、资本主义发展趋势做了相当程度的分析，但随着时代不断发展，在马克思主义经典理论与资本主义的这些新现象之间依旧出现了一定的"反差"。

从经济角度来看，自19世纪70年代以来工人阶级的生活水平较以往有了很大提高。这与马克思、恩格斯阐述的工人阶级处于赤贫状态有很大不同。特别是工人贵族的出现，不仅数量巨大，而且在社会中所占比重很高。① 与马克思预计的社会对立呈简单化趋势不同，工人贵族阶级立场并不统一，阶级成分复杂，且往往摇摆不定。同时，资本主义虽然在发展过程中不断出现经济危机，但是危机并没有导致资本主义社会的最终崩溃，垄断组织在生产销售领域展现出了极强的自我调节能力，帮助资本主义用前所未有的方法缓解了一次又一次的危机，与马克思认为完全无政府状态不同，资本主义表现出了长足的发展倾向。

与经济发展相呼应，政治领域的新变化也与马克思主义经典理论出现"反差"。随着时代发展，资本主义国家以一种全新的面目出现在公众面前，不仅没有出现大规模的剥削压迫，反而在政治上出现了民主化和法治化。② 面对这一趋势，马克思在《法国工人党领导纲领导言》中提出了一种新的可能性：利用普选权进行合法斗争，并认为英国等西方国家没有军事官僚机器，在一定的条件下有可能和平取得政权。恩格斯晚年也对这种新的可能性做了充分的分析和说明。于是在马克思原有论断和新结论之间产生了一定的"反差"。③

最后，在意识形态领域也出现了一些"反差"。马克思主义最初创立的根本是为了批判资本主义制度，为共产主义的胜利提供科学依据。这是马克思一开

---

① 同时应注意，虽然中间阶级比重大，但是和资本家相比，他们所占的财富数额还是相当微小的。

② 马克思、恩格斯认为，国家在本质上就是阶级统治的工具，而资产阶级的国家政权必然是服务于资产阶级。因此无产阶级只能通过革命的方式，推翻资本主义的政治统治。马克思认为在无产阶级夺取政权以后，应当彻底打碎资产阶级的国家机器，建立属于无产阶级的新型国家。所以从这种意义上讲，恩格斯强调资本主义是与人民的民主完全对立的。

③ 需要注意的是，马克思、恩格斯虽然指出了这种合法斗争夺取政权的新情况，但是他们自始至终没有放弃过暴力革命夺取政权的方式，这与修正主义的改良论及"和平长入社会主义"的论调是根本不同的。

始就公开承认的价值立场，也构成了马克思主义学说的革命性。马克思对资本主义的价值批判并不是建立在空洞的道德谴责基础之上，而是以历史唯物主义和剩余价值论为理论基石，将社会主义置于科学根基之上，实现了社会主义从空想到科学的转变。所以马克思主义在本质上是科学与价值的统一。但是时代的新变化使得部分马克思主义者把这种统一肢解了，他们认为马克思主义是一种科学的客观学说，它的任务是描述因果关系，因而不允许有任何价值判断，否则就会玷污马克思主义的科学性。因此他们无形中在社会主义和马克思主义之间树立了一道不可逾越的鸿沟：社会主义是一种政治意志和价值悬设的目标；而马克思主义是一种客观公正的知识。

（三）"反差"所致的理论分歧：否弃或发展

面对资本主义的新发展与马克思经典批判理论之间的"反差"，不同的人站在不同的立场上，得出了不同的结论。其中，以伯恩施坦为代表的修正主义者提出的"马克思主义过时论"最为引人注目。他认为，随着资本主义的最新发展，马克思主义的经典批判理论无法科学地解释资本主义的现实，因此马克思主义已经沦为一种过去时，必须用其他理论来补充、或代替马克思主义。这在国际共产主义中引起了轩然大波。①

首先，伯恩施坦深知马克思主义哲学是马克思主义的理论基石，因此他对马克思主义哲学进行了全盘否定。他从否定黑格尔的矛盾辩证法入手，模糊了唯心主义与唯物主义的界限，将唯物史观歪曲成一种"教义"，否认历史发展的规律性和必然性，否认对立统一规律是宇宙的根本规律，否认事物的发展由量变到质变的规律，将唯物史观看作是"庸俗经济学"和"历史宿命论"，主张"回到康德去"。他声称："社会民主党必须有一个康德，他总有一天要十分苛刻地对传统的教义进行批判的审查和严厉的责备。他要指出，这一教义的表面上的唯物主义在哪些地方是最高程度的因而也是最易引入歧路的空论（Ideologie），

---

① 1896—1898年，伯恩施坦在《新时代》杂志上发表题为《社会主义问题》的一组文章，开始对马克思主义的"传统解释"进行公开"批判"。随后，他进一步将自己的修正主义观点加以系统化，于1899年出版了小册子《社会主义的前提和社会民主党的任务》，对马克思主义进行了有体系的全面修正。伯恩施坦因此被称为"修正主义的标本"。

指出轻视理想和把物质因素抬高为无所不能的发展力量是自我欺骗。"① 对此，普列汉诺夫回应道，伯恩施坦主张"回到康德去"，就是要以康德主义代替马克思主义，"使唯物主义'归宿于'（这是何等的笨拙和幼稚！）唯心主义"②。

其次，马克思用政治经济学原理分析得出资本主义必然灭亡的结论，伯恩施坦借资产阶级政治经济学，对马克思主义政治经济学进行全面"修正"，试图否认资本主义必然灭亡，从根本上为资本主义制度辩护。他认为随着资本主义经济的繁荣，卡特尔、托拉斯、信用制度和交通运输等将得到很大发展，有产者的人数不断增多，无产者将逐渐变成有产者，这就使资本主义矛盾逐渐缓和，使资本主义制度有很大的"适应性"，经济危机会根除。所以他认为资本主义制度的"崩溃论""灾变论"是没有根据的。他认为马克思的劳动价值论只是一系列以纯粹思想构想为前提的逻辑演绎，缺乏现实依据。他通过肢解手法，制造出马克思关于资本主义危机理论的"自相矛盾"，从而证明马克思关于资本主义危机不可避免的证据"浮在抽象思辨的空中"而不可信。对此，普列汉诺夫指出："伯恩施坦最近几年来一般是在进行反对他所说的革命空谈的斗争，特别是在进行反对'灾变论'的斗争。他反对这一理论的中心论据，就在于他认为马克思和恩格斯在《共产党宣言》上所发表的许多见解无疑地没有为后来社会生活的发展所证实。"③

再次，无产阶级革命和无产阶级专政理论是科学社会主义的核心，伯恩施坦通过诋毁这一理论而试图否定科学社会主义。伯恩施坦对科学社会主义的最大修正，就是在否定资本主义必然灭亡的前提下，提出一整套"阶级合作"和"和平长入社会主义"的理论。他认为无产阶级专政理论是马克思、恩格斯以法国大革命的恐怖时期为典型的分析结论，因而缺乏普遍性。他声称马克思主义暴力革命学说是"布朗基主义"④，是"无谓的生存牺牲"。资产阶级社会"民

---

① ［德］伯恩施坦：《社会主义的前提和社会民主党的任务》，殷叙彝译，生活·读书·新知三联书店1965年版，第265页。
② 《普列汉诺夫哲学著作选集》第2卷，生活·读书·新知三联书店1961年版，第413页。
③ 《普列汉诺夫哲学著作选集》第2卷，生活·读书·新知三联书店1961年版，第408页。
④ 布朗基主义是19世纪中期工人运动中的革命冒险主义的思潮。以法国布朗基为代表。主张依靠少数革命家的密谋活动来推翻资产阶级的统治，建立少数人的专政，一步蹦跳到共产主义。

主"的发展，使得无产阶级专政"这一词句今天已经如此过时，以至只有专政一词的实际意义去掉并且赋予它随便什么剥削了的意义，才能使这一词句和现实相一致"①。他极力否定无产阶级革命的必然性，认为资本主义制度是有伸缩性的，"用不着炸毁它们，只需要继续发展它们"，它完全可以"和平地"而无需借助"暴力"进入社会主义。②

总之，伯恩施坦主义是一种社会改良主义，但是他不仅仅致力于社会改良，而是把改良极端化、绝对化。在他看来，无论什么时候，即使是在具有革命形式的危机时期，也要放弃革命，而把社会改良作为唯一手段，把改良的功能片面夸大。其实质就是在资本主义制度框架内进行改良，把以实现社会主义为己任的无产阶级政党变成为社会改良党。

事实上，伯恩施坦主义的产生和出现既不是偶然，也非空穴来风，而是有着深刻的社会根源和阶级根源。它是资本主义经济和社会阶级斗争发展的产物。德国垄断资本主义的发展、垄断资产阶级的两面政策是伯恩施坦主义产生和形成的重要社会根源；工人贵族阶层势力的增长，加重了党和工会内部右倾机会主义倾向，是伯恩施坦主义产生的阶级根源；各种反社会主义、反马克思主义的资产阶级理论学派的孕育而生，是伯恩施坦主义形成的认识论根源。同时伯恩施坦主义也非德国特有，而是帝国主义初期资产阶级影响在工人运动中的反映，具有国际性。在德国是伯恩施坦主义，在英国是工联主义和费边社的改良思想，在法国是米勒兰主义，而在俄国则是"合法马克思主义"和经济派。伯恩施坦修正主义一出台，得到了各国机会主义派别的积极响应，他们"都成了一家弟兄，他们互相吹捧，彼此学习，一起攻击'教条式的'马克思主义"③。宣称马克思主义已经"过时"，对它进行歪曲、篡改、诋毁，竟然成为一种"时髦"。

面对这股修正主义思潮，马克思主义者进行了坚决的回击。普列汉诺夫、

---

① [德]伯恩施坦：《社会主义的前提和社会民主党的任务》，殷叙彝译，生活·读书·新知三联书店1965年版，第195页。
② 庄福龄：《马克思主义史》第2卷，人民出版社1995年版，第16—18页。
③ 《列宁全集》第6卷，人民出版社1986年版，第5页。

卢森堡、倍倍尔、考茨基、拉法格等先后参加了反对伯恩施坦主义的理论斗争。其中，普列汉诺夫的功绩比较突出。从时间上看，他是第一个发表演说和文章批判伯恩施坦主义；从数量和质量上看，他批判伯恩施坦主义的文章也是处于领先地位。可见，他在国际上反对伯恩施坦修正主义的斗争中确实起了带头作用，不愧是国际工人运动中摧毁伯恩施坦修正主义的先锋和能手。列宁后来指出："在国际社会民主党中，普列汉诺夫是从彻底的辩证唯物主义观点批判过修正主义者在这方面大肆传播的庸俗不堪的滥调的惟一的马克思主义者。"① "伯恩施坦主义是被普列汉诺夫摧毁的。"② 但是普列汉诺夫的批判也存在一些缺点：他只是集中力量批判了伯恩施坦的修正主义哲学观点，对伯恩施坦的政治主张驳斥得并不够充分，对其修正新时期阶级对立和阶级斗争的主张并没有依据大量事实予以有力批驳，甚至避而不谈伯恩施坦对马克思主义国家学说的歪曲和篡改。这主要"由于他不了解世纪之交资本主义时代的性质和特征，不了解俄国无产阶级在资产阶级革命中的领导作用，过高地估计了自由资产阶级的作用，过低地估计了农民的革命作用等，因而他在对马克思主义思考时，在一些理论观点上是不彻底的、不科学的。真正对世纪之交资本主义时代的特征作出科学分析、对马克思主义作出创造性发展的是列宁"③。

三、普列汉诺夫社会主义革命思想的理论渊源

俄国著名哲学家和历史学家别尔嘉耶夫曾指出："世界大战尖锐地提出了俄罗斯的民族自觉问题……当今之世，大家都感到，俄罗斯面临着伟大的世界性任务。"④ 作为俄国先进人物和知识精英的代表，普列汉诺夫毕生都在进行着紧张的精神思考和社会探索——探索俄罗斯命运的归宿，探索俄罗斯的发展道路。具体而言，是走西欧的资本主义道路，还是探索自身独特的发展道路。如果走

---

① 《列宁全集》第17卷，人民出版社1988年版，第13—14页。
② 高放、高敬增：《普列汉诺夫评传》，中国人民大学出版社1985年版，第191页。
③ 庄福龄：《简明马克思主义史》，人民出版社2004年版，第191页。
④ [俄] 尼古拉·别尔嘉耶夫：《俄罗斯的命运》，汪剑钊译，译林出版社2011年版，第1页。

自己的独特之路，那么，这又是一条怎样的道路。

探寻普列汉诺夫社会主义革命思想的理论渊源，其实质就是回答普列汉诺夫运用马克思主义解决俄国革命道路的关系问题。从本质上看，马克思、恩格斯对俄国社会革命和社会发展的研究对普列汉诺夫社会主义革命思想的形成起着决定性的作用，是思想的基石与源泉；恩格斯晚年对革命理论的新补充发挥了重要启发作用，是革命理论在新时期的发展；第二国际理论家对俄国革命道路的探寻，有着重要的参考价值，为普列汉诺夫社会主义革命理论的形成提供了国际视野。

（一）马克思、恩格斯关于俄国革命和社会发展的论述

在19世纪70年代以前，马克思、恩格斯对俄国社会的研究主要兴趣不是在俄国的内部条件上，而在于俄国对外部产生的冲击上。虽然当时对俄国社会缺乏深入研究，但是这并不影响俄国的马克思主义者学习马克思的革命理论。马克思关于1848年西欧革命的著作①，以各种不同的方式影响着俄国马克思主义者。由于德国的经济落后，马克思起初也承认资产阶级领导革命是合适的，但是随着革命进程的深入，马克思很快就开始批判资产阶级的保守型和动摇性，最终转向了另一个立场，即强调无产阶级和农民在革命中的重要作用，提出"无产阶级专政"概念，指出必须建立独立的工人政党并坚持无产阶级独立的革命策略，必须保持自己组织上和思想上的独立性。②受此影响，普列汉诺夫在社会民主工党成立之初就强调必须保持它的独立性，坚持走无产阶级革命和无产阶级专政的道路。他在起草社会民主工党的纲领草案时明确写道："为了组织社会主义的产品生产代替资本主义商品生产以满足社会需要和保证社会全体成员的福利，为了完成自己的革命，无产阶级应该自己掌握政权，因为政权会使他们成为社会的主人，使他们能够无情地排除走向自己伟大目的道路上所遇到的

---

① 1848—1849年欧洲大陆爆发大规模资产阶级民主革命，马克思、恩格斯给予密切关注，并积极领导工人阶级发挥革命主力军作用。在革命结束后科学总结工人运动的经验，写下了一系列著作。如《1848—1850年的法兰西阶级斗争》《德国的革命和反革命》《路易·波拿巴的雾月十八》等。

② 由于沙皇长期专制统治造成的俄国社会形态的落后性，致使德国革命更加贴近俄国国情。因此，俄国的马克思主义者对马克思1848年革命的论述更加注重。

一切障碍。在这个意义上来说，无产阶级专政是社会革命必要的政治条件。"①

随着巴黎公社失败后，西欧各国革命进入低潮，而俄国民粹主义革命运动蓬勃发展，成了当时世界"这边风景独好"的一道革命风景线。因此，有关俄国革命发展前景和俄国村社命运的问题，自然成了马克思和恩格斯晚年最为关注的重大问题之一。他们的相关论述，成了普列汉诺夫在内等俄国马克思主义者的"启蒙教材"。

1. 强调俄国社会发展道路的特殊性

从 19 世纪中叶起，以车尔尼雪夫斯基、赫尔岑为主的俄国民主主义思想家就在探讨俄国能否走一条不同于西方的社会发展道路，他们认为俄国可以避开资本主义的发展过程，避免形成人数众多的无产阶级，依靠农民力量，推翻沙皇制度，走一条不同于西方的发展途径，在"农村公社"的基础上实现社会主义。对此，马克思在深入研究了农村公社的运作机理后，依然坚持小心谨慎的态度，未作出明确的肯定或否定的表态。

在马克思看来：论证西欧资本主义起源的理论并不能用来论证俄国革命问题。1877 年 10 月，俄国《祖国纪事》上刊登文章，宣称马克思关于资本主义起源的理论，在世界各国的社会发展中都会起到作用，对此，马克思明确指出，《资本论》中关于资本主义起源的理论也只是论证了西欧的情况，"他一定要把我关于西欧资本主义起源的历史概述彻底变成一般发展道路的历史哲学理论，一切民族，不管他们所处的历史环境如何，都注定要走这条道路……但是我要请他原谅。他这样做，会给我过多的荣誉，同时也会给我过多的侮辱。"② 随后几年，在给查苏利奇的回信中，马克思再次重申，资本主义生产的起源，实质上生产者和材料的彻底分离，其全部过程的基础是对农民的剥夺。这种剥夺只是在英国才彻底完成了，但西欧的一些国家正在经历着同样的运动。由此出发，马克思明确指出："可见，我明确地把这一运动的'历史必然性'限制在西欧各国的范围内。为什么呢？"③ "归根到底这里所说的是把一种私有制形式变为另

---

① 《列宁全集》第 6 卷，人民出版社 1986 年版，第 188 页。
② 《马克思恩格斯选集》第 3 卷，人民出版社 2012 年版，第 730 页。
③ 《马克思恩格斯选集》第 3 卷，人民出版社 2012 年版，第 820 页。

一种私有制形式。但是，既然俄国农民手中的土地从来没有成为他们的私有财产，那么这一论述又如何应用呢？"① 显然，马克思认为俄国农民的土地占有情况与西欧完全不同，所以论证西欧的理论就不能用来论证俄国。

因为理论的不适用，马克思对俄国社会道路的研究便持更加谨慎的态度。他并不否认俄国走不同于西方发展新途径的可能性。他在给查苏里奇的复信初稿中写道："俄国是在全国范围内把"农业公社"保存到今天的唯一的欧洲国家……一方面，土地公有制使它有可能直接地、逐步地把小地块个体耕作转化为集体耕作，并且俄国农民已经在没有进行分配的草地上实行着集体耕作。俄国土地的天然地势适合于大规模地使用机器。农民习惯于劳动组合关系，这有助于他们从小地块劳动向合作劳动过渡；最后，长久以来靠农民维持生存的俄国社会，也有义务给予农民必要的垫款，来实现这一过渡。另一方面，和控制着世界市场的西方生产同时存在，就使俄国可以不通过资本主义制度的卡夫丁峡谷，而把资本主义制度所创造的一切积极的成果用到公社中来。"② 这一论述明确表明俄国具备走新途径的诸多有利条件，如土地公有制有利于把个体耕作转化为集体耕作，土地的天然地势适合于大规模地使用机器，农民习惯于在劳动过程中互助合作，农村公社与西方大生产同时存在使它可以吸收西方资本主义制度所创造的一切积极的成果。这样俄国可能会不经过资本主义制度的卡夫丁大峡谷，即不会像西方那样经历漫长的资本主义发展过程。

但晚年的马克思在某些论述中又表明俄国不可能走不同于西方发展的新途径。他在复信初稿中以大量的事实说明，俄国农村公社面临崩溃的危险。沙皇政府压迫和剥削农村公社，新生资产阶级"通过吮吸农村公社的血液"而发财致富，种种破坏性影响将导致农村公社灭亡。因此，俄国将同样走上资本主义道路，遭受资本主义发展过程中的种种痛苦。事实说明，马克思在复信初稿中表达的思想是小心谨慎的。他考虑到事物发展的两个趋势：或者俄国可以走不同于西方发展的新途径，或者由于农村公社的灭亡而俄国不得不走同西方发展

---

① 《马克思恩格斯选集》第 3 卷，人民出版社 2012 年版，第 821 页。
② 《马克思恩格斯文集》第 3 卷，人民出版社 2009 年版，第 574 页。

相同的途径。

最终马克思在正式复信中概括了他对俄国能否走新途径的观点。他写道，"由此可见，在《资本论》中所作的分析，既没有提供肯定俄国农村公社有生命力的论据，也没有提供否定农村公社有生命力的论据，但是，我根据自己找到的原始材料对此进行的专门研究使我深信：这种农村公社是俄国社会新生的支点；可是要使它能发挥这种作用，首先必须排除从各方面向它袭来的破坏性影响，然后保证它具备自然发展的正常条件。"① 马克思明确指出，《资本论》中的原理只能适用于西方，不能用来论证俄国问题，不能以此来说明俄国公社是否具有生命力，俄国农村公社也许会成为俄国社会新生的支点，但是必须排除对它的各种破坏性影响——做到这一点特别困难。所以农村公社能否成为俄国新生的支点，或者俄国能否走不同于西方道路的新途径，必须谨慎分析，不能乐观地"一刀切"。

总之，马克思在俄国社会发展途径上的小心谨慎态度，表明"在一定的历史时期，东西方在经济、政治和文化状况上有较大的差别，社会发展的途径也应该有所不同"②。坚持强调俄国社会结构的独特性，这对普列汉诺夫的理论发展影响至深。普列汉诺夫强调俄国历史的非西方特征，反对无产阶级和农民民主专政理论。"因为实现这种民主专政，就无法根除俄国农业秩序中的亚细亚社会特征。"③ 所以普列汉诺夫从早期就把"无产者"同"庄稼汉"看成是政治上相对的两种力量，错误地认为无产者的革命历史作用有多大，庄稼汉的反动作用就有多大。"无产阶级和农民，这是政治上真正相对立的人。无产阶级的历史人物愈是革命的，而农民就愈是保守的。"④ "除资产阶级与无产阶级外，我国再没有什么作为反政府运动或革命运动的依靠的社会力量。"⑤

---

① 《马克思恩格斯选集》第3卷，人民出版社2012年版，第840页。
② 俞良早：《马克思主义东方学》，人民出版社2011年版，第201页。
③ [英] M. C. 霍华德、J. E. 金：《马克思主义经济学史1883—1929》，顾海良译，中央编译出版社2014年版，第130页。
④ 转引自高放、高敬增：《普列汉诺夫评传》，中国人民大学出版社1985年版，第79页。
⑤ 转引自高放、高敬增：《普列汉诺夫评传》，中国人民大学出版社1985年版，第79页。

2. 俄国即将爆发资产阶级革命并且有可能走向社会主义道路

马克思、恩格斯对俄国革命的研究主要包括以下三方面：俄国革命的必然性问题、革命的阶级性质问题以及俄国革命的前途意义问题。

首先，俄国是否会爆发革命？要回答这一问题，只有在充分认清俄国国内形势，特别是19世纪下半叶废除农奴制以后社会发展情况的基础上，才能给予准确答复。马克思、恩格斯发现了俄国资本主义发展与封建残余之间的尖锐矛盾，科学地揭示了俄国的社会危机：在财政上"已经混乱到了极点。捐税额已无法再往上提高，旧国债的利息要用新公债来偿付，而每一次举借新公债都遇到越来越大的困难；只有借口建造铁路还能筹到一些钱"①。在政治上，"行政机构早已腐败透顶，官吏们主要是靠贪污、受贿和敲诈来维持生活，而不是靠薪俸"②。在农业上，"作为全部农业生产——这是俄国最主要的生产——都被1861年的赎买办法弄得混乱不堪；大地产没有足够的劳动力，农民没有足够的土地，他们遭到捐税压榨，受到高利贷者的洗劫；农业生产一年比一年下降"③。"俄国农民在摆脱农奴地位以后的处境已经不堪忍受，不可能长久这样继续下去，而仅仅由于这个原因，俄国革命正在日益迫近。"④ 农民的普遍不满，革命愿望的日益迫切致使俄国的"这种专制制度不但日益同各个开明阶级的见解，特别是同迅速发展的首都资产阶级的见解发生越来越剧烈的矛盾"⑤，在国内危机日益加重的同时，俄国对外形势也风雨飘摇。国内矛盾进一步加剧，革命即将爆发。

基于上述分析，恩格斯指出："俄国革命正在日益迫切"⑥，"俄国无疑是处在革命的前夜。"⑦ 在1882年《共产党宣言》的俄文版序言中，马克思指出，"俄国已是欧洲革命运动的先进部队了。"⑧ 1885年恩格斯进一步指出："这个国

---

① 《马克思恩格斯文集》第3卷，人民出版社2009年版，第401页。
② 《马克思恩格斯文集》第3卷，人民出版社2009年版，第401页。
③ 《马克思恩格斯文集》第3卷，人民出版社2009年版，第401页。
④ 《马克思恩格斯文集》第3卷，人民出版社2009年版，第393页。
⑤ 《马克思恩格斯文集》第3卷，人民出版社2009年版，第401页。
⑥ 《马克思恩格斯文集》第3卷，人民出版社2009年版，第393页。
⑦ 《马克思恩格斯文集》第3卷，人民出版社2009年版，第401页。
⑧ 《马克思恩格斯文集》第2卷，人民出版社2009年版，第8页。

家正在接近它的1789年。革命一定会在某一时刻爆发；它每天都可能爆发。"①

其次，俄国革命的阶级性质问题。俄国即将发生的这场革命到底是什么性质？众多学者几乎一致认为这是场社会主义革命。民粹主义思想家特卡乔夫就曾指出，"在俄国可能轻而易举地、比西欧要容易得多地实现社会革命。"② 并暗示"这将是社会主义革命"③。马克思、恩格斯对此进行了反驳，明确指出俄国即将发生的革命是资产阶级革命。原因在于：

第一，当时俄国不具备爆发社会主义革命所必须的阶级条件。马克思、恩格斯指出，社会主义革命"不但需要有能实现这个变革的无产阶级，而且还需要有使社会生产力发展到能够彻底消灭阶级差别的资产阶级"④，就其重要性而言，"资产阶级正如无产阶级本身一样，也是社会主义革命的一个必要的先决条件"⑤。针对俄国当时国内实际，马克思、恩格斯认为俄国处在一种"无产阶级和资产阶级只是零星出现并且还处在低级发展阶段上的社会状态"⑥，这不仅是对特卡乔夫断言俄国革命可以在没有无产阶级也没有资产阶级状态下更容易进行的有力反驳，也是指明俄国当前并不具备发展社会主义革命的阶级条件。

第二，当时的俄国不具备爆发社会主义革命所必须的经济条件。虽然俄国废除了农奴制，但是改革并不彻底，封建专制的生产关系并没有遭到破坏，资本主义在俄国的发展依旧缓慢。恩格斯指出："较低的经济发展阶段解决只有高得多的发展阶段才产生了的和才能产生的问题和冲突，这在历史上是不可能的。在商品生产和单个交换以前出现的一切形式的氏族公社同未来的社会主义社会只有一个共同点，就是一定的东西即生产资料由一定的集团共同所有和共同使用。但是单单这一个共同特性并不会使较低的社会形式能够从自己本身产生出未来的社会主义社会，后者是资本主义社会的最独特的最后的产物。每一种特定的经济形态都应当解决它自己的、从它本身产生的问题；如果要去解决另一

---

① 《马克思恩格斯文集》第10卷，人民出版社2009年版，第532页。
② 《马克思恩格斯文集》第3卷，人民出版社2009年版，第389页。
③ 《马克思恩格斯文集》第3卷，人民出版社2009年版，第393页。
④ 《马克思恩格斯文集》第3卷，人民出版社2009年版，第398页。
⑤ 《马克思恩格斯文集》第3卷，人民出版社2009年版，第390页。
⑥ 《马克思恩格斯文集》第3卷，人民出版社2009年版，第393页。

种完全不同的经济形态的问题，那是十分荒谬的。"① 所以，俄国当前直接任务并非进行社会主义革命，而是抓紧彻底清除封建专制的残余，为资本主义在俄国的发展扫清障碍。

第三，马克思、恩格斯对"劳动组合"和"公社所有制"进行了科学评判，进一步论证了俄国革命不是社会主义革命。关于"劳动组合"，恩格斯认为，"劳动组合是一种自发产生的，因而还很不发达的合作社形式，而且也不是纯俄罗斯或纯斯拉夫的合作形式"②，并断言随着俄国资本主义经济的发展，相对于现代的合作社，劳动组合"不能够自担风险、有利可图地经营大工业……必然要亡于大工业"③。关于"公社所有制"，马克思、恩格斯也同样认为这并非俄国所独有，从俄国国内发展形势来看，"公社所有制"的瓦解已经成为不可避免的趋势。总之，马克思、恩格斯认为，不管是"劳动组合"还是"公社所有制"，都不会成为俄国爆发社会主义革命的内在动力，相反随着资本主义在俄国的发展而面临瓦解和崩溃。

第四，俄国当前的社会性质和主要矛盾，决定了俄国革命是资产阶级民主革命。当前俄国革命的"目的是要推翻沙皇专制制度，争得民族的思想和政治运动的自由"④。资产阶级是当前俄国革命的领导力量，"俄国越来越快地转变为资本主义工业国"⑤，"在这样的情况下，年轻的俄国资产阶级就把国家完全掌握在自己的手中。国家在所有重要的经济问题都不得不屈从于它"⑥。农民则是当前俄国革命的主力军，在农奴制改革后，农民的生存状况不但没有改善，反而压迫更加残酷。因此相对于城市工人等无产阶级，农民对此次革命的要求更加迫切，成了以资产阶级领导的革命主力军。

最后，关于俄国革命的前途意义。马克思、恩格斯认为，尽管俄国爆发的是资产阶级革命，但是它的胜利将推动西欧社会主义革命的爆发。19世纪以来，

---

① 《马克思恩格斯文集》第4卷，人民出版社2009年版，第459页。
② 《马克思恩格斯文集》第3卷，人民出版社2009年版，第395页。
③ 《马克思恩格斯文集》第3卷，人民出版社2009年版，第395页。
④ 《马克思恩格斯文集》第4卷，人民出版社2009年版，第464页。
⑤ 《马克思恩格斯文集》第4卷，人民出版社2009年版，第466页。
⑥ 《马克思恩格斯文集》第4卷，人民出版社2009年版，第466页。

沙皇俄国多次发动反革命战争，干涉和镇压其他国家的革命运动。在马克思、恩格斯看来，"沙皇俄国外交政策背后隐藏的只是险恶的称霸世界的计划"①。恩格斯指出："西欧的任何革命，只要在近旁还存在着现在这个俄罗斯国家，就不能获得彻底胜利。"② 他认为，西欧的无产阶级革命将更是这样，因为沙俄反动军队的矛头针对着西欧各国无产阶级，而首先针对着德国无产阶级。他说：德国同俄国是近邻，"俄罗斯帝国的灭亡便成了德国无产阶级取得最终胜利的首要条件之一。"③ 一旦俄国革命爆发和沙皇俄国灭亡，情况就会发生有利于西欧无产阶级的变化。恩格斯认为，这时整个欧洲的风向就会完全改变，"西方就有可能不受外来干扰地、一心一意地致力于自己当前的历史任务：解决无产阶级和资产阶级之间的冲突和把资本主义社会改造为社会主义社会"④。同时，恩格斯认为，沙皇俄国的灭亡，也是对欧洲各国反动政府的打击。他说，一旦俄国"这个主要堡垒本身转入革命的手中，欧洲的反动政府就会彻底丧失自信心和镇静"⑤，陷入惊慌失措，这种局面的出现将有利于各国无产阶级夺取革命的胜利。总之，在恩格斯看来，对于西欧各国无产阶级革命的发生和胜利来说，俄国革命是一个十分重要的条件。这就是他所说的，俄国革命"会给西方的工人运动以新的推动，为它创造新的更好的斗争条件，从而加速现代化工业无产阶级的胜利"⑥。

更为重要的是，马克思、恩格斯认为，在西欧社会主义革命的促进下，俄国将在农村公社的基础上与西欧国家同时实现社会主义改造。针对民粹派提出的俄国可以避免资本主义发展，通过农村公社过渡到社会主义的观点，马克思、恩格斯虽然并不赞同，但并没有完全否定这一问题，而是认为在一定条件下这种设想是能够成为现实的。前提就是俄国立即爆发革命，从而推动西欧各国社

---

① ［英］M.C. 霍华德、J.E. 金：《马克思主义经济学史 1883—1929》，顾海良译，中央编译出版社 2014 年版，第 125 页。
② 《马克思恩格斯全集》第 25 卷，人民出版社 2001 年版，第 35 页。
③ 《马克思恩格斯全集》第 25 卷，人民出版社 2001 年版，第 35 页。
④ 《马克思恩格斯文集》第 4 卷，人民出版社 2009 年版，第 392 页。
⑤ 《马克思恩格斯文集》第 4 卷，人民出版社 2009 年版，第 393 页。
⑥ 《马克思恩格斯文集》第 4 卷，人民出版社 2009 年版，第 466 页。

会主义革命的发生和胜利，同时西欧社会主义制度的建立给俄国树立榜样。1882 年，马克思、恩格斯明确指出："假如俄国革命将成为西方无产阶级革命的信号而双方互相补充的话，那么现今的俄国土地公有制便能成为共产主义发展的起点。"① 此后，恩格斯曾对这一思想做进一步解释和说明。他说："当西欧各国人民的无产阶级取得胜利和生产资料转归公有之后，那些刚刚进入资本主义生产而仍然保全了氏族制度或氏族制度残余的国家，可以利用公有制的残余和与之相适应的人民风尚作为强大的手段，来大大缩短自己向社会主义社会发展的过程，并避免我们在西欧开辟道路时所不得不经历的大部分苦难和斗争。"② 在恩格斯看来，这种情况不仅适用于俄国，而且适用于处于资本主义以前发展阶段的一切国家，但比较起来，这在俄国将最容易做到，因为这个国家的一部分本地居民已经吸取了资本主义发展的精神成果，因而在革命时期这个国家可以几乎与西方同时完成社会的改造。

（二）恩格斯晚年对革命理论和革命道路的新补充

与预期设想不同，俄国并没有在 19 世纪 70—80 年代爆发资产阶级革命，到了 19 世纪 90 年代，恩格斯则认为，俄国资本主义已经得到蓬勃发展，在即将到来的革命过程中，俄国将在资本主义的基础上实现对社会的社会主义改造。恩格斯通过对俄国资本主义发展的研究，对俄国革命道路和革命理论做了进一步补充：

关于俄国革命道路，恩格斯首先指出，俄国的"西方特征"越加明显。农奴制改革以来，"社会革命取得了巨大的进展；俄国日益西方化"③。旧的俄国已经进入了坟墓，"在它的废墟上正在建立起资产阶级的俄国"④。恩格斯深入考察了俄国的工人失业、个体生产者破产等事实，看不出俄国工业革命的结果同西方国家的区别。由此得出结论：俄国由农村公社过渡到社会主义的机会正在消失，以后的俄国将在资本主义的基础上实现社会主义。

---

① 《马克思恩格斯选集》第 1 卷，人民出版社 2012 年版，第 379 页。
② 《马克思恩格斯文集》第 4 卷，人民出版社 2009 年版，第 459 页。
③ 《马克思恩格斯文集》第 4 卷，人民出版社 2009 年版，第 388 页。
④ 《马克思恩格斯文集》第 4 卷，人民出版社 2009 年版，第 437 页。

其次，恩格斯认为，随着资本主义的发展和无产阶级的成熟，俄国资产阶级革命的重担落到了无产阶级的身上。① 他关注着俄国无产阶级的成长。对普列汉诺夫所创立的"劳动解放社"，给予极大肯定："这是一个对俄国革命运动的发展将会具有重大意义的进步"②，认为"劳动解放社"的翻译工作"真诚地、无保留地接受了马克思的伟大的经济理论和历史理论"③。随着俄国无产阶级的成熟与发展，恩格斯坚信不久的将来他们将担负起领导俄国资产阶级革命的职责。

最后，恩格斯认为，西方国家社会主义革命的胜利将促使俄国资本主义制度的灭亡，"点燃"俄国社会主义革命之火。他指出："西方资本主义社会日益临近瓦解，也将使俄国有可能大大缩短它现在必然要经历的资本主义发展过程。"④ 这就是说，西欧社会主义革命的胜利有可能使俄国资产阶级性质的革命向社会主义革命转变，从而使俄国取得社会主义的胜利。⑤ 俄国之所以这样，是因为"在俄国国内目前情况下，这种改革的后果是谁也不能预测的"⑥。

除了对俄国革命道路的补充外，晚年恩格斯也对革命理论做了反思和总结：

首先，他肯定了在新的历史条件下议会斗争等合法斗争的重要作用和意义。强调将暴力革命和合法斗争并举。针对马克思对资产阶级选举权的抨击，恩格斯承认这些观点是需要补充。他指出："历史表明我们也曾经错了，暴露出我们当时的看法只是一个幻想。历史走得更远：它不仅打破了我们当时的错误看法，并且还完全改变了无产阶级进行斗争的条件。1848年的斗争方法，今天在一切方面都已经过时了，这一点值得在这里比较仔细地加以探讨。"⑦ 因为"当时欧洲大陆经济发展的状况还远没有成熟到可以铲除资本主义生产的程度；历史用

---

① 恩格斯一向对俄国资产阶级持批判和否定的态度，认为他们是"沙皇制度在各主要城市的新支柱"，认为要指望这个阶级反对沙皇制度并不现实。
② 《马克思恩格斯全集》第10卷，人民出版社2009年版，第532页。
③ 《马克思恩格斯全集》第10卷，人民出版社2009年版，第532页。
④ 《马克思恩格斯文集》第4卷，人民出版社2009年版，第449页。
⑤ 在恩格斯晚年的著作和给友人的信件中，这一思想是非常明显的。
⑥ 《马克思恩格斯文集》第4卷，人民出版社2009年版，第466页。
⑦ 《马克思恩格斯选集》第4卷，人民出版社2012年版，第382页。

经济革命证明了这一点"①。所以从现在看来,"在1848年要以一次简单的突然袭击来实现社会改造,是多么不可能的事情"②。

其次,恩格斯着重称赞了德国工人阶级将普选权用于开展实际工作的做法,并认为这是对无产阶级事业的重大贡献。工人通过选举权,实现了自身利益的合法化,从中获得更多参政议政机会。选举权已由原来作为欺骗工人的工具变为工人自我解放的手段。恩格斯指出,这种普选权不仅给工人政党提供了一把衡量自身力量的标尺,而且也给他们提供了一个向人民公开宣扬自身政见的讲坛,进而获得更多人民的支持。他认为:"即使普选权再没有提供什么别的好处,只是使我们能够每三年计算一次自己的力量;只是通过定期确认的选票数目的意外迅速的增长,既加强工人的胜利信心,同样又增加对手的恐惧,因而成为我们最好的宣传手段。"③ 不仅如此,恩格斯认为普选权的好处还很多。"在竞选宣传中,它给了我们独一无二的手段到人民还疏远我们的地方去接触群众,并迫使一切政党在全体人民面前回答我们的抨击,维护自己的观点和行动;此外,它在帝国国会中给我们的代表提供了一个讲坛,我们的代表在这个讲坛上可以比在报刊上和集会上更有权威和更自由得多地向自己在议会中的对手和议会外的群众讲话。"④ 因此,恩格斯肯定道:"由于这样有成效地利用普选权,无产阶级的一种崭新的斗争方式就开始发挥作用,并且迅速获得进一步的发展。人们发现,在资产阶级用来组织其统治的国家机构中,也有一些东西是工人阶级能够用来对这些机构本身作斗争的。"⑤

最后,恩格斯指出,从现在的条件来看,"旧式的起义,在1848年以前到处都起过决定作用的筑垒巷战,现在大大过时了"⑥,"实行突然袭击的时代,由自觉的少数人带领着不自觉的群众实现革命的时代,已经过去"⑦。事实上,

---

① 《马克思恩格斯选集》第4卷,人民出版社2012年版,第384页。
② 《马克思恩格斯选集》第4卷,人民出版社2012年版,第358页。
③ 《马克思恩格斯选集》第4卷,人民出版社2012年版,第389页。
④ 《马克思恩格斯选集》第4卷,人民出版社2012年版,第389页。
⑤ 《马克思恩格斯选集》第4卷,人民出版社2012年版,第390页。
⑥ 《马克思恩格斯选集》第4卷,人民出版社2012年版,第390页。
⑦ 《马克思恩格斯选集》第4卷,人民出版社2012年版,第394页。

恩格斯强调普选权的重要作用，并非劝告人民去放弃武装斗争，而是要求工人要善于利用一切可以利用的手段来增强自身实力。当普选权这种合法斗争危及到资本主义的最终统治时，资产阶级必然会用暴力来镇压工人阶级的合法斗争，所以当前工人阶级的主要任务就是保存实力，积蓄力量，等待革命时机。普列汉诺夫不仅继承了恩格斯晚年的革命主张，而且结合革命新变化提出了自己诸多见解。这是他长期坚持历史唯物主义思想连续性与阶段性统一的内在结果。同时也需指出，由于他忽视了辩证考虑，故在革命理论也存在一些欠缺与不足。

综上所述，晚年恩格斯在新形势下对俄国革命的补充，依然坚持把俄国资产阶级革命同未来的世界社会主义革命作为一个整体来看待。他对俄国各阶级的分析，促使普列汉诺夫抛弃了民粹主义立场，树立了马克思主义观。

（三）第二国际理论家对马克思主义革命思想的争论

由上述分析可见，马克思和恩格斯在19世纪40年代和70年代的革命观点其实是存在差异的。这种差异性，引起了第二国际理论家对马克思主义革命思想的争论，也进一步影响了普列汉诺夫社会主义革命思想的形成。

1. 伯恩施坦的"修正"：革命的布朗基主义与"和平长入社会主义"

伯恩施坦否定马克思主义关于革命与合法斗争之间辩证统一的思想，力图用改良主义取代马克思、恩格斯的革命策略。具体表现在：

首先，他认为马克思主义其实是以"密谋、煽动、恐怖"为特性的布朗基主义的演变和抄袭。他们的"革命行动纲领是彻头彻尾布朗基主义的"[①]，"在过高估计革命暴力对于现代社会的社会主义改造的创造力这一点上，它从来没有完全摆脱布朗基主义的见解"[②]。由此出发，他攻击无产阶级专政的学说，认为"无产阶级专政"概念本身就是一种低素质、屠夫式的主张，只会给社会带来混乱，根本无法将社会带进一个文明的状态。在他看来，无产阶级专政就像布朗基主义一样只强调密谋暴动，完全忽视了文明的合法斗争。他批评无产阶

---

① ［德］伯恩施坦：《社会主义的前提和社会民主党的任务》，殷叙彝译，生活·读书·新知三联书店1965年版，第78页。
② ［德］伯恩施坦：《社会主义的前提和社会民主党的任务》，殷叙彝译，生活·读书·新知三联书店1965年版，第81页。

级专政"属于较低下的文化……是一种倒退，是政治上的返祖现象"①。"就是俱乐部演说家和文人的专政"，是一小撮阴谋活动家的专政。

其次，伯恩施坦公开宣称要抛弃暴力革命主张，②鼓吹合法改良主义和"和平长入社会主义"的右倾策略。他强调，随着资本主义民主的发展，"社会民主党自己也决不热衷于一场反对整个非无产界的暴力革命。"③伯恩施坦认为，在今天社会中，不论是无产阶级还是资产阶级，他们在地位上都是平等的，都享有民主的权利，他们可以通过选举的方式实现自身利益，并且这种方式越来越有效。所以，原先只能通过武力才能解决的问题现在通过民主的方式就可以获得解决，马克思主义强调的阶级斗争在今天显然已经失去了合法性基础。同时，随着工人力量的不断壮大，他们在民主选举中也占据越来越重要的地位，这就为无产阶级民主地夺取国家政权提供了可能。因此，伯恩施坦宣扬"和平长入社会主义"的改良路线，他宣称："在一百年以前需要进行留学革命才能实现的改良，我们今天只要通过投票、示威游行和类似的威逼手段就可以实现了。"④

最后，伯恩施坦建议德国社会民主党必须从那些已经过时的术语中解放，成为"一个民主的社会主义的改良政党"，"还必须……在政治上把工人阶级组织起来，训练他们运用民主，为国内的一切适于提高工人阶级和民主精神改造国家制度的改革而斗争"⑤，以"保证现代社会制度在不发生痉挛性爆炸的情况下转移为一个更高级的制度"⑥。

---

① [德] 伯恩施坦：《社会主义的前提和社会民主党的任务》，殷叙彝译，生活·读书·新知三联书店1965年版，第195页。
② 伯恩施坦认为"经常重提革命权"就是"在形式上培植"已经被人们"束之高阁"的东西，是"一种给假花浇水的做法"。
③ [德] 伯恩施坦：《社会主义的前提和社会民主党的任务》，殷叙彝译，生活·读书·新知三联书店1965年版，第208页。
④ [德] 爱德华·伯恩施坦：《伯恩施坦言论》，中共中央编译局资料室编，生活·读书·新知三联书店1966年版，第79页。
⑤ [德] 爱德华·伯恩施坦：《伯恩施坦言论》，中共中央编译局资料室编，生活·读书·新知三联书店1966年版，第74页。
⑥ [德] 爱德华·伯恩施坦：《伯恩施坦言论》，中共中央编译局资料室编，生活·读书·新知三联书店1966年版，第239页。

2. 卢森堡、考茨基对伯恩施坦政治策略的批判

针对伯恩施坦的改良主义路线，卢森堡认为伯恩施坦的"全部理论归结起来实际上无非是劝大家放弃社会民主党的最终目的即社会主义革命，而反过来把社会改良从阶级斗争的一个手段变成阶级斗争的目的"①。因此，"同伯恩施坦及其追随者辩论的问题，不是这种或那种斗争方式的问题，也不是这种或那种策略的问题，而是社会民主主义运动的废存问题。"② 在此基础上，卢森堡对伯恩施坦的改良主义做出了批判。卢森堡指出，在伯恩施坦看来，"工会、社会改良"和"国家的政治民主化"不仅是形式上的民主，而且也是实质上的民主，单凭这种力量就可以"和平地长入社会主义"。卢森堡认为，这显然是只看其表，忽视了实质。

首先，卢森堡指出，如果按照伯恩施坦的理论去做，不仅不会达到社会主义的最终目的，反而会落到放弃阶级立场的地步。"按照普通的观点，工会斗争和政治斗争的社会主义意义就是为了实现社会主义，把无产阶级即社会主义革命的主观因素准备好。按照伯恩施坦的观点，它们的意义在于，工会斗争和政治斗争可以逐步限制资本主义剥削本身……在客观的意义上实现社会主义变革。"③ 她认为这是两种截然相反的观点，按照党内普通的观点来看，"通过工会斗争和政治斗争可以使无产阶级深信，通过这些斗争切切实实改善它的状况是不可能的，最后夺取政权是不可避免的"④；而按照伯恩施坦的观点，"通过单纯的工会斗争和政治斗争可以实行社会主义制度。"⑤ 事实上，伯恩施坦所谓的"工会对生产本身的调节会发生越来越大的作用"的观点其实只是一种空想，

---

① ［德］罗莎·卢森堡：《卢森堡文选》上卷，中共中央编译局国际共运研究室编，人民出版社1984年版，第71页。
② ［德］罗莎·卢森堡：《卢森堡文选》上卷，中共中央编译局国际共运研究室编，人民出版社1984年版，第239页。
③ ［德］罗莎·卢森堡：《卢森堡文选》上卷，中共中央编译局国际共运研究室编，人民出版社1984年版，第102页。
④ ［德］罗莎·卢森堡：《卢森堡文选》上卷，中共中央编译局国际共运研究室编，人民出版社1984年版，第102页。
⑤ ［德］罗莎·卢森堡：《卢森堡文选》上卷，中共中央编译局国际共运研究室编，人民出版社1984年版，第103页。

"伯恩施坦所提出的两种社会主义改良的手段,即合作社和工会,对于改造资本主义生产方式来说,已经证明是完全无能为力的。"①

其次,卢森堡认为,伯恩施坦的政党同工会组织携手起来对资本家进行社会监督只不过是一种欺骗性的手法②。所谓的资本主义国家的民主制"就形式而言是民主组织,就内容说变成了统治阶级利益的工具"③,它并"不像伯恩施坦所设想的那样,是逐渐渗透到资本主义社会中的社会主义因素,相反,它是使资本主义的对立趋于成熟和发展起来的资本主义的特殊手段"④。卢森堡认为当前资本主义的政治组织和所有权关系,随着现代社会客观进程的发展,越来越成为资本主义的,而不是越来越成为社会主义的,它们在资本主义和社会主义之间筑起一堵越来越高的墙,而这堵墙仅仅靠伯恩施坦开出的药方——社会改良和民主党的发展——是根本行不通的。⑤

最后,卢森堡分析了合法改良与暴力革命之间的辩证关系。她指出资产阶级民主在本质上仍是阶级统治的工具,因而,无产阶级必须要坚守革命的旗帜,通过暴力革命同资产阶级作最后的斗争,决不能因为资产阶级民主的表面形式,就沉迷在合法改良的陷阱之中,而放弃暴力革命。事实上二者是有机相连的。合法斗争是在坚持暴力革命的前提下进行的,而暴力革命又是以合法斗争为辅助手段,通过后者不断地壮大自身力量。伯恩施坦割裂了二者联系,抛弃了暴力革命,完全走上了合法改良。因此他的这种做法在本质上"不是以实现社会主义制度为目的,致使以改良资本主义为目的,不是要消灭雇佣劳动制度,而是争剥削得多些或少些,一句话,是为了消灭资本主义制度的赘疣,而不是为

---

① [德]罗莎·卢森堡:《卢森堡文选》上卷,中共中央编译局国际共运研究室编,人民出版社1984年版,第122页。
② [德]罗莎·卢森堡:《卢森堡文选》上卷,中共中央编译局国际共运研究室编,人民出版社1984年版,第90—96页。
③ [德]罗莎·卢森堡:《卢森堡文选》上卷,中共中央编译局国际共运研究室编,人民出版社1984年版,第100页。
④ [德]罗莎·卢森堡:《卢森堡文选》上卷,中共中央编译局国际共运研究室编,人民出版社1984年版,第100—101页。
⑤ [德]罗莎·卢森堡:《卢森堡文选》上卷,中共中央编译局国际共运研究室编,人民出版社1984年版,第101页。

了消灭资本主义本身。"①

同卢森堡一样，考茨基也认为，伯恩施坦试图将社会民主党的性质由原来的革命党转变为改良党，显然扭曲了无产阶级政党的本质，"社会民主党从来不是原则上革命的，它只是就以下意义来说是革命的：它意识到它如果掌握了政权，除了把政权用于消灭今天的社会制度赖以为基础的那种生产方式外，决不能把它用于别的目的。"②考茨基强调，资本主义生产和无产阶级的政治统治是互补相容的。他指出："无产阶级既然把自己组织成有意识地进行阶级斗争的独立政党，那么取消资本主义生产资料私有制和取消资本主义私人生产一定会成为这个政党的目标，当一定要把社会主义当作自己的旗帜，不是作为自由主义的完成，而是作为自由主义的克服。它不能是一个局限=民主主义—社会主义的改良的党，它必须成为一个社会革命的党。"③所以考茨基强调，无产阶级政党是革命的政党，而不是改良的政党，谁要是把无产阶级组织成一个改良的政党，将其并入各种党派之中，谁就放弃了革命，放弃了无产阶级的最终立场。所以从这个意义上来看，究竟是选择革命还是改良，它"对社会民主党和资产阶级民主派来说都是一个存亡攸关的问题"④。总之，卢森堡和考茨基的批判揭示了伯恩施坦修正主义的本质，这为普列汉诺夫在革命实践中如何对待改良者提供了借鉴。

综上所述，探究普列汉诺夫社会主义革命思想的理论渊源，马克思主义革命观是他的理论基石，不仅马克思、恩格斯关于革命和建设的论述是他思想形成的直接依据，更主要的表现在前者为后者提供了科学的世界观和方法论指导。其次，第二国际理论家对革命开展的一系列争论，也丰富了普列汉诺夫的革命思想，坚定了他的马克思主义革命观。再次，俄国优秀的革命文化传统也对他

---

① ［德］罗莎·卢森堡：《卢森堡文选》上卷，中共中央编译局国际共运研究室编，人民出版社1984年版，第131页。
② ［德］卡尔·考茨基：《考茨基言论》，中共中央编译局资料室编，人民出版社1966年版，第47页。
③ ［德］卡尔·考茨基：《考茨基言论》，中共中央编译局资料室编，人民出版社1966年版，第47页。
④ ［德］卡尔·考茨基：《考茨基言论》，中共中央编译局资料室编，人民出版社1966年版，第50页。

产生了深远影响，使得他的革命思想深深打上了俄国烙印，是马克思主义与俄国革命具体实际相结合的产物。最后，汇入普列汉诺夫思想海洋的，还有其他许多有价值的思想，例如资产阶级的法学、政治学等合理主张。普列汉诺夫正是在新的历史条件下，把蕴含在马克思、恩格斯有关文献中的革命思想挖掘出来，把考茨基、卢森堡等人的合理阐述进一步系统化、理论化，并联系俄国的革命实际，形成了自己独特的社会主义革命思想。

第二章　普列汉诺夫对俄国革命道路的早期探索

早期普列汉诺夫对俄国革命道路的理解,既受第二国际理论正统(特别是考茨基)的影响,又同俄国合法马克思主义和民粹派关于俄国社会出路问题的争论密切相关。但普列汉诺夫"勤于刻苦钻研,善于独立思考,长于文思论辩,敏于新鲜事务"①。他敢于摆脱传统观念,敢于改变自己的信仰和志向,这为普列汉诺夫马克思主义立场的确立奠定了广阔而扎实的基础。他坚持运用马克思的经典资本主义理论回答与解决俄国历史与现实问题。普列汉诺夫认为,俄国已经有了曾被马克思所描述的"资本主义发展"特征,资本主义在俄国已经成了不可忽视的现实,同时在资本主义的发展中,它本身所固有的矛盾必然会表现出来并导致激化。所以普列汉诺夫主张应该让资本主义得到充分发展,再发动社会主义革命。这便是早期普列汉诺夫革命主张的核心。但是普列汉诺夫并没有深入系统地研究"资本主义发展"历史过程,而仅仅是简单的一笔带过。这一"遗留任务"由列宁得以完成。

一、早期马克思主义世界观确立的客观前提

马克思认为,社会活动家革命思想的发展原因,不应当从他们所研究的理论中去寻找,而首先应当从时代的社会需要、革命运动的需要中去寻找。普列汉诺夫的革命思想就是在俄国工人阶级解放运动的决定性影响之下形成起来的。

---

① 高放、高敬增:《普列汉诺夫评传》,中国人民大学出版社1985年版,第16页。

民粹主义运动面临的理论和实践危机、整个俄国资本主义经济发展所引起的民粹派分崩离析，从外界迫使普列汉诺夫脱离民粹主义，去寻找另一种能指明俄国革命前进道路的理论方法。更深层的原因则是通过参与工人群众的政治活动，孕育了普列汉诺夫对马克思主义的渴望和追求，西欧工人运动的历史更加坚定了他的马克思主义信仰，他开始认真地研究马克思主义。他坚信，作为无产阶级革命的思想体系，只有在马克思主义中，才能找到关于俄国经济发展进程和俄国革命运动等迫切问题的正确答案。

（一）实施个人恐怖策略致使革命陷入低潮

19世纪80年代，俄国民粹主义遭遇了空前危机。危机一方面是由民意党的个人恐怖策略引起，另一方面则是资本主义在俄国的发展、工人阶级作为一支政治力量显露出来，这对民粹主义所倡导的革命理论产生了巨大冲击。

早在19世纪70年代中期，民粹派便发生了革命策略分歧。当时号召革命家"到民间去"，但是并没有阐明开展社会革命的明确观念。此时的民粹派真诚地相信，要完成这一革命是很容易的，但生活的残酷打碎了他们的幻想，许多人对革命的"信仰"，在此期间发生了动摇。①

民粹派的"社会主义"宣传在农民中没有取得成功，农民群众没有跟着民粹派走。在民粹派看来，"到民间去"已不是改变现存制度最迅速和最可靠的手段了，于是他们抛弃了在人民中间的宣传鼓动工作，将全部希望放在个人恐怖上。"问题不在于农民，而在于政府"②，他们认为恐怖活动和暗杀沙皇将"挑起"革命，为夺取政权制造有利环境。于是恐怖主义思想开始广泛传播，"到民

---

① 例如，1878年夏，由于实行地方自治制度，在顿河地区的哥萨克中间发生了风潮。徒弟与自由党人急忙前往顿河地区，并和不满分子建立联系。但是，普列汉诺夫和其他土地与自由党人虽然热烈地希望"使静静的顿河骚动起来"、使哥萨克起来和沙皇制度作斗争，却毫无成效。

② [苏] 米·约夫楚克、伊·库尔巴托娃：《普列汉诺夫传》，宋洪训、纪涛、谢梅馨、李兴耕译，生活·读书·新知三联书店1980年版，第30页。

间去"运动由个人恐怖策略取而代之。① 这种单靠自身力量，而不依靠人民对沙皇制度开展革命斗争的行为，实质上是对号召举行农民革命的车尔尼雪夫斯基纲领的背离。

事实证明，民意党人为个人恐怖行为付出了极大代价，引起了亚历山大三世政府的疯狂反扑和镇压，反动时期开始了，革命遭遇了低潮和危机。自亚历山大二世遭到刺杀以后，沙皇政府采取的第一项措施是疯狂捕杀民粹主义革命者。民意党损失惨重，党内领导层和骨干人物被大批逮捕、杀害或者流放，一些人为了逃命纷纷流亡到国外。革命形势急转剧下，国内想再开展革命活动已经十分困难。政府采取的第二项措施是发布一系列保卫专制制度的条例。在1881年颁布《保护国家安全和社会治安条例》之后，又在1882年出台了《出版暂行条例》，规定了严格的报刊检查制度。许多自由主义进步报刊都遭到了查禁。② 此外，在1884年沙皇政府还颁布了新的高校章程，取消大学自治，完全把高校置于当局和督学的严密监视下，取缔校长和系主任的选举制，把包括教授在内的重要职务都改为任命制。政府甚至通过大幅度提高学费来赶走进步学生，企图以此改变大学的社会成分。总之，在80—90年代的反动时期，所有这些措施都钳制了革命运动，造成了革命的困局，使解放运动进入了相对沉寂的低潮和危机阶段。真如"急雨渡春江，狂风入深海，辛苦总为君，可怜君不解"③。

（二）主张跨越资本主义使民粹派失信于众

在革命处于相对低潮和危机的同时，这期间，资本主义及其经济关系得到

---

① 1866年，卡拉柯卓夫谋刺亚历山大二世未成，1878年1月，维拉·查苏利奇枪杀了彼得堡市长特列波夫；1878年8月，克拉夫钦斯基暗杀了宪兵长官梅仁切夫；1879年4月2日，季诺维也夫谋刺亚历山大二世未成。1879年11月，民意党人曾准备爆炸沙皇的火车，但未成功。1889年2月5日，哈尔土林在冬宫谋刺沙皇未成，炸毁了沙皇的饭厅。1881年3月1日，民意党终于得以用炸弹炸死了亚历山大二世。1882年，哈尔土林谋刺了沙皇的军事检察长特列里尼柯夫。

② 按照新内务大臣季·安·托尔斯泰的训令，"出版物几乎都是糟糕透顶的，许多报刊都需要查封"。在1883—1884年，所有激进的甚至许多自由主义的报刊都遭到了查禁，同时，从图书馆和阅览室也没收了车尔尼雪夫斯基、杜勃罗留鲍夫和皮萨列夫等人的著作，并禁行所有反映60—70年代革命民主主义思想的书籍。

③ 梁启超于1903年写的《论俄罗斯虚无党》一文中曾录此诗形容俄罗斯民粹派。见《癸卯新民丛报汇编》，第405页。

了显著发展，这又使得民粹主义所主张的绕过资本主义"直接过渡到社会主义"的理论受到了质疑和冲击。

19 世纪 80 年代，资本主义的发展在俄国已成为不可逆转之势。铁路、煤炭、金属、机械等重工业在俄国的发展，不仅将俄国工业地区和农业地区、边疆地区和中部地区连接了起来，也大大加速了社会分工和全俄资本市场的发展。在农村地区也随之促进资本主义商品经济日益排挤着落后的半农奴制经济。[①] 工业生产的发展状况，为资本主义关系向农村的渗透，为地主和农民经济的分化瓦解，创造了前提条件。据资料显示，19 世纪 80 年代的地主，在经营中大大增加了雇佣劳动的使用。随着资本主义在农村的发展，农民的分化过程逐年加剧。贫农在整个农村中所占的比重逐渐增大。他们生活贫寒，可怜度日，为了生存，越来越多的贫苦农民选择到城市打工，这样，城市无产阶级的队伍就越来越多地由来自农村的人民补充。

由于存在着大量农村劳动力的补充，企业主加剧了对工厂工人的剥削和压榨。大多数工厂当时的工作日，都延长至每天 12 至 15 个小时。此外，企业主还任意残酷处罚工人。这就激起了工人一波又一波的反抗斗争。[②] 这样，随着资本主义的发展，工人阶级作为一支重要的政治力量已经崭露头角。这对民粹主义以村社为基础、以农民为主要革命动力，建立"俄国社会主义"，解决俄国发展道路问题的理论，无疑是一个巨大的挑战和冲击。对以普列汉诺夫为首的一部分青年民意党人而言，新的情况在相当程度上动摇了他们传统的农民社会主义信念。加上 1881 年 3 月刺杀沙皇事件之后，国家处在反动时期，民粹主义陷入低落和分化当中，思想危机笼罩着所有民粹主义者。

在反动派的镇压面前，革命者曾作出种种努力，企图恢复"民意党"，给它

---

① 按照列宁在《俄国资本主义的发展》一书中使用的《工厂一览表》的数字，1879 年工厂为 27986 个，工人总数为 763152 人，到 1890 年，工厂为 21124 个，工人总数达到 875764 人，10 年间增加了 11 万人。如果从工厂规模看，1879 年每个工厂平均 27 人，1884 年平均 30.4 人，到 1890 年达到平均 41.4 人。按照列宁的研究，手工业作坊和工厂手工业，直到 1884—1890 年，"在整个工业结构中也居于主导地位"。(引自《列宁全集》第 3 卷，人民出版社 1984 年版，第 423、377—378 页)

② 1885—1889 年，全俄发生工潮 300 多次，比 80 年代上半期翻了一番。(摘自阿·费·科斯京：《从民粹主义到马克思主义》，莫斯科 1956 年俄文版，第 64 页)

的活动注入新的活力,但这些努力都见效不大,最终还是以悲观和失望告终。民粹派很快呈瓦解分崩之势。然而,这些组织瓦解的肇端,却不仅仅是沙皇当局的迫害和镇压;其主要根源,在于农业经济中资本主义关系的发展,在于农民分化为农村资产者和农村无产者。正像列宁所说:"农村早已完全分裂了。同时俄国旧的农民社会主义也随着分裂了,一方面让位给工人社会主义,一方面堕落为庸俗的小市民激进主义。"① 从19世纪80年代起,自由主义思潮,对沙皇政府疯狂镇压的妥协和放弃革命的呼声,促使革命民粹主义转变为反动的、自由民粹主义,空想社会主义开始转变为庸俗的激进主义。

因此,革命的民粹主义向自由主义的民粹派转化绝不是偶然的和不能解释的,而是自然和不可避免的。如果说在19世纪60—70年代,这种民粹派主张的社会主义还同农民大众的战斗的民主主义紧密交织在一起,可以充当同沙皇制度和地主—农奴主斗争的工具,并在解放运动中发挥进步作用,那么在80年代,当着资本主义在俄国的发展和胜利已是千真万确之时,民粹派主张的社会主义便很快丧失了其原有的经济支柱,已经不再反映绝大多数农民群众的利益,而坠落成为代表富农利益的反动宗派。在这样的局面下,锐意进取的年轻民意党人,便不得不采取新的步骤,从空想社会主义转向了科学社会主义。民粹主义日益加深的危机使普列汉诺夫意识到:民粹主义要把俄国的解放运动引入绝境,而要摆脱这一绝境,就只有寻找一种新的社会发展理论,即科学社会主义。

二、早期马克思主义世界观形成的思想脉络

19世纪80年代,俄国民粹主义遭遇了空前危机。危机一方面是由民意党的个人恐怖策略引起,另一方面是由俄国资本主义发展、工人阶级队伍壮大所致。随着危机进一步加深,普列汉诺夫对民粹主义产生怀疑,开始寻求新的社会思想理论,最终转向马克思主义。但是他的转变之路并非一蹴而就,而是充满艰辛。在相当长的时期内,普列汉诺夫仍坚持民粹主义政策纲领。他后来回忆道:

---

① 《列宁全集》第1卷,人民出版社1984年版,第229页。

"在巴枯宁的影响下,我们的思想曾经陷入矛盾的迷宫……马克思的理论,正如阿利亚德的线一样,把我们从我们的思想所陷入的矛盾的迷宫中引导出来。"① 这种思想立场的转变,实际上是用新思想自省和清理旧思想的过程。晚年普列汉诺夫回忆道:"没有同我们一起经历那个时期的人很难想象,我们那么贪婪地攻读社会民主主义的文献,其中德国的伟大理论家们的作品自然占着首要地位。我们读的社会民主主义文献越多,我们就越清楚我们以前的观点的弱点,我们自身的革命经验在我们眼里就变得越加正确。"② 分析普列汉诺夫早期思想转变的脉络,对我们当今确立和坚持马克思主义世界观,仍有重要的启示意义。

(一)革命早期:接受并宣传民粹主义的理论、纲领和策略

斯大林曾这样叙述19世纪70—80年代俄国社会的政治运动,"也有过社会主义者,也有过工人运动,可是两者互不相干,各行其是:社会主义者走向无法实现的空想('土地与自由党'、'民意党'),而工人运动则走向自发的骚动。两者在同一时期(七十年代至八十年代)活动,可是互不相识。社会主义者在劳动人民中间没有基础,因而他们的活动是脱离实际的,没有根基的。工人则没有领导者,没有组织者,因而他们的运动流为混乱的骚动。这就是社会主义者争取社会主义的英勇斗争仍然没有结果和他们非凡的勇敢精神在专制制度的坚壁上碰得粉碎的主要原因。"③ 普列汉诺夫就是在这样的社会背景下,登上了历史活动的舞台。

1876年年初,不满20岁的普列汉诺夫,便参加了革命民粹派的分支——"暴动派"小组。此时的俄国,受俄土战争的影响,国内解放运动高涨:19世纪60年代末受沙皇政权镇压而略显沉寂的农民反抗地主的运动,在70年代中期又呈加剧态势;工人阶级中间不满情绪日益增长,罢工次数不断增加;广大知识分子革命情绪也深受感染。到70年代末,普列汉诺夫已成民粹派中著名的革命活动家,他坚定的捍卫并宣传革命民粹主义的理论、纲领和策略。他赞同

---

① 转引自高放、高敬增:《普列汉诺夫评传》,中国人民大学出版社1985年版,第50页。
② 转引自[苏]米·约夫楚克、伊·库尔巴托娃:《普列汉诺夫传》,宋洪训、纪涛、谢梅馨、李兴耕译,生活·读书·新知三联书店1980年版,第78页。
③ 《斯大林全集》第1卷,人民出版社1953年版,第10—11页。

折中主义者巴枯宁的哲学主张。晚年他回忆道:"在我的民粹主义发展时期内,我如同一切我国的民粹主义者一样,是出于巴枯宁的著作的强烈的影响之下的……"①

此时的普列汉诺夫坚持从唯心主义立场研究社会现实。在国家观上,他追随拉甫罗夫,认为历史是由社会活动家和改革家来指导方向的,抽象的、正义的、共同生活原则乃是社会进步的标准;他追随孔德,确信人类历史发展存在三个时代:神学的时代、形而上学的时代和实证的时代;他追随巴枯宁,对国家抱着否定态度,认为俄国特殊的历史发展条件,革命者应当主要致力于消除现代国家"坠落的"影响,致力于消除国家和给予农民"完全根据自己的意志"来处理自己事情的机会。

在革命观上,普列汉诺夫一方面捍卫农民革命的思想,认为在革命完成以后,社会结构应当采取自由的非国家性质的村社联盟形式。另一方面,普列汉诺夫将村社颂扬为过渡到社会主义的最佳途径,坚信俄国有自身独特的社会发展道路。在《争论些什么》一文中,他力图证明俄国农民仍是从头到尾贯彻着村社精神,肯定俄国农民在关于自身经济生活方式上表现出的惊人坚定。普列汉诺夫要求不要歪曲农民生活的村社原则,因为这些原则保证着人民有光辉的未来。

此时的普列汉诺夫,已经开始阅读马克思的《资本论》,并对俄国出版的一切马克思主义书刊都感兴趣。在1883年以前的著作中,经常能看到他引证马克思言论的地方。但是,普列汉诺夫此时之所以求助于马克思,主要是试图用马克思主义论证民粹派的理论立场。

这一点是必须着重指出的,因为曾有断言指出:早期的普列汉诺夫实际上并不是一个民粹主义者。这种言论最初是普列汉诺夫自己陈述的。已经成为孟什维主义者的普列汉诺夫,在1905年为自己的全集第一卷的出版而作的序言中写道:"我现在的世界观只不过是当我还在革命民粹主义的机构中工作时就已吸

---

① 转引自[苏]福米娜:《普列汉诺夫的哲学观点》,汝信译,生活·读书·新知三联书店1963年版,第18页。

引了我的那个基本思想的合乎逻辑的发展。"① 普列汉诺夫以这种暧昧态度,事实上抹杀了马克思主义和民粹主义之间的根本区别,忽视了只有马克思主义才是武装劳动群众为争取自身解放而斗争的真正革命学说。后来,普列汉诺夫的这些话被孟什维主义者所广泛传播。他们竭力把普列汉诺夫说成从革命一开始就是一个马克思主义者,过高地评价了 1883 年以前普列汉诺夫的思想理论水平。

  1879 年,普列汉诺夫在《俄国社会经济发展规律和社会主义的任务》中虽然屡次引用马克思的论述,甚至把自己的思想主张和马克思主义联系起来,但是他引用马克思,只不过是为了证明民粹主义观点的正确性。在谈及俄国社会发展道路时,他引用马克思的话说:"一个社会即使探索到了本身运动的自然规律,它还是既不能用法令取消自然的发展阶段。但是它能缩短和减轻分娩的痛苦。"② 但这段话被普列汉诺夫宣告为似乎是与民粹主义观点、特别是关于俄国独特发展的教条并不矛盾。"俄国还不能称作是马克思所指的那种意义上的资本主义生产的国家。……而在我们这里,农民并没有失去土地;相反,我国的农民随着解放获得了土地,因而农民村社是组织俄国无产阶级发展的最好的堡垒。"③ "经济阶段更替的规律是一切社会的普遍规律……但在俄国,这种宣传就是照着马克思的看法也是不合时宜的!"④ 既然西方遵循的社会发展规律并不适用于俄国,那么俄国就可能有一条特殊的自身发展道路——农民村社。他重复了民粹主义的教条,说大多数农民支持村社,强调:"对那种认为俄国不能避免资本主义生产的意见,我们看不出其根据何在。"⑤ 他号召在俄国宣传社会主

---

  ① 转引自 [苏] 福米娜:《普列汉诺夫的哲学观点》,汝信译,生活·读书·新知三联书店 1963 年版,第 20 页。
  ② 《马克思恩格斯全集》第 44 卷,人民出版社 2001 年版,第 10 页。
  ③ [俄] 格·瓦·普列汉诺夫:《普列汉诺夫文选》,张光明编,人民出版社 2010 年版,第 3 页。
  ④ [俄] 格·瓦·普列汉诺夫:《普列汉诺夫文选》,张光明编,人民出版社 2010 年版,第 3 页。
  ⑤ [俄] 格·瓦·普列汉诺夫:《普列汉诺夫文选》,张光明编,人民出版社 2010 年版,第 7 页。

义,"正是现在,这种宣传比任何其他时候更为适时"①。普列汉诺夫就是这样利用马克思的话来证明俄国存在特殊发展道路。

虽然普列汉诺夫谈到必须在工人中间进行宣传工作,但是他依然坚持唯心主义立场,还没有掌握唯物史观的精髓。他将马克思、恩格斯和罗勃妥斯、杜林混为一谈,认为:"罗勃妥斯、恩格斯、卡尔·马克思和杜林组成了社会主义发展上的实证主义时期的一群光辉的代表。"② 此时普列汉诺夫的思想立场离马克思的科学社会主义还很远,他并不懂得社会发展规律,也不理解马克思的辩证法,实质上是他以巴枯宁的经济唯物主义视角去理解马克思主义的。因此在这一时期,普列汉诺夫的观点与民粹派并无本质区别,在很大程度上是唯心主义和经济唯物主义的混合物。

(二) 动摇时期:对民粹派理论立场正确性的怀疑

1877—1879年彼得堡工人爆发大规模罢工运动,普列汉诺夫在此期间积极领导工人活动,发表了大量通讯论文。在工人中间的三年,使普列汉诺夫察觉到工人阶级特有的革命作用。民粹派对俄国工人运动的否定态度,第一次引起了普列汉诺夫对民粹主义理论正确性的怀疑。

在1880—1881年间,普列汉诺夫为《土地平分》杂志报写了一系列评论文章。虽然他仍是站在民粹主义立场,强调村社土地所有制是俄国唯一实际可行的社会主义纲领,改革家、革命知识分子仍是历史进程中的决定因素,但是,在字里行间已能看到他对民粹主义观点的某种背离。

首先,普列汉诺夫已不再断定只有农民才是俄国社会变革的动力。虽然他仍旧认为农民在社会主义活动中应占首位,但是他开始关注俄国的工业发展,开始意识到工人阶级的社会作用。"我们完全不否认在我们产业中心进行的革命工作的意义"③,正是贫困使农民脱离土地并把他们赶入工厂,而大的产业中心

---

① [俄]格·瓦·普列汉诺夫:《普列汉诺夫文选》,张光明编,人民出版社2010年版,第7页。
② [俄]格·瓦·普列汉诺夫:《普列汉诺夫文选》,张光明编,人民出版社2010年版,第2页。
③ 转引自[苏]福米娜:《普列汉诺夫的哲学观点》,汝信译,生活·读书·新知三联书店1963年版,第37页。

则在破坏着他们庄稼汉的特征。在此基础上，普列汉诺夫强调工人问题的迫切性。通过对西方革命运动的研究，他认为西方工人阶级比农民更易接受社会主义理论，因此必须更多地注意到在工人中进行的活动。可见，受俄国工人运动和西方革命运动的双重影响，普列汉诺夫开始意识到无产阶级在社会革命中的重要作用。

此外，从其对政治斗争的态度，也能看出他对民粹主义一定程度的背离。虽然普列汉诺夫依然坚持政治问题对人民只有次要意义，但是他开始拥护保卫人权的政治斗争，提出了与巴枯宁不同的政治主张。在1881年3月出版的《黑土平分》杂志第3期上，他公开承认政治斗争的重要意义，强调封建专制必将被资产阶级统治所取代。虽然他仍保持俄国"经济特殊性"的观点，但已经意识到了资本主义发展的进步性，并将注意力放在对新的阶级——资产阶级的肯定上。他写道：资产阶级"已经开始展开自己的双翼。它感到自己的力量，理解自己的意义，而昨天的奴隶，他在今天已在暗示'和平纲领'的纲领，而在明天则准备把整个国家的管理抓到自己的手里"①。

（三）转变时期：以马克思主义观点分析社会问题的初步尝试

19世纪70年代民粹派的革命活动使普列汉诺夫越发失望。虽然号召"到民间去"，但民粹派单纯地认为社会革命并非难事，只要在农民中宣传"社会主义"即可。现实粉碎了民粹派的革命幻想，农民群众并没有跟着他们走。在俄国资本主义迅速兴起和工人运动不断发展的条件下，民粹主义已彰显出危机的征兆。这种危机是俄国社会经济制度发生变化的深刻表现，它促使普列汉诺夫去重新审查民粹派的思想理论体系。

1881年普列汉诺夫发表了《政治经济领域的新潮流》，对庸俗经济学即所谓"新"历史现实主义学派代表——拉维列、梅耶尔的观点进行了剖析。他批判了拉维列、梅耶尔关于必须从讲坛社会主义的观点去重新审查"旧"学派——斯密和李嘉图的古典政治经济学的主张，捍卫了斯密和李嘉图的观点。在

---

① 转引自［苏］福米娜：《普列汉诺夫的哲学观点》，汝信译，生活·读书·新知三联书店1963年版，第38页。

驳斥拉维列和梅耶尔关于"人的民族本性"决定民族的经济生活这一唯心主义原理时，普列汉诺夫试图根据经济发展解释人类历史。他认为人的"本性"是依赖于经济关系，是由人在社会中的阶级地位决定的。"自由和完全平等的公民的、罗马贵族的、中世纪贵族的、最后还有现代资产阶级的'本性'，是和奴隶的、罗马平民的、农牧的或无家可归的无产者的'本性'毫不相似的。"①

同时，普列汉诺夫认为社会政治思想的发展也是由经济基础决定，认为"把社会发展的原因归之于经济基础对其他的社会生活领域——对法权史、政治和道德学说——射入了一道新的光线。"②但普列汉诺夫对这一思想还贯彻得不够彻底，他对"新"学派许多唯心主义主张还持许可态度。例如，拉维列强调利己主义、社会情感、服从义务是社会发展的"动力"，具有决定性作用，调整着人类活动和社会生活。普列汉诺夫对此并没有进行批判。这表明，《政治经济领域的新潮流》并非是普列汉诺夫彻底地贯彻马克思主义观点的第一篇作品。

普列汉诺夫在这一时期内最卓越的论文是《卡尔·罗勃妥斯—雅格卓夫的经济理论》。与批判拉维列的观点相比，此时普列汉诺夫明显提高一步，他已经更加充分地掌握了马克思主义经济学，产生了想用马克思主义去评价罗勃妥斯观点的意图。

首先，在"资本"这一概念上，普列汉诺夫批判了罗勃妥斯以逻辑来分析历史的唯心主义主张，深刻地揭露了罗勃妥斯把资本理解为与人类社会关系没有任何联系的生产资料的综合，即把资本理解作为永久的、范畴性、形而上学的概念。他指出："用同一术语'资本'去标明截然不同的历史现象是错误的。"③普列汉诺夫说道："这一类概念的全部意义在于人们的社会关系，而这些关系在不同的社会发展阶段上是永远不会相同的。把罗马的土地者和美国的种植场主相提并论未必是正确的，因为美国种植场主的经济是在另一种条件下

---

① 转引自［苏］福米娜：《普列汉诺夫的哲学观点》，汝信译，生活·读书·新知三联书店1963年版，第38页。
② 转引自［苏］福米娜：《普列汉诺夫的哲学观点》，汝信译，生活·读书·新知三联书店1963年版，第39页。
③ 转引自［苏］福米娜：《普列汉诺夫的哲学观点》，汝信译，生活·读书·新知三联书店1963年版，第40页。

发展起来的。"①

针对罗勃妥斯把土地私有制和资本的产生归之于暴力的主张，普列汉诺夫认为，罗勃妥斯缺乏对资本主义内在根源的深刻理解。虽然普列汉诺夫在革命初期也坚信暴力在历史上起着决定性作用，但此时他已抛弃了这种观点，认为暴力论绝对不能阐明社会制度的发展进程。

虽然普列汉诺夫批判了罗勃妥斯关于资本主义社会的唯心主张，但是一方面他的批判并不彻底。他将罗勃妥斯唯心主义的、形而上学的方法称之为"有成果的"和"历史的"方法，忽视了罗勃妥斯要求加强君主制国家政权和关于和平改革和各社会阶级的调和等说教的错误。普列汉诺夫企图把罗勃妥斯的政治观点和理论观点分开，这又是一个严重的错误。他将作为理论家的罗勃妥斯和作为保守的政治家的罗勃妥斯的对立。"他的'实践的建立'远不如马克思和恩格斯的意图那样急进。但这些'建议'的理论基础……却和极端派政党的学说非常接近。"② 把罗勃妥斯的实际政治观点和他的理论观点分开，就使普列汉诺夫把罗勃妥斯不正确地评为"不偏不倚的""超阶级的"学者，似乎他能够超出资产阶级经济学家的阶级偏见。普列汉诺夫在评价罗勃妥斯时的客观主义倾向上表明，早在这些年代里，普列汉诺夫就已显露了西欧社会民主党领袖所特有的理论脱离实际的毛病。他肯定地写道："当然，个别的人能够摆脱特殊的阶级的观点，并且只用自己关于历史发展规律的一般概念来指导自己的活动。他们能够对社会现象采取不偏不倚的态度。"③ 这是一个极大的错误。

对罗勃妥斯经济理论的态度，表明普列汉诺夫从民粹主义阵营到马克思主义立场上的转变还没有结束。普列汉诺夫的一些互相矛盾的说法表明，他此时尚未完全理解马克思和罗勃妥斯的本质区别，尚未完全掌握马克思主义。

---

① 转引自［苏］福米娜：《普列汉诺夫的哲学观点》，汝信译，生活·读书·新知三联书店1963年版，第41页。

② 转引自［苏］福米娜：《普列汉诺夫的哲学观点》，汝信译，生活·读书·新知三联书店1963年版，第41页。

③ 转引自［苏］福米娜：《普列汉诺夫的哲学观点》，汝信译，生活·读书·新知三联书店1963年版，第41页。

(四) 确立时期：认真研究、积极宣传马克思主义

"到民间去"运动的失败，迫使民粹派放弃了在人民群众中的革命鼓动工作。他们固执地认为，问题不在于农民，而在于政府，因此把全部希望放在个人恐怖策略上。他们坚信恐怖活动和暗杀沙皇将"挑起"革命，为夺取政权创造有利的社会环境。普列汉诺夫深刻理解到，这种"对专制制度的单独决斗"将给革命鼓动工作和组织群众为了改变社会制度而进行的斗争带来不可逆转的危害。果不其然，个人恐怖策略引起了沙皇政府的疯狂镇压，革命形势急转剧下。从19世纪80年代起，主张对沙皇政府妥协和放弃革命斗争的自由主义倾向在民粹主义中占据优势。革命的民粹主义开始转变为反动的、自由主义的民粹主义，空想社会主义开始转变为庸俗的激进主义。

此时的普列汉诺夫越发清楚地意识到民粹主义已临末日。他本人在工人中获取革命鼓动工作的经验，也证否了民粹派的理论主张。受西方革命运动的影响，他开始认真研究马克思和恩格斯的著作。这对普列汉诺夫马克思主义世界观的形成，对检验他革命信念的正确性，具有重要的意义。

普列汉诺夫最终脱离民粹主义，实现向马克思主义的转变，是在1881年从拉甫罗夫那里阅读和翻译《共产党宣言》的过程中实现的。资本主义发展的规律和命运是什么？社会主义与政治斗争的关系是什么？这是长期困扰普列汉诺夫的难题。阅读完《共产党宣言》之后，他豁然开朗，找到了破解这些难题的答案。他在晚年回忆道："关于我自己可以说，阅读《共产党宣言》是我一生的新时期。我受到《宣言》的鼓舞，并立即决定将它译成俄语。"①

1882年，普列汉诺夫将《共产党宣言》译成了俄文，并为它写了序言。序言表明普列汉诺夫认真研究了马克思的科学社会主义理论。他首先热情赞扬《共产党宣言》："《宣言》及其作者们的其他著作，开辟了社会主义文献和经济文献史上的新时代，这是一个无情地批判现实劳资关系以及与任何乌托邦不同

---

① 转引自 [苏] 米·约夫楚克、伊·库尔巴托娃：《普列汉诺夫传》，宋洪训、纪涛、谢梅馨、李兴耕译，生活·读书·新知三联书店1980年版，第74页。

的、科学论证社会主义的时代。"① 其次，他从过去否认政治斗争的态度转为承认政治斗争对俄国革命运动的首要意义。他写道，"我们认为，'共产党宣言'俄译本的出版不仅是有益的，而且在现实也是必要的，现在俄国社会主义运动已最后地踏上了与专制制度进行公开斗争的道路，而关于我党的政治活动的意义和任务的问题已成为迫切的实践问题……'宣言'能够预先警告俄国社会主义者免于陷入两个同样可悲的极端：一方面是对政治活动采取否定态度，另一方面是把党的未来利益置之脑后。"② 最后普列汉诺夫肯定了无产阶级在革命中的历史作用，阐述了建立无产阶级政党的必要性，强调无产阶级的成功取决于它的组织性和它对自己的阶级利益的明确意识。他指出："我们的运动的未来是取决于工人阶级的组织和不断地向它说明它的利益和统治阶级利益的敌对性，当然，我们的运动的未来决不可能为了当前一时的利益而牺牲。"③ 这个序言的发表对当时的俄国有着重大的指导意义。

过了不久，普列汉诺夫发表了《阿法纳西·普罗科尼也维奇·夏波夫》一文，文中表露出对民粹派理论和实践的失望，提出全面批判和重新审查民粹派学说的必要性。他开始批判民粹派的"村社社会主义"，认为对表现和保卫劳动群众的利益来说，村社的框子是太狭窄了，对人民的下层阶级来说，"大的中心城市的生活"才是最好的学校。普列汉诺夫号召俄国革命家站到科学社会主义的基础上来。

总之，普列汉诺夫同民粹派的决裂并非一夜之间发生的，他由民粹主义向马克思主义的转变也并非一夜之间实现的。普列汉诺夫的早期著作表明，他是一步步地克服民粹主义的幻想，抛弃俄国特殊非资本主义道路的信仰，摆脱对村社农民"天生的"社会主义的崇拜，放弃政治变革和夺取政权是轻而易举的希望。这些文献记录了他克服民粹派的唯心主义和折中主义特质、掌握马克思

---

① 转引自［苏］米·约夫楚克、伊·库尔巴托娃：《普列汉诺夫传》，宋洪训、纪涛、谢梅馨、李兴耕译，生活·读书·新知三联书店1980年版，第23页。
② 转引自［苏］福米娜：《普列汉诺夫的哲学观点》，汝信译，生活·读书·新知三联书店1963年版，第77页。
③ 转引自［苏］福米娜：《普列汉诺夫的哲学观点》，汝信译，生活·读书·新知三联书店1963年版，第42页。

主义学说的心路历程。"精通了马克思的观点后,我们就能知道我们应当做什么……马克思的学生们也是为了俄国人民的幸福而工作的。"① 普列汉诺夫成为俄国革命家中接受马克思主义世界观的第一人以后,他开始积极宣传和保卫马克思主义理论。他在给恩格斯的信中写道:"我认为宣传您和马克思的思想,乃是我毕生的任务。"②

总之,普列汉诺夫马克思主义观的形成,再次印证了"科学社会主义理论必须与本国革命实际相结合"的真理。"社会历史发展既有决定性又有选择性,真正的马克思主义者既要尊重历史的客观规律,又要主动发挥自己的革命能动性。"③ 只有革命热情,缺乏科学的革命理论指导,只会重演民粹派分崩离析的历史悲剧;另一方面,革命理论不能照搬照抄他国,必须扎根于本国实际中,才能不断丰富发展,结出灿烂的革命果实。可惜晚年的普列汉诺夫忽视了这一真理,走向了孟什维主义阵营。这无论是对为俄国革命事业奉献终身的普列汉诺夫本人,还是对整个共产国际运动史,都不得不说是一个遗憾。

三、普列汉诺夫早期的革命主张

普列汉诺夫作为革命民粹派的活动家是他一生政治活动的第一个阶段。虽然当时民粹派还未蜕变为自由主义的民粹派,坚持唯心史观和错误的农民社会主义理论,但它在揭露沙皇专制制度,启发俄国人民的觉悟,开展争取工农解放的斗争,打击沙皇统治等方面,在当时的历史条件下还是做出了自己的贡献。作为其中一员,普列汉诺夫在这个时期积极领导俄国人民参加反对沙皇专制制度的革命斗争,不怕牺牲,艰苦卓绝。同时,他在一些问题上,比其他民粹派分子较早地认识到民粹主义理论的错误,对俄国革命道路提出了一系列卓有远

---

① 转引自[苏]福米娜:《普列汉诺夫的哲学观点》,汝信译,生活·读书·新知三联书店1963年版,第43页。
② 转引自[苏]福米娜:《普列汉诺夫的哲学观点》,汝信译,生活·读书·新知三联书店1963年版,第45页。
③ 孙来斌:《列宁与普列汉诺夫关于俄国革命道路的争论及其启示》,载《政治学研究》,2009年第1期。

见的主张，构成了他革命理论的雏形。

(一) 察觉到工人阶级在革命中的重要性

早期普列汉诺夫虽是民粹分子，但对马克思主义学说充满渴望。他力图研究社会生活的物质条件，阐明无产阶级在俄国革命运动中的作用。从宏观层面看，此时俄国无产阶级的成长及其在城市中的集中，也促使革命青年接近工人群众。国际上西欧工人运动的成功经验进一步加强了俄国革命者和工人群众的接触，青年革命者纷纷在工人群众中开展了积极的革命宣传工作。

受此影响，1876 年年初，刚满 19 岁的普列汉诺夫被委任去领导工人群众小组，"从那个时候起，'与工人在一起的职业'就成为我的革命职责。"① 他以极大的精力在工人中间开展宣传和鼓动工作。与工人群众的交往让普列汉诺夫越发强烈地感受到他们的才能和力量。他后来回忆道："他们给我产生的印象是极其强烈的。我看到并且了解的唯一一点是，所有这些无疑属于'人民'之列的人们是很有觉悟的，我能够同这些人们交谈得这样真挚、诚恳，正如同自己熟人——大学生们谈话一样。"②

在工人中间进行政治活动对普列汉诺夫产生了重大的影响，这是使他转到马克思主义立场的决定性因素之一。虽然他仍以救世主的姿态来开导工人，坚持向工人宣传民粹主义理念，认为农民是主要的革命力量，工人阶级在革命运动中起从属作用，但是他并不否认工人阶级的暴动行为，相反，他认为，工人运动的发动、罢工和工人风潮是极端必要的，他们应当把沙皇军队从农民起义中心吸引开。

同时他也发现，民粹主义那一套落后的理论已不能满足当时先进工人的需求。普列汉诺夫在晚年回忆道："听了我们的话，工人可以激起对政府的仇恨和满怀'造反'精神，可以学会同情'粗野的'乡下人，并希望乡下人能够一切如意。但是无论如何他不能明了他本身的任务是什么，即无产者的政治任务是

---

① 转引自 [苏] 福米娜：《普列汉诺夫的哲学观点》，汝信译，生活·读书·新知三联书店 1963 年版，第 24 页。

② 转引自高放、高敬增：《普列汉诺夫评传》，中国人民大学出版社 1985 年版，第 22 页。

什么。他不得不靠自己的智慧来探索这个问题。"① "如果民粹派也向工人谈论关于第一国际的事,那末他们在这时就千方百计地把巴枯宁的活动吹得天花乱坠,而把马克思和恩格斯的拥护者说成为'反动分子'。"② 普列汉诺夫认为,民粹派向工人宣传的不是马克思主义,而是巴枯宁主义,他们教导工人摒弃争取政治权利和政治自由的斗争,并且把陈旧的农民制度当做理想而向工人提出。"……在无产阶级中进行活动,但又不赋予它以社会发展中的任何独立作用,这意味着不是发展、而是模糊它的阶级觉悟。"③

随后一系列革命中,普列汉诺夫对工人群众的印象也逐渐加深。在1877—1879年彼得堡工人的大规模罢工风潮中,普列汉诺夫撰写了大量的通讯和论文,他亲自起草传单《致子弹厂的工人》,号召工人们不要期待沙皇政府的恩赐,而要起来同专制政府斗争。他后来回忆道:"子弹厂工人对警察的齐心协力的抵抗,无论是对彼得堡工人小组还是对'反抗'的知识分子,都造成了良好的印象。"④ 1878年3月,新新纱厂因资本家降低工资而自发爆发了罢工,普列汉诺夫积极参加了罢工的领导工作,并向罢工工人宣讲资本家是怎么样发财的。他还起草传单,号召其他各工厂工人们积极支持新新纱厂的罢工。他写道:"工人朋友们!现在新新纱厂的工人已经连成一片,始终团结战斗。你们需要支持他们……难道能让各种骗子欺负工人吗?不能,你们要为他们募捐;现在你们帮助他们,而以后他们将帮助你们。要知道,你们不是住在天堂,你们也不会同雇主打交道……大家要互相帮助——和大伙一起,就不致失败。"⑤ 在这一系列论文中,普列汉诺夫对工厂暗无天日的虐待事件进行了揭露,他强调指出,俄国工人正处于经济奴役和政治奴役的双重压迫之下,号召全体工人群众团结起来,以更大影响取得罢工的胜利。

由于工人们团结一致,使得在罢工中提出的经济要求部分地得到了满足。

---

① 转引自高放、高敬增:《普列汉诺夫评传》,中国人民大学出版社1985年版,第22—23页。
② 转引自[苏]福米娜:《普列汉诺夫的哲学观点》,汝信译,生活·读书·新知三联书店1963年版,第27页。
③ 转引自高放、高敬增:《普列汉诺夫评传》,中国人民大学出版社1985年版,第22—23页。
④ 转引自高放、高敬增:《普列汉诺夫评传》,中国人民大学出版社1985年版,第29页。
⑤ 转引自高放、高敬增:《普列汉诺夫评传》,中国人民大学出版社1985年版,第30页。

这是普列汉诺夫第一次成功领导的罢工起义，从那时起，普列汉诺夫便意识到工人阶级蕴含着巨大的革命力量。三年的罢工生涯，使得普列汉诺夫得出一个重要结论：生活本身已经把工人问题向前推进了。他开始强调工人问题的首要意义，号召俄国革命家要特别注意工人问题，他肯定地说，社会主义者决不能做像罢工那样的工人生活如此重要的事情漠不关心的旁观者。他批评过去民粹派把全部精力放在农村群众上，在城市中进行宣传的目的仅仅是想从城市工人中训练出几个到农村去做宣传员的主张。"因此使我们得到一种非常不幸的结果。"① 他指出："在城市工人中所费的力量虽少，但社会主义思想却深深侵入工人队伍之中。"② 可惜近几年来大工厂发生罢工时，我们社会主义者的作用"几乎丝毫都没有，有时简直一无所闻，有时他们虽企图行动，但他们的影响却非常微小"③。他认为民粹派低估城市工人在未来社会主义革命中作用的观点是"十分错误的"。他说："我们的城市工人虽然不像西欧工人一样与农村脱离了关系，但是我们的工人是人民中最活跃、最积极、最能帮助居民阶层走向革命化的人，在这一点上我们的工人与西欧的工人是一样的。因此在社会变革的时候，他们必须成为农民的宝贵的同盟者。"④ 他建议加大对工人群众的宣传鼓动和组织工作。因为"只有用这样的方法才能造成空前未有的、独立的、自信的和强固的群众。从前因为没有这种方法，所以常被几十个警察把大批的群众驱散，吓跑。"⑤

在资本主义发展和工人运动增长的双重影响下，普列汉诺夫后来终于意识到，工人阶级参加革命斗争是革命成功的重要保证。和许多民粹派不同，他对"俄国北方工人协会"的创立表示祝贺。他写道："甚至从我们当时的民粹派的观点来看，也不能不为了协会的产生而感到欣欣鼓舞。"⑥ 和彼得堡工人群众的

---

① 转引自高放、高敬增：《普列汉诺夫评传》，中国人民大学出版社1985年版，第33页。
② 转引自高放、高敬增：《普列汉诺夫评传》，中国人民大学出版社1985年版，第33页。
③ 转引自高放、高敬增：《普列汉诺夫评传》，中国人民大学出版社1985年版，第33页。
④ 转引自高放、高敬增：《普列汉诺夫评传》，中国人民大学出版社1985年版，第33—34页。
⑤ 转引自高放、高敬增：《普列汉诺夫评传》，中国人民大学出版社1985年版，第34页。
⑥ 转引自［苏］福米娜：《普列汉诺夫的哲学观点》，汝信译，生活·读书·新知三联书店1963年版，第29页。

交往对普列汉诺夫世界观的形成发生了直接的和决定性的影响，把他推向了马克思主义。因此，普列汉诺夫是在俄国工人运动的影响下成为一个社会革命家。

（二）猛烈抨击个人恐怖策略的危害性

普列汉诺夫深刻理解到，这种"对专制制度的单独决斗"给群众中的鼓动工作和组织群众为了改变社会制度而进行的斗争带来了不可估量的危害。针对民粹派暗杀亚历山大二世的计划，普列汉诺夫坚决反对，并在彼得堡的"土地与自由"党党员大会上要求禁止这一计划。他指出，杀死专制君主个人，只会以亚历山大三世代替亚历山大二世的专制统治，丝毫不会改变政治制度。普列汉诺夫强调，在匕首间上建不成国会，只会使沙皇警卫更加森严，镇压更加猖獗，从而革命组织更容易遭到破坏，革命者更难开展活动，其结果只能瓦解革命组织，加强沙皇的反动统治。可惜民粹派并没有采纳普列汉诺夫的意见，坚持将暗杀沙皇的计划付诸实施①，这也进一步加深了普列汉诺夫对民粹派观点策略正确性的怀疑。他写道："我从伏龙涅什到基辅去，带着一个惨淡的信念，就是当时我曾以为是俄国的唯一可能的社会主义形式的民粹主义，正在灭亡着……"②

事实证明对亚历山大的暗杀，并没有给人民带来任何的利益。"刺杀个人人物，是不能把沙皇专制制度推翻，不能把地主阶级消灭的。"③ 亚历山大三世代替被刺死的亚历山大二世，封建专制统治依然牢不可破。最终脱离群众的民意党惨遭瓦解，普列汉诺夫对此不止一次地表明自己观点："民意党的炸药不仅杀死了亚历山大二世，而且也杀死了民粹主义理论……民意党刺死亚历山大二世也给自己带来了致命的打击，我们应该把1881年3月的第一天看作是民意党末日的开端。"④

---

① 1879年夏，在伏龙涅什代表大会后不久，民粹派组织"徒弟与自由"党分裂为"黑土平分党"和以个人恐怖策略著称的"民意党"。
② 转引自［苏］福米娜：《普列汉诺夫的哲学观点》，汝信译，生活·读书·新知三联书店1963年版，第31页。
③ 转引自［苏］福米娜：《普列汉诺夫的哲学观点》，汝信译，生活·读书·新知三联书店1963年版，第31页。
④ 转引自高放、高敬增：《普列汉诺夫评传》，中国人民大学出版社1985年版，第44页。

普列汉诺夫对个人恐怖策略的批判除了来源于对俄国革命实际的理解，更重要的则是对马克思主义的领悟。马克思、恩格斯客观评价了19世纪70年代民粹派革命家的社会作用，肯定了他们富有战斗的革命气概、壮烈牺牲而建立丰功伟绩的革命精神，指出他们向前迈进了一步，和专制制度进行了艰苦卓绝的政治斗争，但也强调他们未能把政治斗争和工人运动及其社会主义联系起来。虽然他们进行了力量悬殊的斗争，并且英勇地牺牲了，但是民意党也没能达到自己的直接目的——唤起人民革命。马克思、恩格斯尖锐地批评了民粹派所采取的个人恐怖策略，认为这种策略排斥了群众的革命运动，用单个英雄的斗争偷换了群众斗争。

普列汉诺夫一直努力试图说服民意党放弃个人恐怖策略，把他们争取到"黑土平分社"中来，组成联合统一的政党。在领导"黑土平分社"以后，他坚持在人民中进行宣传和鼓动的立场，反对民意党的恐怖主义策略，同他们对革命任务的极端狭隘理解进行了不懈斗争。他指出，为了进行以政治制度为目的的斗争，个人的英雄主义是不够的。他把"民意党"的活动叫作"拼命的毅力"。

虽然普列汉诺夫猛烈批判个人恐怖策略，但是此时他没有站在正确的立场上，他并没有表现出一个革命家应有的刚毅和坚决。为了合作，他不惜在原则问题上做出让步，同意把"关于恐怖活动在同俄国政府作斗争中的重要意义"的条文写入"黑土平分社"的纲领，以此为条件促使双方达成共同出版"俄国社会革命丛书"的协议。同时他对恐怖活动的态度还不够坚决，他甚至认为，恐怖活动和到民间去运动并不违背。

（三）预测农村公社即将瓦解的必然性

1880年1月普列汉诺夫在《俄国财富》杂志上发表了《土地公社及其可能的前途》。此文是专门针对俄国资产阶级社会学家马·科瓦列夫斯基的《公社土地所有制，它的瓦解原因、进程和结果》一书的驳斥。科瓦列夫斯基根据资产阶级的客观实际，运用多方统计材料，证明俄国农村公社已经日益瓦解，俄国资本主义的发展已经是不可阻挡的趋势。

科瓦列夫斯基的观点对普列汉诺夫产生了重大的影响。尽管此时他还站在正统的革命民粹主义立场上，固执地认为马克思关于资本主义比封建主义进步的理论对西欧来说是正确的，但对俄国并不适用。普列汉诺夫依然幻想俄国绕开资本主义在农村公社的基础上直接实现社会主义。

于是在《土地公社及其可能的前途》中，普列汉诺夫竭力阐明俄国村社社会存在的特殊条件，号召知识分子拯救日益瓦解的农村公社。他提出要区别对待俄国和其他国家。普列汉诺夫从机械论的立场出发，劝告科瓦列夫斯基说，没有任何村社的内部的、"自发的"发展是走向崩溃的。崩溃似乎只是由于外部原因的不利所引起的。普列汉诺夫写道："村社几乎遭到崩溃的原因不在村社内部，而在村社之外。"他认为掠夺是村社遭到崩溃的首要外部原因，而后，他又把工业发展、技术发展、立法政权的活动和阶级斗争列为村社遭到崩溃的外因。

普列汉诺夫认为，俄国村社遭到崩溃只是由于不良的外来影响。但如果能够有另一种内在条件的配合，会使村社成长和发展起来。他强调俄国社会活动家的任务在于限制外部不利条件的影响，他认为，农民群众和知识分子对村社的"有意识的肯定态度"，能够在相当大的程度上消除掉"敌视村社的势力的作用"。

尽管全文都是在驳斥公社必然瓦解的观点，否认公社内部存在必然瓦解的因素，但是文中也暴露出了普列汉诺夫的矛盾心理：他也意识到资本主义在俄国的迅速发展所带来的社会变化；承认许多外部因素会使公社崩溃；承认暴力政府、工业和技术的发展、国家立法活动和阶级斗争对于公社的破坏性影响；承认从原始公有制过渡到私有制社会是每一个历史民族发展的重要过程。他已经预感到公社在同新兴的资产阶级作斗争中可能要瓦解。他在文中写道："及时地过渡到由公社经营土地，或者在同新兴的资本主义作斗争中瓦解，按我们的意见，对于当前一般的、特别是俄国农村的农民公社来说，这就是唯一的二者必则其一的办法。"①

普列汉诺夫后来自己承认：科瓦列夫斯基的著作"第一次严重地动摇了我

---

① 转引自高放、高敬增：《普列汉诺夫评传》，中国人民大学出版社1985年版，第40页。

的民粹派观点，尽管我反对过它的论断"①。随后普列汉诺夫在《土地平分》杂志上发表的文章表明，他已经看到了农村公社瓦解的必然性。资本主义大工业在俄国的发展正在破坏着农民的小生产，农民破产后已沦为无产阶级队伍，资产阶级的统治将代替封建专制制度，资本主义的发展具有进步作用，公社在同资产阶级斗争中必然瓦解。

毫无疑问，承认俄国村社瓦解的事实，是普列汉诺夫对民粹主义的某种违背。"认为外来影响以及俄国农村中的阶级分化能够把俄国土地村社的原则歪曲到这种程度，以至为了保持它而采取的措施将不能达到目的，这也是对民粹主义的违背。"②

---

① 转引自［苏］米·约夫楚克、伊·库尔巴托娃：《普列汉诺夫传》，宋洪训、纪涛、谢梅馨、李兴耕译，生活·读书·新知三联书店1980年版，第33页。
② 转引自［苏］福米娜：《普列汉诺夫的哲学观点》，汝信译，生活·读书·新知三联书店1963年版，第31页。

第三章 "劳动解放社"时期奠定俄国革命运动的理论基础

列宁在考察马克思主义在俄国产生的历史条件时写道,马克思学说"在其生命旅途中必须用战斗来争取每一步的进展"①。全部19世纪末期的俄国革命思想史,充满了马克思主义与小资产阶级民粹派社会主义的斗争。这场斗争最终是以马克思主义的完全胜利而结束的。"俄国马克思主义社会民主党,首先是在反对民粹主义那些错误而有害于革命事业的观点的斗争中建立起来的。"②

在这场斗争中,普列汉诺夫给民粹派以决定性的打击。作为"劳动解放社"的主将,他是以马克思主义为武器向民粹派开火的第一人。他坚持在俄国开展科学社会主义思想的系统宣传,孕育了俄国第一批马克思主义团体的诞生,恩格斯对此评价道:"……我为这感到骄傲,就是在俄国青年中间有着一个政党,它诚恳地并且毫无保留地接受了马克思的伟大的经济理论和历史理论,而且坚决地和自己的前辈的一切无政府主义传统和某些斯拉夫主义传统断绝了关系。"③列宁也肯定这是"第一次系统地和用一切实际结论去叙述了马克思主义思想"④。同时,作为国际社会主义运动的著名活动家,普列汉诺夫与第二国际的各政党、诸多政治活动家都保持着密切联系。他发表了一系列著作,揭示修正

---

① 《列宁文选》第1卷,人民出版社1955年版,第70页。
② 《联共(布)党史简明教程》,人民出版社1975年版,第39页。
③ 转引自[苏]米·约夫楚克、伊·库尔巴托娃:《普列汉诺夫传》,宋洪训、纪涛、谢梅馨、李兴耕译,生活·读书·新知三联书店1980年版,第49页。
④ 转引自[苏]米·约夫楚克、伊·库尔巴托娃:《普列汉诺夫传》,宋洪训、纪涛、谢梅馨、李兴耕译,生活·读书·新知三联书店1980年版,第49页。

主义错误思潮的本源，积极捍卫马克思主义，并详细论证俄国革命的性质、动力、途径等重要问题。不仅丰富了马克思主义，也进一步扫清了人们的思想障碍，促使越来越多的人投入到革命运动中来。

一、普列汉诺夫"劳动解放社"时期的革命主张

"劳动解放社"的 20 年，是普列汉诺夫一生的"黄金 20 年"，他不仅对俄国革命运动做出了卓越贡献，其理论主张也有了长足的进步和发展。但是学界对他的革命理论很少给予关注。其实普列汉诺夫这一时期的革命思想同他的哲学、历史学和美学思想一样，应当给予肯定。

（一）斗争的形式：阐明政治斗争的目的和必要性

"一切阶级斗争都是政治斗争"①，这是《共产党宣言》中的著名论断，也是马克思主义阶级斗争学说的著名原理。普列汉诺夫成为马克思主义者以后，通过揭露和批判俄国民粹派否认政治斗争的错误主张，联系俄国革命实际，以大量的事实材料论证了这一原理的正确性，并做了进一步的发挥和诠释。

首先，普列汉诺夫揭露了俄国民粹派否认政治斗争错误主张的思想渊源。普列汉诺夫深刻地剖析了民粹派的思想体系，指出俄国民粹派否认在人民群众中进行政治教育和革命工作的必要性，无视无产阶级的政治斗争，并非革命新创造，而是继承了前辈的衣钵，其理论渊源一方面乃是蒲鲁东、巴枯宁的无政府主义和空想社会主义。普列汉诺夫指出，俄国民粹派把社会主义与政治斗争对立起来，认为社会主义同任何政治斗争都是不相容的，这种错误信念的理论依据，首先是蒲鲁东—巴枯宁的国家学说。因为他们都把"不干涉政治"视为自己实际活动的基本教条。②他们的观点对俄国民粹派产生了很大的影响。尽管民粹派中的不同派别如"前进派"（拉甫罗夫的信徒）和"巴枯宁派"（巴枯宁的信徒）之间在很多问题上都存在着分歧，但是他们"在对'政治'持消极态

---

① 《马克思恩格斯选集》第 1 卷，人民出版社 2012 年版，第 409 页。
② 《普列汉诺夫哲学著作选集》第 1 卷，生活·读书·新知三联书店 1961 年版，第 409 页。

度这一点上却是一致的"①。另一方面，俄国民粹派否认政治斗争的错误信念也受了空想社会主义思潮影响。空想社会主义者消极看待工人阶级的政治运动，认为这是对空想社会主义新福音的不信任。这一消极看法给民粹派形成了一种错误观念：除了把革命胜利的希望寄托于依靠少数人进行阴谋主义的个人恐怖活动之外，任何政治斗争都是不适宜的。

其次，普列汉诺夫指出，人类社会阶级斗争的历史证明了"一切阶级斗争都是政治斗争"。历史充分表明，无论何时何地，只要经济发展过程已经引起社会中阶级的分化，这些阶级的利害冲突就必然会引起它们为争夺政治支配权而进行的斗争。这一斗争不仅发生在统治阶级的不同阶层中，而且也发生在统治阶级和人民之间。"在东方诸国家，我们看见战士与僧侣之间的斗争；古代世界史的全部戏剧性就是贵族与庶民、望族与平民的斗争；中世纪产生了城市人，他们尽力在自己公社的范围里夺取政治的统治地位；最后，现代的工人阶级同在现代国家内达到了完全统治的有产阶级进行斗争。任何时候和任何地方，政治权利总是一个杠杆，借助于它，已经获得统治地位的阶级来实现为它的繁荣和进一步发展所必须的社会变革。"②

普列汉诺夫回顾了资产阶级和封建阶级、无产阶级和资产阶级斗争的历史，进一步论证了"一切阶级斗争都是政治斗争"的普遍含义。资产阶级反对封建阶级的斗争虽有完全正确的经济意图，但这一斗争必然走上政治斗争和夺取政治权力的道路。"新兴资产阶级有时拿起武器，有时通过和平的协定，有时为了自己各城市的共和政体的独立，有时为了加强国王的权力，在几个世纪的时期内同封建阶级和封建制度进行了不断的顽强斗争，终于使自己在社会中达到了完全的统治。"③"它不放弃任何一个机会把已经达到的经济进步和已经获得的经济利益通过法的形式表现出来，而且总是巧妙地利用自己在政治斗争中所取得的每一成果进而在经济领域中去获得新的胜利。"④

---

① 《普列汉诺夫哲学著作选集》第1卷，生活·读书·新知三联书店1961年版，第56页。
② 《普列汉诺夫哲学著作选集》第1卷，生活·读书·新知三联书店1961年版，第56页。
③ 李清昆、王秀芳：《普列汉诺夫与唯物史观》，河北人民出版社1984年版，第167页。
④ 李清昆、王秀芳：《普列汉诺夫与唯物史观》，河北人民出版社1984年版，第167页。

普列汉诺夫认为，这种历史的传承具有相似性：当无产阶级作为社会革命力量登上历史舞台时，资产阶级的命运也会与封建阶级类似。当初期作为统治阶级的资产阶级还是进步的社会理想的代表者时，它所创立的社会制度曾满足当时社会发展的要求。但是一旦资本主义制度变成生产力发展的桎梏时，资产阶级的进步作用也就此完结。它从社会进步的代表变成了社会进步不共戴天的敌人。这时它将更加利用国家机器维护自身统治。于是政治权利便成了它手中最有力量的反动工具。

因此，为了开辟新的社会发展的道路，就必须改变资本主义的生产关系，开展社会革命。只要国家机器还掌握在旧秩序的资产阶级手里，就不可能改变旧的生产关系。在这种情形下，被压迫阶级只能通过暴力革命从敌人手里夺取政权。事实上，无产阶级在同资产阶级进行斗争的过程，也是全面地了解自身阶级地位和历史地位的过程。通过阶级斗争，无产阶级才能深入了解国家的本质：国家是一个"要塞"，是保卫剥削阶级的"屏障和防御物"。为了彻底摆脱压迫和剥削，必须占领这个"要塞"。由此可见，阶级斗争的逻辑本身推动着被压迫阶级走上政治斗争和夺取国家政权的道路。普列汉诺夫指出："所谓革命只是革命的阶级斗争这个长剧中的最后一幕，这一斗争之将成为自觉的，只是因为它成为政治的斗争。"[①] 这就是说，"一切阶级斗争都是政治斗争"乃是对阶级斗争发展规律的概括和总结。

最后，普列汉诺夫强调，马克思的科学社会主义理论和一切阶级斗争都是政治斗争的学说完全适用于俄国。俄国无产阶级只有把科学社会主义理论同工人运动结合起来，进行反对沙皇制度的政治斗争并夺取政权，才能取得人民革命的胜利，实现社会主义。因此，是否承认无产阶级的政治斗争，是科学社会主义与小资产阶级社会主义的原则区别。他批判了俄国民粹派忽视和否认政治斗争的错误，指出"社会主义者们"如果阻挠工人过问政治，反对无产阶级进行政治斗争，"就会剥夺了工人们所赖以进行斗争的据点，使他们没有可能来集

---

① 《普列汉诺夫哲学著作选集》第 1 卷，生活·读书·新知三联书店 1961 年版，第 85 页。

中自己的力量并把自己的打击对准他们的剥削者们所创造的社会组织"①。这样，工人们就只能同个别的剥削者们，或个别剥削集团进行游击战，而国家政权始终是由资产阶级所把控。

实际上，否认无产阶级进行政治斗争的必要性，就是对沙皇专制制度的"间接支持"。"如果社会主义者的纲领正是在需要对工人阶级的社会要求作出政治总结的那个'关键地方'把它截断，就无异于在工人的眼里缩小了这些纲领的实际意义，因为工人阶级已经知道对个别剥削者作散漫的斗争是毫无结果的。"② 普列汉诺夫进一步指出："任何阶级斗争都是政治斗争。凡是不愿意听到政治斗争的人，他因之也就会拒绝参加任何阶级斗争。"③ 如同当年蒲鲁东由否认政治斗争而走向阶级妥协一样，事实上，俄国民粹派后来也由否认政治斗争而转向了与沙皇专制制度妥协。

普列汉诺夫深刻论证了无产阶级同资产阶级所进行的是一场不可调和的斗争。"这场阶级斗争将是一直进行到底，就象当年资产阶级同封建阶级之间的斗争一样是不可避免的。"④ 为了消灭封建制度，资产阶级当时应当掌握政权；为了埋葬资本主义，无产阶级同样也应当掌握政权。无产阶级夺取政权的政治任务是由阶级斗争事态发展本身所决定的，而不是任何一些抽象的议论所决定的。"只有从马克思时代起，社会主义才立足于阶级斗争的基础之上。因此，社会主义者如果拒绝理解和掌握马克思的革命学说，就等于使自己失去了有力的武器。"⑤

（二）革命的道路：捍卫马克思主义暴力革命原则

普列汉诺夫对伯恩施坦等人反对马克思主义暴力革命学说的机会主义观点进行了深刻批驳，保卫了马克思和恩格斯关于暴力革命的原则。

---

① 《普列汉诺夫哲学著作选集》第1卷，生活·读书·新知三联书店1961年版，第85页。
② 李清崑、王秀芳：《普列汉诺夫与唯物史观》，河北人民出版社1984年版，第168页。
③ ［俄］格·瓦·普列汉诺夫：《无政府主义和社会主义》，王荫庭译，生活·读书·新知三联书店1980年版，第46页。
④ 李清崑、王秀芳：《普列汉诺夫与唯物史观》，河北人民出版社1984年版，第168页。
⑤ 李清崑、王秀芳：《普列汉诺夫与唯物史观》，河北人民出版社1984年版，第169页。

1. 理论阐释：恩格斯晚年主张同暴力革命原则并不矛盾

前文提到，恩格斯逝世以后，修正主义者极力歪曲恩格斯在 1895 年为马克思《1848 年至 1850 年的法兰西阶级斗争》所写的导言，硬说恩格斯晚年改变了对暴力革命的态度，主张各国无产阶级政党要利用合法手段坚持和平斗争，避免暴力革命。

普列汉诺夫针锋相对地指出，这并非事实。恩格斯之所以提出利用合法手段进行和平斗争，是因为（1）社会主义革命的前提是工人群众觉悟的高度发展，而这需要时间；（2）德国的保守派正在竭力设法引诱德国社会民主党举行起义，企图粉碎它，从而使它不断取得的胜利中途夭折；（3）由于军队有现代化的装备，街头起义的任何尝试都是没有希望的。

普列汉诺夫认为，恩格斯的前两条理由"并不是一般地指责暴力行动，而只是指责为时过早的暴力行动，因此，这和那些无论怎样也要'和平发展'的卫道者们的论据是毫无共同之处的"①。这一点无可争辩，不但那些真正"长于批判马克思和恩格斯学说的人不会反对，就连那些只会'打着批判的招牌'炫耀自己的人也不会反对。"② 而第三条理由，"只要仔细分析一下，它的意思就并不完全像乍看起来的样子了"③。普列汉诺夫认为，恩格斯在发挥这条理由时指出，1848 年以前巷战往往使武装起义者取得胜利的原因说明，武装起义者只有在他们能够动摇军队精神上的坚韧性的地方的时候才能取得胜利，但是现在并不具备这一条件。因为起义并不能像 1848 年那样依靠所有阶层人民的同情，起义者难以得到适当的武器，同时自 1848 年起各大城市都增加了许多新的街区，这对起义者建筑街垒十分不便。所以恩格斯问道："现在，读者是否已经明白了，为什么统治阶级一定要把我们引到枪响剑鸣的地方去？为什么现在人家因为我们不愿立刻冒然走到我们预先知道必遭失败的街头上去，就指责我们怯懦？为什么他们这样坚决恳求我们终于答应去当炮灰？""这些先生完全是白白

---

① 《普列汉诺夫哲学著作选集》第 2 卷，生活·读书·新知三联书店 1961 年版，第 565 页。
② 《普列汉诺夫哲学著作选集》第 2 卷，生活·读书·新知三联书店 1961 年版，第 565 页。
③ 《普列汉诺夫哲学著作选集》第 2 卷，生活·读书·新知三联书店 1961 年版，第 565 页。

浪费他们的恳求和挑战。我们并不是这么笨的。"①

普列汉诺夫认为，恩格斯的论述有力地证明修正主义者的论断是毫无根据的。恩格斯的确曾建议社会主义政党应当利用合法手段进行和平斗争，但是并未改变对暴力革命的态度。普列汉诺夫强调，恩格斯完全是根据德国的具体情况，指出德国社会民主党当时采取暴力行动是没有好处的，如果它经不起统治阶级的挑衅而贸然采取暴力行动，则要大上其当，所以这一建议是"局部的"。

在此基础上，普列汉诺夫认为，如果把恩格斯晚年的主张同《共产党宣言》的结论对照一下，便可看出恩格斯晚年对公开起义在无产阶级解放斗争中的作用问题的看法是有发展的。《共产党宣言》认为公开起义是工人阶级取得胜利不可或缺的条件，而恩格斯在晚年则承认，在一定的形势下，合法斗争也可以获胜。普列汉诺夫认为，恩格斯的这一新观点完全值得重视和尊重，但是后人不能将它同《共产党宣言》的思想对立起来，因为它同工人阶级暴力革命的思想"并不发生任何矛盾"。恩格斯"只不过说明了为使这种行动获得成功所必具的条件"②。

反动政治家马萨利克以马克思主义批评家的面目出现，攻击恩格斯的"政治遗嘱"完全是放弃革命。普列汉诺夫针锋相对地指出，恩格斯只是强调暴力革命的方法不适合当时，"只是指现代德国而言，而根本未赋予自己的论据和结论以'批评家'所强加给它的那种一般的意义"③。他又指出，不久前巴黎《社会党人》杂志所发表的恩格斯给拉法格的信就证明了这一点。在这些信发表以后，"所有关于恩格斯在暮年'变得聪明'和'不再做革命家'的高谈阔论，

---

① 《马克思恩格斯全集》第22卷，人民出版社1965年版，第606—607页。
② 《普列汉诺夫哲学著作选集》第2卷，生活·读书·新知三联书店1961年版，第568页。
③ 《普列汉诺夫哲学著作选集》第2卷，生活·读书·新知三联书店1961年版，第769页。

都失去了任何意义"①。可见普列汉诺夫对这个问题的论述完全符合恩格斯的原意。②

2. 革命主张：无产阶级不能在原则上放弃暴力革命手段

针对伯恩施坦反对暴力革命，普列汉诺夫在《阶级斗争学说的最初阶段》里写道："伯恩施坦先生认为，在现代的民主国家内，工人阶级为了达到自己的目的，没有必要使用暴力。这是一种过去乐观的看法。"③ 他认为伯恩施坦之所以如此乐观，是由于他对资产阶级民主主义者"不断关怀的结果"，"害怕惊吓了他们"。

普列汉诺夫列举了大量事实批驳了伯恩施坦的这种修正主义论调。他指出，现在法国拥有民主宪法，但凡熟悉这个国家内部生活的人，谁也不能担保这个国家的无产阶级将来不会被迫公开以暴力反抗资产阶级对他们的压迫。美国也是一个民主国家，但在那里只有经过内战才能使黑人得到解放，因而也不能担保美国无产阶级在为自己的经济解放扫清道路时不需要采取暴力。伯恩施坦指出："社会民主党的全部实际活动的目的，就是要创造一种可能而且必须使现代社会制度不经历抽搐性的动荡而过渡到更高级的社会制度去的形式和条件。"④ 普列汉诺夫认为，社会民主党确实希望不经过动荡而完成向更高级的社会制度过渡，但是这完全不是说应该否认暴力革命和无产阶级专政。因为无产阶级究竟是否经过暴力革命达到自己的目的，这种选择并不决定于自己，而是取决于环境。"正因为社会民主党不可能遇见到工人阶级在争取自己的统治权时所遇到的一切情况，所以它在原则上不能放弃行动的暴力手段。它应该铭记着那些金

---

① 《普列汉诺夫哲学著作选集》第 2 卷，生活·读书·新知三联书店 1961 年版，第 769 页。
② 普列汉诺夫所指的是恩格斯 1894 年 3 月 6 日和 1895 年 4 月 3 日给拉法格的两封信。恩格斯在后一信中，批评了李卜克内西未经他的同意就在《前进报》的社论——《目前革命应怎样进行》中断章取义地摘引了他那篇导言中的话。他写道："李卜克内西刚刚和我开了一个很妙的玩笑。他从我给马克思关于关于 1848—1850 年的法国的几篇文章写的导言中，摘引了所有能为他的、无论如何是和平的反暴力的策略进行辩护的东西……但我谈的这个策略仅仅是针对今天的德国，而且还有重大的附带条件，对法国、比利时、意大利、奥地利来说，这个策略就不能整个采用。就是对德国，明天它也可能就不适用了。"
③ 《普列汉诺夫哲学著作选集》第 2 卷，生活·读书·新知三联书店 1961 年版，第 563 页。
④ 《普列汉诺夫哲学著作选集》第 2 卷，生活·读书·新知三联书店 1961 年版，第 563 页。

科玉律：想要和平，就得准备战争。"①

在肯定暴力革命的同时，普列汉诺夫也强调："强力和暴力完全不是一回事。"② 他肯定米涅的观点：只有强力才能使自己的权利得到承认，除了强力之外再也没有其他的最高统治者。所以无论是第三等级与贵族斗争的时代，还是当今无产阶级与资产阶级的斗争，依然如此。他指出，如果企图使工人相信在资本主义社会里强力已不具有它在"旧制度"下的那种意义，那就对他们讲了"显然是惊人的谎话"，这只能延长和增加"分娩的痛苦"。在他看来，各个阶级的势力"总是决定于它的强力"，但强力还不是暴力，暴力只是强力的"表现形式之一"。无产阶级为了使它的势力得到承认，"并不一定总是需要暴力"。"暴力的作用有时缩小，有时扩大，这要以各该国家的政治制度为转移。"③ "无产阶级对于表现自己革命强力的形式的选择不是取决于它的善良的意志而是取决于环境。能更可靠和更快地导向对敌人胜利的形式就是最好的形式。"④

3. 最终目的：建立无产阶级专政政权

普列汉诺夫认为，暴力革命的最终目的是建立无产阶级专政，他批驳了伯恩施坦的无产阶级专政"倒退论"，强调某一个阶级的专政，就是该阶级的统治。这种统治可以使它支配社会上组织起来的力量维护自身利益，镇压威胁他利益的各种活动。凡是存在着阶级的地方，阶级斗争就不可避免，而凡是有阶级斗争的地方，相互斗争着的任何阶级都必然力求取得对敌人的完全胜利和彻底统治。普列汉诺夫明确指出，当资产阶级同封建贵族进行斗争的时候，当它确信无论多么剧烈的暴风雨也不会打沉它的航船的时候，资产阶级及其思想家对阶级专政的理解完全是另一回事，他们并不反对阶级专政。然而当无产阶级明显有力地表露出这一意图时，资产阶级及其思想家便喋喋不休地借口所谓"道德"和"正义"而加以责难和反对。说穿了这种责难和反对，只不过是出自资产阶级"自卫"的本能罢了。因此，无产阶级不能也不应当去赞扬没落时

---

① 《普列汉诺夫哲学著作选集》第2卷，生活·读书·新知三联书店1961年版，第564页。
② 《普列汉诺夫哲学著作选集》第2卷，生活·读书·新知三联书店1961年版，第562页。
③ 《普列汉诺夫哲学著作选集》第2卷，生活·读书·新知三联书店1961年版，第563页。
④ 《普列汉诺夫哲学著作选集》第2卷，生活·读书·新知三联书店1961年版，第442页。

期的资产阶级所呼吁的那种道德和正义。"达到政治统治地位的革命阶级只有当它用国家政权这一有利的武器打击反击势力时,只有在这个时候才保持得住这一统治,只有在那个时候才能比较安全地避免反动势力的打击。"① "谁擒住魔鬼,谁就不会放他。"普列汉诺夫引用浮士德的名言阐明了无产阶级专政的必要性。

关于社会主义者是否应该参加资产阶级政府的问题,普列汉诺夫持"不支持也不反对"的态度。他认为,要使无产阶级同资产阶级的斗争日益坚决,就必须逐步将无产阶级同资产阶级根本利益相对立的意识加以强化。一切能够说明这种意识的,都应当被认为是革命的工具,予以采纳;而一切足以蒙蔽这种意识的,则必须加以谴责和否定。"从这种观点出发,我认为社会主义者参加资产阶级的政府可能害多利少,因为参加的结果,将会削弱无产阶级的革命意识。"② 但他又指出,一切都不可绝对,要充分考虑个别特殊情况,即无产阶级政党在一定条件下可以同意让自身代表参加资产阶级政府,但决定权并非党员代表个人,而是全党集体讨论。普列汉诺夫一再强调,社会主义者只有在使资本主义制度加速瓦解这一直接而明确的目标下,"才可以决定参加资产阶级的政府。"③

总之,普列汉诺夫对暴力革命的捍卫,原则上是正确的,但在"二大"以后,普列汉诺夫便越发背离了马克思的暴力革命学说,特别是无产阶级专政的学说。在无产阶级最需要拿起武器暴力推翻资产阶级统治的时候,他极力宣扬新社会的"产婆"是"实力"而不是"暴力",公然反对无产阶级进行暴力革命。

(三)革命的性质:坚定俄国资产阶级民主革命特性

俄国革命性质问题的核心,就是俄国是否经历资本主义发展阶段。早在1881年,普列汉诺夫就意识到,资本主义已在俄国发展。他在给拉甫罗夫的信中说道:"正如您所知道的,我是持这样一种观点的,这已经是定论,俄国'已

---

① 《普列汉诺夫哲学著作选集》第 1 卷,生活·读书·新知三联书店 1961 年版,第 105 页。
② 《普列汉诺夫哲学著作选集》第 2 卷,生活·读书·新知三联书店 1961 年版,第 506 页。
③ 《普列汉诺夫哲学著作选集》第 2 卷,生活·读书·新知三联书店 1961 年版,第 506 页。

经走上自己发展的自然规律的道路',而其余一切道路……对我国来说都是走不通的。"① 而民意党人吉荷米洛夫在《我们所期待于革命的是什么》一文中,提出了民粹派的共同主张,即:"要造成实现社会主义制度所必需的物质条件,必须使俄国通过资本主义"的观点是"可悲"的。他们主张利用村社跨越资本主义,直接过渡到社会主义。所以,普列汉诺夫与民粹派争论的焦点就在于,究竟是"历史决定论"还是"历史跨越论"能更清楚地解释我国革命的前途命运问题。"是'必须'还是'毋须'经过资本主义的'学校'呢?这一问题的解决对于我们社会主义政党的任务之正确提出有极大的政治意义。"②

1. 历史一元论视野中的俄国资本主义发展问题

民粹派的"历史跨越论"认为,历史无"脚本",俄国可选一条超常规捷径,而不必重复西欧老路。普列汉诺夫则认为,这是典型的历史二元论主张,民粹派机械地将人的能动性和历史客观规律分割开来,成为两个独立的本原。事实上,规律和人并非历史上的两个相互作用的独立变量。规律处在人们的生产活动之中,人们通过自身劳动实践创造生产力,在此基础之上才会形成与之相适应的情感、意志和愿望,所以"愿望的东西是从必然的东西里面生长出来的"③。因此,普列汉诺夫强调,对俄国革命性质研究的注意力应当由"愿望的领域"转到"事实的领域",从主观的领域转到客观的领域。他对民粹派的论战也始终着力证明,资本主义在俄国的发展绝对不是'人为的'偶然结果,而是客观的、不可逆转的必然现实进程。

坚信历史发展基本规律的不可逆性,这是普列汉诺夫对唯物史观基本原则的坚持与把握。他深信:"当社会遵循着自己的自然规律所示的途径前进时,它既不能跳跃自己发展的那些自然阶段,也不能以命令废除它们。但是它可以缩短和减轻生育的痛苦。"④ 与民粹派主张的"可能的欧洲的可能的西方的可能的

---

① 转引自 [苏] 米·约夫楚克、伊·库尔巴托娃:《普列汉诺夫传》,宋洪训、纪涛、谢梅馨、李兴耕译,生活·读书·新知三联书店1980年版,第79页。
② 《普列汉诺夫哲学著作选集》第1卷,生活·读书·新知三联书店1961年版,第266页。
③ 《普列汉诺夫哲学著作选集》第1卷,生活·读书·新知三联书店1961年版,第142页。
④ 《普列汉诺夫哲学著作选集》第1卷,生活·读书·新知三联书店1961年版,第142页。

历史"① 相比，普列汉诺夫更关注俄国资本主义已经发展的社会现实。"深信俄国资本主义之历史必然性的社会主义者的一项最重要的任务，就在于缩短和减轻生育的痛苦。"②

其实，无论是民粹派寄予厚望的抵御资本主义经济发展的"人民意志"，还是民粹派自身的"革命家理想"，虽然背离客观规律，但并非空穴来风。这是资本主义冲击导致自然经济生活基础迅速瓦解的背景下，落后传统农民心理焦躁的一种表现。拿这种主观愿望与资本主义客观发展相抗衡，必定是滑稽可笑的。对于民粹派的这种革命愿望，普列汉诺夫讥讽道，"没有一个政党能喊叫说：'停住吧，生产力；不要动，资本主义！'历史不注意革命家们的担忧，正如它不注意反对派的悲叹一样。"③

2. 社会主义必胜信念支配下的俄国资产阶级革命观

普列汉诺夫之所以坚定俄国资产阶级革命性质，除了历史一元论的逻辑思维之外，也与他历史目的论的价值导向直接相关。即认为俄国资本主义在经过"必然的"发展阶段与高度发展阶段之后，资本主义"应该"被社会主义取代，历史"应该"走向社会主义。

首先，他遵从《资本论》中关于资本主义发展规律的原理，分析了俄国资本主义市场现状。以 19 世纪 60—70 年代以来俄国工人阶级显著增加的客观事实为依据，详细研究了当前农村社会经济生活中显现的商品经济化、农民人口逐渐向手工业和大工业转移等趋势，以此说明俄国自从 19 世纪 70 年代以来已经不再是严格意义上的农业大国，而正朝着近代手工业、现代资本主义工商业转型。民粹派眼中的"农业衰落"和"农村经济危机"从反面论证了俄国"农业向资本主义大工业从属"的客观历史进步过程。"许多地方的农业只剩余下回忆了。"④ 传统意义上的自然经济正逐渐消失，俄国开始向市场经济与资本主义过渡。尽管民粹派竭力忽视，但"资本主义却走着自己的路，继续打击独立生

---

① 《普列汉诺夫哲学著作选集》第 1 卷，生活·读书·新知三联书店 1961 年版，第 210 页。
② 《普列汉诺夫哲学著作选集》第 1 卷，生活·读书·新知三联书店 1961 年版，第 210 页。
③ 《普列汉诺夫哲学著作选集》第 1 卷，生活·读书·新知三联书店 1961 年版，第 62 页。
④ 《普列汉诺夫哲学著作选集》第 1 卷，生活·读书·新知三联书店 1961 年版，第 265 页。

产者，使得他们连自己不稳固的地位也保持不住，用它在西方实行得最有效验的办法来在俄国创造工人的队伍"①。

其次，普列汉诺夫以大量的事实说明，俄国资本主义发展已经取得了无可比拟的巨大成就，所以现在该是睁开眼睛注视现实的时候了。现在该是有勇气承认"不仅我国最近的将来，而且现在也是属于资本主义"的时候了。"所有的商业条件，所有一切生产关系的形成，越来越对资本主义有利。"② 所以普列汉诺夫认为，当前"时代的迫切问题，不论即将到来的西方社会主义革命将来会带来给我们什么，但是我们今天的迫切问题，仍然是资本主义生产。"③ 所以，民粹派的"跨越论"设想不仅错误，且业已过时。现在问题已经转变为"为什么它不在它已经进了的学校里毕业呢？"④ 俄国社会的一切新潮流，都反映了极其重要的意义，即："拥护资本主义的是我们社会生活的整个动态，是在社会机构运动时发展着的，同时其本身又决定社会机构运动的方向和速度的所有那些力量。反对资本主义的，只是某一部分农民的一些利益上的分歧，是那种时时使得每一落后的农业国家有文化的人痛苦地感觉到的惰性的力量。"⑤

基于上述分析，普列汉诺夫认为，俄国当前资本主义的发展是社会主义革命胜利的必要基础。俄国的最终目标是实现社会主义。这也遵循历史发展的客观规律。虽然民粹派也主张建立社会主义，但是它的社会主义观更多停留在道德层面，要求以个人从属于整体的"集体主义精神"为前提，主张生产资料的公有制。在生产力极度落后的自然经济时期，这样的主张不但不把资本主义发展当做条件，反而只能避免资本主义"个人主义的瘟疫"去实现。这实质上是散发着个人英雄主义和小农经济式的空想社会主义观。

普列汉诺夫揭穿了民粹派社会主义观的实质，他指出，除了充分发展的物质条件和进行革命的工人阶级外，没有其他任何保障可言，而这些条件的发展与成熟都是与资本主义的高度发展分不开的。俄国革命的前途"首先将是资产

---

① 《普列汉诺夫哲学著作选集》第 1 卷，生活·读书·新知三联书店 1961 年版，第 266 页。
② 《普列汉诺夫哲学著作选集》第 1 卷，生活·读书·新知三联书店 1961 年版，第 271 页。
③ 《普列汉诺夫哲学著作选集》第 1 卷，生活·读书·新知三联书店 1961 年版，第 272 页。
④ 《普列汉诺夫哲学著作选集》第 1 卷，生活·读书·新知三联书店 1961 年版，第 313 页。
⑤ 《普列汉诺夫哲学著作选集》第 1 卷，生活·读书·新知三联书店 1961 年版，第 314 页。

阶级的胜利和工人阶级政治以及经济解放的开始"①。所以，当前社会主义者的主要任务，就是"完全放弃夺取政权的念头，集中全力传播马克思的科学社会主义理论，帮助目前虽然还很弱小、但随着资本主义的发展必定成长壮大起来的工人阶级意识到他们的未来使命，以便尽快建立起工人阶级政党"②。只有政党的建立，才能和资产阶级达成同盟，共同对专制制度进行斗争，资产阶级革命的胜利必定为资本主义生产力的发展开辟广阔道路，也为无产阶级的发展奠定有利基础。普列汉诺夫强调，在这一斗争中，社会主义者既需要为争取资产阶级民主而奋斗，同时也应当保持自己的阶级独立性，为工人阶级争取到更可能多的阵地，这样就能在未来的资本主义发展时期顺利地开展工人阶级的阶级斗争，为将来的社会主义革命准备条件。

总之，普列汉诺夫以科学社会主义理论中关于历史发展进程的规律性为基础，为俄国社会前途、革命命运规划了蓝图。这一蓝图的核心是坚持历史发展的"不可超越性"，反对一切人为的"跳跃"企图。

二、"劳动解放社"时期为俄国革命作出的重大贡献

"劳动解放社"时期是普列汉诺夫一生最辉煌的时期，概括起来，他在以下四个方面为俄国革命和国际共产主义事业作出了重大贡献：首先，他翻译出版了大量马克思、恩格斯的重要著作，在俄国有组织地广泛传播马克思主义；其次，他发表了一系列论著，捍卫、论证和发展了马克思主义基本原理，批判了民粹主义、无政府主义、新康德主义、经济主义等在俄国社会盛行的各种错误思潮，并结合俄国革命实际，提出了一系列政治理论和革命实践主张；再次，他培养了一大批年轻革命骨干，同列宁一起创办了无产阶级报刊《火星报》和《曙光》杂志，草拟了规定无产阶级专政的党纲，为俄国马克思主义政党的建立做了大量卓有成效的工作；最后，作为国际共产主义运动的著作活动家，他加

---

① 《普列汉诺夫哲学著作选集》第 1 卷，生活·读书·新知三联书店 1961 年版，第 317 页。
② 《普列汉诺夫哲学著作选集》第 1 卷，生活·读书·新知三联书店 1961 年版，第 317 页。

强了俄国社会民主党同西欧社会民主党的联系，交流彼此革命经验，促进了无产阶级的国际团结。

（一）积极翻译马恩著作，广泛宣传马克思主义

在19世纪40年代马克思主义诞生以后。马克思和恩格斯的个别著作就有俄文版。[①] 到19世纪70年代为止，俄文版的马克思和恩格斯著作存在三方面问题：首先，翻译进程分散。翻译和出版马克思和恩格斯的著作并不是由权威机构按照规定日程有计划实施的，而是各革命民主主义者根据自己的兴趣爱好片面节选、分散进行。其次，翻译内容争议。整个翻译出版过程，都是自发进行，并没有经过权威机构的校对，所以译文质量很差，甚至有曲解原文的情况，争议较大。最后，出版传播低效。因为当时俄国无产阶级还没有成长为独立的政治力量，包括农民在内接受的是民粹主义革命主张，加上沙皇政府的查禁，所以这些译本并没有得到广泛传播。

普列汉诺夫领导的"劳动解放社"，是俄国第一个翻译出版马克思和恩格斯著作的革命团体，他们不遗余力将马克思和恩格斯的著作译成俄文出版并运回国内发行。普列汉诺夫将翻译和出版马克思、恩格斯的著作作为"劳动解放社"的首要任务，并和查苏利奇、捷依奇等成员一起亲自动手翻译马克思和恩格斯著作。虽然今天看来他们出版的马克思主义经典著作无论品种和数量都偏少，但在当时，由于俄国工人革命运动的兴起，对马克思和恩格斯的著作产生了极大需求，因此他们的翻译活动揭开了俄国无产阶级革命的序幕，使马克思主义开始在俄国社会土壤里生根发芽、茁壮成长。

普列汉诺夫领导的"劳动解放社"在19世纪八九十年代期间共翻译出版马克思、恩格斯著作10余种，包括全译或摘录的片段。[②] 同俄国以前翻译和出版

[①] 如《共产党宣言》（1869年）、《法兰西内战》（1871年）、《资本论》第1卷（1872年）等。

[②] 具体包括：(1)《共产党宣言》，普列汉诺夫译，1882年出第1版；(2)《雇佣劳动和资本》，捷依奇译，1883年出版；(3)《科学社会主义的发展》（即《社会主义从空想到科学的发展》，查苏利奇译并序，1884年出版；(4)《关于自由贸易的演说》，普列汉诺夫译并序，1885年出版；(5)《哲学的贫困》，查苏利奇译，1886年出版；(6)《费尔巴哈论》，普列汉诺夫译并序，1892年出版；(7)恩格斯《论俄国》（即恩格斯《论俄国的社会问题》），查苏利奇译，普列汉诺夫序，1894年出版；等等。

马克思和恩格斯的团体和个人相比,普列汉诺夫所领导的"劳动解放社"在从事这项有重大意义的工作时,有明显的新特征:

首先,版本权威。和以往的翻译相比,"劳动解放社"对马克思和恩格斯著作的翻译和出版,都是在恩格斯的亲切指导下进行的,起先恩格斯对普列汉诺夫的翻译活动是相当谨慎的,一方面由于普列汉诺夫过去的民粹主义主张,另外也是因为当时许多以"马克思主义者"自居的人往往名不副实。但"劳动解放社"的最初成果很快促使恩格斯改变了态度,他全力促进"劳动解放社"的出版工作,不断向他们提出指导性的建议,有时还寄去自己和马克思的原著供翻译。"劳动解放社"成了恩格斯委托有权出版他和马克思著作的唯一侨居国外的俄国革命团体。普列汉诺夫在翻译《共产党宣言》时曾通过拉甫罗夫与马克思、恩格斯保持联系,恩格斯肯定道:"翻译《宣言》是异常困难的,俄译本是目前我看到的所有译本中最好的译本。"① 他认为普列汉诺夫等人"做得很对,他们已经把《内战》一书中的这个地方载入自己的《宣言》译本的附录"②。查苏利奇在翻译马克思和恩格斯著作时,也与恩格斯进行了多次书信联系。当恩格斯从查苏利奇的来信中,得知她正着手翻译《社会主义从空想到科学的发展》时,于1883年11月13日回信说:"您说,正是您自己在着手翻译我的《发展》,这个消息使我非常高兴,我急切地等待着您的译著问世,并且非常珍视您给予的光荣。"③ 此书俄译本出版以后,查苏里奇立即把它寄给了恩格斯。1884年年初,她又告诉恩格斯她正在翻译马克思的著作《哲学的贫困》,请恩格斯寄一份马克思为此书的德文版所写的序言,还请恩格斯校阅了一遍俄文译文的清样并对译文提出意见。恩格斯在3月6日的回信中表示十分高兴,并随信给她寄去了马克思为《哲学的贫困》写的德文版序言,还告诉她准备把他为该书法文版写的注释寄给她,并建议她把马克思在1865年写的《论蒲鲁东》一文放在卷首。后来《哲学的贫困》一书俄文版于1886年在日内瓦出版。④ 正是与恩格

---

① 《马克思恩格斯全集》第36卷,人民出版社1975年版,第46页。
② 《马克思恩格斯全集》第36卷,人民出版社1975年版,第81页。
③ 《马克思恩格斯全集》第36卷,人民出版社1975年版,第71页。
④ 从保存在普列汉诺夫档案馆里的查苏利奇手稿来看,她的译文许多都经过普列汉诺夫的认真校对。

斯长期的书信联系，将马克思和恩格斯著作中所倡导的思想原汁原味传递到俄国，确保了翻译的准确。

其次，译文优质。"劳动解放社"时期出版的马克思和恩格斯著作，不仅种类超过了之前任何同类的团体和个人，而且译文质量高，深得恩格斯、列宁等人的好评。恩格斯说："日内瓦的几个俄文本——《宣言》等等，我很满意。"① 他认为查苏利奇翻译的《社会主义从空想到科学的发展》"译得好极了"②。恩格斯由于喜欢查苏利奇的俄文译本，在1894年曾专门宣布授予她用俄文翻译自己全部著作的权利。"劳动解放社"翻译的马克思和恩格斯著作的译本，在十月革命前都是品质最好的译本，十月革命后马克思和恩格斯著作的译本，也大都是以"劳动解放社"的译本为基础校订的。列宁于1914年谈到《共产党宣言》等各种俄文译本的质量时说："该书及马克思其他著作的完整和最确切的译本，大部分见'劳动解放社'在国外出版的版本。"③ "劳动解放社"翻译马克思和恩格斯的著作往往附上译者序、注释，以及马克思和恩格斯的相关著作或书目，即保证了品质的优异性，又方便读者全面地准确地理解马克思主义观点。

再次，导向革命。普列汉诺夫认为，出版马克思和恩格斯的著作，目的是为了更好地在俄国开展社会主义革命，所以在著作的选择、编辑和出版中处处体现了革命性的宗旨。由于沙皇政府将马克思和恩格斯的著作列入《禁止在俄国流传和翻译的图书目录》之中，因此"劳动解放社"成员要把俄文版的马克思和恩格斯的著作秘密运往俄国国内，必须冒着生命危险，冲破层层关卡，表现出忘我的革命精神和坚韧不拔的革命意志。④ 此外，由于"劳动解放社"是宣传马克思主义的革命团体，而非企业机构，这些书籍作为革命指导思想的宣传品定价低廉，所以"劳动解放社"的运转也举步维艰，经常缺乏经费，普列汉诺夫还要为筹划资金到处奔走，大家都是凭借一腔革命热情来忘我工作。

---

① 《马克思恩格斯全集》第36卷，人民出版社1975年版，第97页。
② 《马克思恩格斯全集》第36卷，人民出版社1975年版，第123页。
③ 《列宁全集》第26卷，人民出版社1990年版，第84页。
④ "劳动解放社"主要成员捷依奇曾为此被批捕，流放西伯利亚达16年之久。"劳动解放社"印刷所主任谢·格·赖钦也为此于1892年4月被捕并被流放。

最后，信仰坚定。以往翻译马克思主义著作的团体或个人都是无政府主义者或民粹主义者。虽然他们与马克思和恩格斯有过交往，但他们并不信仰科学社会主义，不是真正的马克思主义者。他们翻译马克思主义著作，或是因为个人兴趣，或是介绍一种学说，并非要在俄国推行马克思主义。而"劳动解放社"传播马克思主义理论则是为了俄国人民的彻底解放，这种崇高信仰使"劳动解放社"和俄国国内马克思主义小组建立并保持密切联系："劳动解放社"翻译的马克思主义著作在国内各革命小组中传阅研读，因书不够用，往往在俄国国内秘密印刷所内翻刷，甚至手抄。国内同志经常把情况和实际需求告知"劳动解放社"，他们彼此学习，互相鼓舞，推动了俄国共产主义运动的迅速发展。①

总之，普列汉诺夫和他的同志们通过自己的翻译，在俄国大地上广泛散播马克思主义的种子，开创了俄国无产阶级革命的新时代。包括列宁在内的很多俄国无产阶级革命家，都曾从"劳动解放社"出版的马克思、恩格斯著作中，学习马克思主义，掌握革命理论。这充分表明"劳动解放社"在俄国传播马克思主义方面的巨大作用和深远影响。可以说，它为俄国培育了一整代马克思主义者。

（二）批判各种错误思潮，捍卫马克思主义原理

在"劳动解放社"期间，普列汉诺夫和他的同志们通过翻译马恩著作以及普列汉诺夫自己的著作，在俄国大地上散播了无数马克思主义的种子，开创了俄国无产阶级革命的新时代。如果说他们的译作告诉当时俄国的先进工人和革命知识分子什么是马克思主义，什么是科学社会主义，给了他们一个正确的世界观和方法论，那么普列汉诺夫根据马克思、恩格斯的思想理论，结合俄国现实写成的一系列著作就具体回答了革命实践中的种种问题，形成了一系列的革命主张。从这个角度来说，普列汉诺夫的著作产生的影响大大超过了他的译作。

---

① 经常学习普列汉诺夫译著的革命小组有：季米特尔·尼古拉也维奇·布拉戈耶夫于1883年12月份在彼得堡创立的"布拉戈耶夫小组"（后改名为"俄国社会民主党"）、托奇斯基于1885年创立的"彼得堡产业工人联合会"、布罗斯涅夫于1889年建立的"社会民主党联合会"、尼·叶·费多谢也夫建立的马克思主义小组等。

在此期间，普列汉诺夫写了许多优秀作品，包括专著、小册子、论文、书评、序、跋、演讲等，共约140多种，此外还有大量的书稿和未刊稿。① 与同时期欧洲其他马克思主义理论家相比，普列汉诺夫对马克思主义的研究和介绍，有其自身独特之处，呈现出以下四个显著特点：

首先，普列汉诺夫十分重视马克思主义的理论完整性和系统性。他认为："马克思主义是一个完整的世界观……这个世界观的历史方面和经济方面，也就是所谓历史唯物主义以及同它有密切联系的对于政治经济学的任务、方法和范畴的见解。"② "马克思的社会主义有自己的哲学，正如它有自己的历史观和政治经济学一样。"③ 正如马克思主义分为辩证唯物主义、历史唯物主义、马克思主义政治经济学、科学社会主义等方面，④ 研究马克思主义革命思想也必须从哲学基础、经济基础和科学社会主义方面进行系统归纳阐述。普列汉诺夫对马克思主义各组成部分之间的关系做了阐释。他指出："现代社会主义的创始人是唯物主义的坚决拥护者。唯物主义是他的整个学说的基础。"⑤ 而马克思主义政治经济学则是以唯物主义方法来研究政治经济学，使政治经济学成为一门科学。"第一次使经济学家们的那种拜物主义宣告结束。"⑥ 在政治经济学中马克思"采取了同样的观点，和他说明历史时所取的一样：人们在生产过程中的关系的观点"⑦。普列汉诺夫认为马克思在《资本论》中熟练地运用了革命的辩证法。他还阐明了科学社会主义与马克思主义的关系，认为："唯物主义历史观是科学社会主义的必要基础。"⑧

---

① 这些著作涉及政治、哲学、经济、美学、文艺、宗教、伦理、历史等领域。其中最具有影响力的是：《社会主义和政治斗争》《我们的意见分歧》《没有地址的信》《车尔尼雪夫斯基》《黑格尔逝世六十周年》《论一元论历史观之发展》《无政府主义和社会主义》《唯物主义史论丛》《论个人在历史上的作用问题》以及反对伯恩施坦主义和司徒卢威主义的两组论文等。
② 《普列汉诺夫哲学著作选集》第3卷，生活·读书·新知三联书店1952年版，第134页。
③ 《普列汉诺夫哲学著作选集》第2卷，生活·读书·新知三联书店1951年版，第377页。
④ 他没有像列宁论述马克思主义理论组成时那样明确地把马克思主义划分为哲学、政治经济学和科学社会主义三个组织部分。
⑤ 《普列汉诺夫哲学著作选集》第2卷，生活·读书·新知三联书店1961年版，第377页。
⑥ 《普列汉诺夫哲学著作选集》第2卷，生活·读书·新知三联书店1961年版，第208页。
⑦ 《普列汉诺夫哲学著作选集》第2卷，生活·读书·新知三联书店1961年版，第209页。
⑧ 《普列汉诺夫哲学著作选集》第3卷，生活·读书·新知三联书店1962年版，第60页。

针对资产阶级学者割裂马克思主义各组成部分,阉割马克思主义革命灵魂的做法,普列汉诺夫一再强调研究马克思主义革命思想,必须把它放置在整个马克思主义有机统一的整体中。他指出:"马克思主义是一个完整的世界观,读了《反杜林论》就很容易理解这一点。这个世界观的每一个方面,都同其余一切方面极其密切地联系着,并且每一方面都在阐明其余的一切方面,从而有助于对其余一切方面的理解。"① 普列汉诺夫反对把马克思主义割裂出某一方面而只承认这一方面,取消或者忽视其余的方面,认为"这样做,就是歪曲马克思主义,逐出它的灵魂,而把这一生气勃勃的理论变成了思想僵尸,甚至进而把自己的全部注意力只集中在这具僵尸的某一个器官上"②。

其次,普列汉诺夫在介绍和研究马克思主义时,十分强调这一思想的战斗性,认为它是广大劳动人民推翻剥削制度、争得解放的理论。马克思主义"是现代'革命的代数学'。凡是想要同我们现存秩序进行自觉斗争的人们,都必须了解这种学说"③。这一学说"对文明人类的现代革命运动的关系,正如某个时候——他们中间的一个所说的——先进的德国哲学之对于德国解放运动的关系一样:他们的学说是它的头脑,正如无产阶级是它的心脏"。④ 他强调只有无产阶级才能彻底掌握它。"资产阶级今天已经变成一个反动的阶级:它正在努力'逆转历史的轮子'。它的观念形态已经完全不能了解马克思的发现的巨大科学价值。与此相反,无产阶级却用马克思的历史理论来作为它的解放斗争中最可靠的指南。"⑤ "这个理论,这个由于它的所谓宿命论把资产阶级吓坏了的理论,灌输给无产阶级以无比的干劲!"⑥ 普列汉诺夫从马克思主义的整体视角出发,进一步指出:"马克思的经济、历史和哲学的思想,只有无产阶级的思想家才有可能接受这些思想的全部革命的内容,因为无产阶级的阶级利益不是要保持资

---

① 《普列汉诺夫哲学著作选集》第3卷,生活·读书·新知三联书店1962年版,第216页。
② 《普列汉诺夫哲学著作选集》第3卷,生活·读书·新知三联书店1962年版,第216页。
③ 《普列汉诺夫哲学著作选集》第2卷,生活·读书·新知三联书店1961年版,第822页。
④ 《普列汉诺夫哲学著作选集》第1卷,生活·读书·新知三联书店1961年版,第70页。
⑤ 《普列汉诺夫哲学著作选集》第2卷,生活·读书·新知三联书店1961年版,第212页。
⑥ 《普列汉诺夫哲学著作选集》第2卷,生活·读书·新知三联书店1961年版,第212页。

本主义制度，而是要消灭资本主义制度，要进行社会革命。"①

普列汉诺夫从批判民粹派时，就坚决捍卫这一观点。他认为：马克思主义是指导俄国无产阶级取得反对沙皇专制斗争胜利的锐利武器。他回顾了马克思主义在俄国的传播历史，指出沙皇政府和资产阶级从前把马克思主义看作猛兽，而现在则把马克思主义看作"办公室里时髦的东西"②。这种从公开批判诽谤，到津津有味地谈论、阉割马克思主义，正从反面证明马克思主义是不可战胜的。普列汉诺夫坚信："马克思理论的命运证明了马克思理论的正确性。而这不仅在俄国是如此。"③

再次，普列汉诺夫是在同各种社会思潮斗争中介绍和研究马克思主义理论的。他对马克思主义的研究，回击了修正主义者对马克思主义的歪曲和篡改。他的马克思主义著作，有力地批判了民粹主义、伯恩施坦主义、合法马克思主义和经济主义等一系列错误思潮，这些著作充满了战斗气息，对于捍卫马克思主义的纯洁性，区别所谓真假马克思主义，具有深远的指导意义。同时，批判的本身也是对马克思主义的丰富与发展。普列汉诺夫指出修正主义者的实质是抹煞马克思主义的革命内容。他说："'批评家们'的思想方式正是由他们的社会地位来决定的；他们起来反对'教条的盲目信仰'时，实际上他们不过是反对马克思理论的社会革命内容而已。"④ "批评家们宣布马克思和恩格斯所得出的结论过时了，但他们却拿不出任何新的东西来代替它们，仅仅限于一方面空洞而又枯燥地重复'批判'这个名词，另一方面就是回到马克思和恩格斯同时代甚至早一时代资产阶级学者的观点。"⑤ 因此，普列汉诺夫认为："这样的批判对于克服教条主义没有任何帮助，这样的运动在任何情况下也不能叫做前进的运动。"⑥ 要想保卫马克思主义革命思想的纯洁性，就必须反对各种修正主义

---

① 《普列汉诺夫哲学著作选集》第2卷，生活·读书·新知三联书店1961年版，第825—826页。
② 《普列汉诺夫哲学著作选集》第2卷，生活·读书·新知三联书店1961年版，第823页。
③ 《普列汉诺夫哲学著作选集》第2卷，生活·读书·新知三联书店1961年版，第823页。
④ 《普列汉诺夫哲学著作选集》第2卷，生活·读书·新知三联书店1961年版，第823页。
⑤ 《普列汉诺夫哲学著作选集》第2卷，生活·读书·新知三联书店1961年版，第514页。
⑥ 《普列汉诺夫哲学著作选集》第2卷，生活·读书·新知三联书店1961年版，第514页。

和教条主义。

最后，普列汉诺夫在介绍和研究马克思主义时，并不拘于重复、教条化理解马克思主义的基本原理，而且十分注重在现实斗争中进一步丰富和发展马克思主义理论。他认为马克思主义并不是一成不变的教条，而是生机勃勃的革命学说，理应在革命斗争中不断向前发展。他援引黑格尔的名言盛赞马克思主义是"最发展的、最丰富的、最具体的"①。普列汉诺夫认为，修正主义者对马克思主义的歪曲和篡改，暴露了他们的无能和无知。对于这种批判，不应害怕，因为只有在同各种修正主义革命思潮的斗争中，马克思主义才能够不断发展，马克思主义革命观是科学的理论，"比他们在盛行一时的时代所拥有的基础坚固得多"②。同时普列汉诺夫也强调，要下苦功夫去学习马克思主义，掌握马克思主义的革命精髓，着重研究马克思主义很少涉及或者没有涉及的领域，去完善马克思主义理论中的不足，这样才能不断丰富和发展马克思主义。"为了真正批判马克思主义，只有一个办法：正确掌握它的唯物主义方法，并运用这一方法来研究马克思及其朋友和战友恩格斯很少研究过或根本没有研究过的历史发展的那些方面……只有采用这样的办法，才可以发现一切科学方法的弱点，如果真有这些弱点的话。"③ 这是普列汉诺夫向所有马克思主义者提出的一项光荣而艰巨的任务，他本人也正是这样从事对马克思主义的研究和探讨，只可惜到了晚年他未能言行一致，贯彻到底。

对于普列汉诺夫的著述，恩格斯、列宁都给予了高度评价。恩格斯在给查苏利奇的信中指出："我感到自豪的是，在俄国青年中有一派真诚地、无保留地接受了马克思的伟大的经济理论和历史理论，并坚决地同他们前辈的一切无政府主义和带有一点斯拉夫主义的传统决裂。如果马克思能够多活几年，那他本人也同样会以此自豪的。"④ 当看到《新时代》发表的《黑格尔逝世六十周年》以后，恩格斯高兴地写道："普列汉诺夫的几篇文章好极了。"⑤ 和恩格斯一样，

---

① 《普列汉诺夫哲学著作选集》第2卷，生活·读书·新知三联书店1961年版，第162页。
② 《普列汉诺夫哲学著作选集》第2卷，生活·读书·新知三联书店1961年版，第162页。
③ 《普列汉诺夫哲学著作选集》第3卷，生活·读书·新知三联书店1962年版，第219页。
④ 《马克思恩格斯选集》第4卷，人民出版社2012年版，第574页。
⑤ 《马克思恩格斯全集》第38卷，人民出版社1972年版，第236页。

列宁也十分推崇普列汉诺夫的著作。他把普列汉诺夫第一本马克思主义著作《社会主义和政治斗争》同《共产党宣言》并列起来，称其为俄国社会主义的第一个信条。总之，尽管普列汉诺夫对马克思主义的研究与阐述也存在着某些不足，但成绩是主要的，他对马克思主义的研究和介绍，取得了可喜的成就。

（三）培养革命骨干，筹建马克思主义政党

人们通常认为，"劳动解放社"是一个马克思主义著作家团体，普列汉诺夫的主要历史功绩在于他的理论活动，这并不全面。实际上"劳动解放社"自成立那天起，就抱定"在俄国宣传社会主义思想和培养组织俄国工人社会主义政党"① 的目的。它号召"把俄国全体劳动居民的这些先进代表组织为具有符合全体俄国生产者阶级当代需要和社会主义基本任务的确定的社会政治纲领的、彼此有联系的秘密小组"②，并在此基础上"组成革命的工人党"③。普列汉诺夫等"劳动解放社"的成员们不仅这样说，也是这样做的，他们在传播马克思主义的同时，总是千方百计地同俄国各革命小组和先进知识分子建立联系。④ 可惜，所有这些小组都相继受沙皇政府的镇压而不复存在。1887—1890年是"劳动解放社"最为困难的时期，同俄国国内各革命小组的联系几乎全部中断，他们的一切努力都没有取得积极明显的成果。普列汉诺夫后来回忆道："革命运动的能量被已经过去的七十年代的紧张状态消耗完了。由于这个原因，我们的思想尽管取得了个别的成功，但是应当经过一个准备时期。"⑤

与国内无法建立长期稳定的联系不同，在此期间国外的许多城市成立了以"劳动解放社"纲领为宗旨的革命小组，这是普列汉诺夫等社员一项无可否认的功绩。由于瑞士、奥地利、德国等西欧国家有不少俄国留学生，他们关心国内

---

① 《普列汉诺夫哲学著作选集》第1卷，生活·读书·新知三联书店1961年版，第410页。
② 《普列汉诺夫哲学著作选集》第1卷，生活·读书·新知三联书店1961年版，第413页。
③ 《普列汉诺夫哲学著作选集》第1卷，生活·读书·新知三联书店1961年版，第418页。
④ 先后建立联系的有：莫斯科的翻译出版工作者协会（1883年秋至1884年）、包括敖德萨在内的俄国南方一些革命小组（1883—1885年）、彼得堡的布拉戈耶夫小组（1385年）、明斯克的一些小组（1887年）以及以圣彼得堡手工协会出名的托奇斯基小组。
⑤ 《普列汉诺夫哲学著作选集》第1卷，生活·读书·新知三联书店1961年版，第418页。

社会动态，普列汉诺夫坚持在这些青年中开展工作，通过散发出版物、学术演讲和个人会晤等方式，积极宣传科学社会主义理论。沙皇政府的持续镇压促使国内革命团体纷纷逃亡国外，他们很快与"劳动解放社"取得联系，随着出国流亡的人数逐渐增加，于是产生了成立统一组织，以便把革命力量团结起来的要求。1888年秋在普列汉诺夫的指导下，"俄国社会民主主义同盟"成立。"劳动解放社"作为完全独立的组织加入同盟。同盟的主要功绩之一就是帮助"劳动解放社"恢复了同国内的联系。但总体而言，1895年以前，"劳动解放社"同国内革命组织的联系是不稳定的，正如列宁所说："这是社会民主派的理论和纲领产生和巩固的时期。当时俄国拥护新思潮的人还寥寥无几。当时社会民主派是在没有工人运动的条件下存在的。它作为一个政党当时还处在胚胎发育的过程中。"①

1895年2月，根据列宁的倡议而在彼得堡召开的俄国各城市社会民主主义者团体联席会议，决定在国外组织出版通俗的工人读物，以便实现从狭小小组范围内进行马克思主义宣传向开展广泛的群众性政治鼓动的转变，进而把全俄国的革命社会社会民主主义小组统一为强大的工人政党。为达到这一目的，列宁同"劳动解放社"取得了联系，并第一次与普列汉诺夫等人会晤。会晤"极大地鼓舞了格奥尔基·瓦连廷诺维奇……俄国在诞生马克思主义小组、无产阶级运动！巨大的劳动，充满精神痛苦和物质痛苦地生活，一切都经受过了，一切都不再想了"②。

1895年列宁回到彼得堡，建立了"彼得堡工人阶级解放斗争协会"，第一次在俄国开始实现社会主义和工人运动的相结合，这是依靠俄国工人运动革命政党的早期萌芽。他付出了巨大努力来实现与"劳动解放社"的预定合作，但是随着列宁被捕，这一合作计划遭受了重大挫折。后来"劳动解放社"成员一致表示，和列宁等同志们的接触根本上改变了他们与俄国社会民主主义小组和组织之间的相互关系，在列宁离开的情况下，"劳动解放社"成员仍

---

① 《列宁选集》第1卷，人民出版社2012年版，第455页。
② [苏]米·约夫楚克、伊·库尔巴托娃：《普列汉诺夫传》，宋洪训、纪涛、谢梅馨、李兴耕译，生活·读书·新知三联书店1980年版，第173页。

然同彼得堡工人阶级斗争协会保持联系,有力地批判了协会内部日益抬头的经济主义思潮。

列宁在《火星报》创立之初,便考虑到,普列汉诺夫和"劳动解放社"的其他成员在马克思主义理论宣传上有丰富经验,在俄国工人阶级中有着崇高威望,对俄国革命运动会有巨大的影响。所以,创办《火星报》必须吸收"劳动解放社"成员,特别是得到普列汉诺夫的大力支持和密切合作。"我们并不认为,不要像普列汉诺夫和'劳动解放社'那样的力量而进行工作是可能的,但谁也无法由此得出结论说,我们会失去我们独立性的哪怕一小部分。"① 俄国第一份马克思主义报刊——《火星报》的发行,对于粉碎俄国经济派,筹备社会民主工党第二次代表大会,都具有重要作用。列宁和普列汉诺夫积极撰稿,创作了大量宣传马克思主义的卓越成果。② 列宁指出:"45 号《火星报》没有一号不是马尔托夫或列宁编的(从编辑技术工作来说)。除了普列汉诺夫,谁也没有提出过一个重大的理论问题。"③

尽管普列汉诺夫的观点难免存在各种缺陷,但总的来说,这一时期他是和列宁并肩作战的。"这是普列汉诺夫本人创作活动最繁荣的时期,是俄国革命者对他的功绩赞扬最多的时期……他的声望随着他的著作一本一本地问世而越来越高。"④ 他们积极宣传马克思主义,把俄国社会民主工党置于马克思主义理论的坚实基础之上,为俄国无产阶级政党的建设起了巨大作用。

(四)加强同欧洲革命党联系,促进无产阶级国际团结

"劳动解放社"不仅是俄国工人运动的产物,而且是国际工人运动的直接成果。它自诞生之日起就把自己定为世界无产阶级运动的参与组织者。它的成员无论在哪个国家,都积极参加当地工人阶级的革命实践斗争。恩格斯在世时对

---

① [苏]福米娜:《普列汉诺夫的哲学观点》,汝信译,生活·读书·新知三联书店 1963 年版,第 240 页。
② 据统计,在旧《火星报》(1—51 号)上,列宁发表文章 57 篇,普列汉诺夫发表文章 37 篇,而在《曙光》杂志上列宁发表的文章数为 5 篇,普列汉诺夫为 20 篇。
③ 《列宁全集》第 8 卷,人民出版社 1986 年版,第 15 页。
④ [苏]米·约夫楚克、伊·库尔巴托娃:《普列汉诺夫传》,宋洪训、纪涛、谢梅馨、李兴耕译,生活·读书·新知三联书店 1980 年版,第 225 页。

他们的革命活动不仅从思想上加以指导,而且在具体事务上也不断给予多方面帮助。在恩格斯的帮助下,"劳动解放社"很快同西欧各社会民主党建立了战斗联盟。这一时期普列汉诺夫同西欧各社会民主党的领导人和理论家都保持着密切往来。① 他们的交往,主要通过以下方式:参加第二国际各次代表大会和欧洲各国社会民主党的代表大会以及各种群众性会议;同各党的领导人保持通讯联系;同各党的领导人交换对马克思主义理论和革命实践斗争问题的看法,交流各国工人运动的经验。

普列汉诺夫通晓德、英、意等多国语言,这对他进行国际交流提供了便利条件。他在西欧诸国的社会主义出版物上先后发表了一系列文章,大多是用法文撰写。"劳动解放社"成员定期在德国社会主义刊物上介绍俄国工人运动的发展情况,积极给法国工人党中央机关刊物《社会主义者》提供通讯和述评。普列汉诺夫不止一次地应邀参加欧洲各国社会主义政党和组织的代表大会,及其各种集会,并在会上作了充满国际主义精神的发言。② 这一切对于阐述和捍卫科学社会主义理论,帮助各国马克思主义者批判各种错误思潮,以及向国际无产阶级正确说明俄国的现实情况,诠释俄国社会民主党人对当前重大理论问题和实践问题的态度立场,都起了重大积极效果。库尔巴托娃正确地指出:"在九十年代,劳动解放社是联系俄国工人运动和外国工人运动的重要环节。他们同欧洲各社会党所有杰出的个人接触,普列汉诺夫作为马克思主义理论家的权威,有助于巩固九十年代走上国际舞台的俄国社会民主党人的国际联系。"③

普列汉诺夫参加了1889年在巴黎举行的第二国际成立大会,并在会上发表了著名演说。他首先介绍了俄国工人运动的现状,并指出了俄国工人运动发展

---

① 书信往来最为频繁的是盖得和考茨基,其次是威·李卜克内西、倍倍尔、蔡特金、梅林、拉法格、马克思的两个小女儿、爱·艾威林、罗·卢森堡、王德威尔得、安·布拉里奥拉、布拉戈耶夫等。

② 普列汉诺夫曾一再表示坚决支持波兰的革命和独立,帮助保加利亚的社会主义者反对自己的民粹派。19世纪八九十年代里,普列汉诺夫的几乎全部著作都有保加利亚文译本,并在保加利亚先进青年中广泛传播。

③ 转引自高放、高敬增:《普列汉诺夫评传》,中国人民大学出版社1985年版,第41页。

的光明前景。他认为:"无论如何,革命的俄罗斯不仅不应该站在欧洲现代社会主义运动之外,相反地,它今天同欧洲现代社会主义运动接近起来,必将给世界无产阶级的事业带来巨大的好处。"① 他谴责"俄国沙皇是戴上皇冠的宪兵",明确地指出:"俄国专制制度的崩溃等于国际革命运动在全欧洲的胜利。"② 其次,他批驳了民粹派作家把俄国描写成经济结构与西方毫无共同之处的特殊体,竭力证明俄国资本主义工厂大工业已经成长起来,由于农村公社的瓦解而形成的无产阶级,将给专制制度以致命性的打击。最后,他为俄国人民的革命斗争做了科学的定论。他指出:"我国革命思想家的力量和自我牺牲精神,足以反对沙皇个人,但对战胜沙皇制度这一政治制度,就显得非常微弱了。"③ 因此,普列汉诺夫号召道:"我国革命知识分子的任务是,应该掌握现代科学社会主义的观点,并在工人中加以传播,利用工人的力量攻克专制壁垒。俄国革命运动只有作为工人革命运动,才能取得胜利。我们没有也不可能有别的出路。"④

  普列汉诺夫的演说,改变了西欧革命政党对俄国贫穷落后,工人阶级斗争发展缓慢的看法,此后以"劳动解放社"为代表的俄国社会主义力量开始被各国社会党领袖公认为是欧洲社会民主主义组织中一支不可忽视的队伍。1893年8月在苏黎世召开的第二国际第三次代表大会上,普列汉诺夫受战争问题委员会委托,就反对军国主义问题做了重要报告,有力批判了纽文胡斯的无政府主义思想,捍卫了威·李卜克内西和倍倍尔在提案中所阐明的立场;重申了布鲁塞尔大会关于反对军国主义的决议,号召各国社会民主党全力反对本国统治阶级的沙文主义野心。普列汉诺夫指出,只有摧毁作为军国主义和战争根源的资本主义制度,才能消灭战争,赢得世界和平。

---

① [苏] 伊·布拉斯拉夫斯基:《第一国际第二国际历史资料(第二国际)》,中国人民大学编译室译,生活·读书·新知三联书店1964年版,第11—12页。
② [苏] 伊·布拉斯拉夫斯基:《第一国际第二国际历史资料(第二国际)》,中国人民大学编译室译,生活·读书·新知三联书店1964年版,第11—12页。
③ [苏] 伊·布拉斯拉夫斯基:《第一国际第二国际历史资料(第二国际)》,中国人民大学编译室译,生活·读书·新知三联书店1964年版,第12页。
④ [苏] 伊·布拉斯拉夫斯基:《第一国际第二国际历史资料(第二国际)》,中国人民大学编译室译,生活·读书·新知三联书店1964年版,第12页。

随着第二国际活动范围的扩大，工人运动组织水平需要进一步提高，1900年巴黎第五次代表大会决定成立国际社会党执行局作为最高组织机构。普列汉诺夫由于自己多年来为马克思主义的胜利所作出的卓越业绩，光荣入选。从这时起他便担任了俄国社会民主党驻第二国际领导机构常驻代表。1903年以后，尽管布尔什维克和孟什维克的政治分歧不断加深，但是分歧的双方仍共同拥护他为俄国社会民主党参加国际局的代表。列宁之所以同意，并不是没有道理，普列汉诺夫同欧洲各国的马克思主义者一起，在第二国际前四次代表大会上，同各种修正主义者做了坚决斗争，捍卫了马克思主义原则，促进了各国工人阶级的国际团结，推动了世界工人运动的健康发展，为世界无产阶级革命事业做出了可贵贡献。但是也应该看到，普列汉诺夫同西欧其他各国马克思主义者一样，对机会主义的蔓延警惕性不够，斗争力度不强。

三、"劳动解放社"时期革命主张中的不足

当然，即使在一生最为光辉的20年，普列汉诺夫在"劳动解放社"时期也存在一些不足。作为一名学者型的革命家，普列汉诺夫对俄国革命道路问题的研究，更侧重于理论探讨。无论是他在揭露民粹主义思想的反动性，还是与修正主义腐朽性交锋时，虽然他都令人信服地证明了马克思主义的正确性，但核心都是对错误思潮的理论分析和批判。他对理论问题的注意大大超过了对政治斗争和革命策略的关注。这种从书本寻找答案的交锋方式，也使得他产生了对待马克思主义教条化的色彩。

另一方面，长期侨居国外，使普列汉诺夫的理论著作越发脱离俄国现实。只要把这一时期他和列宁就俄国革命道路的论述做一番对比，便不难找出普列汉诺夫后期转向孟什维主义的思想轨迹。决定这种转变的一个基本动因是：19世纪90年代末，普列汉诺夫没有进一步研究俄国社会现实的经济关系，特别是土地关系。对此，恩格斯曾一再转告普列汉诺夫，应该"认真研究俄国的土地

问题"① 这个"俄国的根本问题"。"普列汉诺夫应该主要从事科学著作,特别是关于土地问题著作的研究,这是值得他去做的,但不是写论战性的文章,而是研究一些实际问题。"② 可惜普列汉诺夫未能遵从恩格斯建议,这在一定程度上决定了普列汉诺夫晚年悲剧性的命运。反之,列宁填补了普列汉诺夫的遗憾,他的整个革命策略是建立在深刻分析俄国经济现实的基础之上的。③ 因此,从某种意义上看,恩格斯的建议正是联接马克思主义与俄国革命实际的桥梁,而酝酿着普列汉诺夫孟什维主义策略的两个关键问题——对待俄国自由资产阶级的态度和农民在俄国资产阶级民主革命中的作用和地位的错误观点,正是来源于缺乏深入研究俄国现实的经济关系。

具体而言,首先,普列汉诺夫过分夸大了资产阶级关系在俄国社会的增长速度,对改革后农奴制的残余估计不足,所以他认为封建君主制的阶级性质发生了本质变化。"亚历山大二世是资产阶级的沙皇,正如尼古拉是军人和贵族的沙皇一样。"④ 实际上,1861年的改革只是封建君主制转变为资产阶级君主制道路上的第一步,直到十月革命前,农奴制的残余势力在俄国依然十分强大。这是出乎普列汉诺夫意料的。

由于普列汉诺夫论证了俄国资本主义发展的客观事实,他对民粹派的批判就从"农民社会主义"的空想开始。他认为,农民不能自己在村社中"创立社会主义组织",即农民不能在国家范围内建立社会主义组织。俄国必须遵循马克思科学社会主义的规划,不能跳过资产阶级革命。虽然普列汉诺夫正确指明了当前俄国革命性质,但是他错误地把希望寄托在俄国资产阶级的"政治教育"上,寄托在资产阶级参加"民主阵营"上。他肯定俄国资产阶级是一个革命阶级,号召资产阶级在沙皇制度的斗争中应当起领导作用。他宣扬资产阶级宪法的益处,强调保障资产阶级反对派的利益。但是他忽视了

---

① 《马克思恩格斯全集》第45卷,人民出版社1985年版,第766页。
② 中央编译局编:《回忆恩格斯》,人民出版社2005年版,第125页。
③ 只要回忆一下《俄国资本主义的发展》《社会民主党在1905—1907年俄国第一次革命中的土地纲领》这样一些著作的基本内容,很容易看出他们同列宁策略思想之间的密切联系。
④ 转引自[苏]福米娜:《普列汉诺夫的哲学观点》,汝信译,生活·读书·新知三联书店1963年版,第96页。

一个重要事实：俄国工业发展已经把资产阶级与封建沙皇专制绑在一起，资产阶级的反革命性暴露无遗。由于普列汉诺夫坚信俄国的未来属于资产阶级，当前俄国革命是资产阶级革命，所以他对资产阶级宪政抱有幻想，他号召无产阶级与资产阶级自由派结成政治同盟，支持放弃无产阶级领导权的阶级斗争路线。

其次，普列汉诺夫在揭露民粹主义本质时，也表现出了重理论轻实际的态度。虽然他阐述了民粹主义产生的原因，但撇开俄国社会实际，把民粹主义看作是西欧空想社会主义影响下各社会主义流派和学说的杂烩。他认为民粹主义是走着以斯拉夫主义去改造西欧社会主义的道路。他没有解决民粹主义的产生、阶级根源和社会本质的问题。他认为民粹主义是在俄国社会政治发展中没有根源的纯粹知识分子运动。因此他不能正确评价民粹主义在俄国社会运动中的历史意义。

由于普列汉诺夫没有指出民粹主义与俄国社会阶层的联系，所以对小生产者的两重性和矛盾性理解不足。他忽视了19世纪70年代的民粹派的民主性，这是他对农民民主运动在推翻沙皇专制制度和农奴制度的斗争中的力量和意义估计不足的结果。直到19世纪90年代，他对农民的革命能力依然抱有这一看法。他不理解工人阶级领导下的农民，在反对专制制度的斗争中是能够起到重大作用的。普列汉诺夫没有意识到，帝国主义时代下俄国资产阶级革命的基础仍是争取消灭地主土地所有制的斗争，因此土地问题具有头等意义，农民在俄国的资产阶级民主革命中将起到重大作用。这种忽视只能造成一种结论：对农民的革命能力估计不足。尽管普列汉诺夫也强调在农村中进行宣传的重要意义，阐明产业工人能够帮助社会民主党和人民汇合的事实，并不意味着忽视农民，而"是在寻找影响农民的更有效的方法"①。但普列汉诺夫并没有彻底贯彻这一思想，在他的一系列文献中，更多的是论证农民"保守性"、对政治漠不关心。随着普列汉诺夫向孟什维主义的转变，他在此问题的错误倾向越来越明显。他

---

① 转引自［苏］福米娜：《普列汉诺夫的哲学观点》，汝信译，生活·读书·新知三联书店1963年版，第99页。

主张自由资产阶级是无产阶级在对沙皇制度的斗争中的主要同盟者,因此蓄意建立工人阶级和自由资产阶级的联盟。

再次,普列汉诺夫对俄国资产阶级革命的理解仍是基于马克思主义关于资产阶级革命的一般理念为基础,这种理念是根据西欧资产阶级革命经验而形成的。他并不理解俄国资产阶级革命的特点仍是土地革命,没有具体地分析俄国各阶级的状况和它们之间的矛盾,单纯的认为反对专制制度、争取民主的斗争会使无产阶级和资产阶级联合起来。对俄国资产阶级革命任务的错误理解,也造成了革命动力的理解偏差。既然普列汉诺夫认为资产阶级民主革命的全部要义在于民主宪法和资产阶级自由化,而土地问题的解决位居其次。所以他忽略了农民的革命力量。由于农民需要的是土地,而不是宪法,对宪法缺乏兴趣成为普列汉诺夫责难农民具有"反动性"和"消极性"的依据。虽然他预料到资产阶级自由派与农民利益的对立,但是他却无意支持农民的土地革命,甚至有意用放弃土地改革为代价求得同资产阶级的妥协。① 普列汉诺夫的这一观点成了日后转向孟什维主义的萌芽。列宁后来批评道:在将资产阶级民主绝对化中有着孟什维克普列汉诺夫的议会痴呆病的萌芽,这阻碍了他投入到人民为争取自身解放而作的真正群众斗争。

最后,纵观普列汉诺夫在"劳动解放社"时期的著作,资产阶级民主革命占了较多篇幅,但关于无产阶级发动社会主义革命却论述的极其微少。在普列汉诺夫看来,社会主义革命是遥遥无期的,虽然正确,但只能作为一般的公式,论证生产力和生产关系之间深刻矛盾是无产阶级革命运动的社会基础。普列汉诺夫认为,在社会主义革命中无产阶级是唯一的动力,没有、也不可能有其他同盟者的。"对无产阶级来说,对任何别的居民阶级的这种影响是否有可能呢,并且这种影响对无产阶级的胜利是否是必须的呢?"他认为,"为了要从任何一个了解现代的工人阶级状况的人那里听到一个坚决的'不'字,只要提出这个问题就够了。无产阶级不可能去影响下层阶级,因为资产

---

① 在《社会主义与政治斗争》一文中,普列汉诺夫号召大家不要用土地改革的"赤色怪影"去吓退资产阶级,而将自己的纲领局限于"一般的"民主要求。

阶级在一个时候已经影响了它，这是由于一个简单的原因：就是没有一个比无产阶级更低的阶级；无产阶级本身就是现代社会的最后的经济层。而且无产阶级也不需要求得这种影响，因为它同时也就是这个社会中人数最多的阶层。"① 这是典型的第二国际社会民主党人的观点，他们主张，应当忽视农民和其他中间阶层，只有无产阶级占绝大多数时，社会主义革命的胜利才有希望。受此观点影响，普列汉诺夫认为，俄国社会主义革命乃是遥远的、将来的事。

但也必须指出，在"劳动解放社"期间，普列汉诺夫并没有坚持第二国际所主张的在资产阶级革命和无产阶级革命之间设一道万里长城的教条，相反，他希望俄国无产阶级最迅速地获得胜利，他认为俄国存在使资产阶级革命和无产阶级革命接近起来的可能性。"现代的条件使人有权希望，在推翻专制制度后，俄国工人阶级会很快地获得社会解放。"② 但遗憾的是，这一宝贵思想只是昙花一现，并没有深入研究下去。此后的普列汉诺夫更加坚信长期的资产阶级宪政发展对俄国是必须的。

此外，在其他一些重大问题上普列汉诺夫在这个时期也是有错误的。例如，他没有看到民粹派反动空想的理论体系中包含着反封建的民主主义内容，没有充分认识到国际范围内产生修正主义的社会阶级根源，没有及时投入反对司徒卢威主义的斗争，批判无政府主义者时回避了马克思国家学说的核心部分——打碎资产阶级国家机器，实行无产阶级专政，揭露伯恩施坦时容忍了他对马克思主义国家观的歪曲，借鉴西欧社会民主党的纲领和斗争经验时忘记了俄国的特点，以及诸如此类。同时，"劳动解放社"自身组织结构的不严密，导致它的组织影响远不及它的思想影响，在一定程度上也制约了普列汉诺夫思想的发展。

应当肯定，这些理论上的不足，同"劳动解放社"时期的功绩相比，只是

---

① 转引自［苏］福米娜：《普列汉诺夫的哲学观点》，汝信译，生活·读书·新知三联书店1963年版，第217页。
② 转引自［苏］福米娜：《普列汉诺夫的哲学观点》，汝信译，生活·读书·新知三联书店1963年版，第218页。

属于个别、次要、偶然现象。但也应当看到，在 1903 年以后，随着革命形势的发展，在如火如荼的革命事变迫使各阶级的代表人物表明自己态度的情况下，这些错误思想的萌芽迅速扩大、膨胀为占主导地位的观点体系。于是作为无产阶级革命家的普列汉诺夫成为了一个特殊的孟什维主义者。

第四章　孟什维主义时期特殊的政治立场和革命策略

19 世纪末至 20 世纪初，资本主义从自由竞争资本主义进入垄断资本主义阶段，资本主义国家向帝国主义过渡。此时的俄国正经历着剧烈的社会动荡，革命一触即发。新的时代背景对革命者提出了更高的理论要求，不仅要"吃透"马克思主义，更要创造性的丰富和发展马克思主义。但普列汉诺夫依然选择比照西方国家，以著作为基准。因此从 1903 年俄国社会民主工党"二大"召开到 1917 年俄国退出"一战"，虽然经历了两次俄国社会革命，但遗憾的是，对俄国社会革命运动的特点、俄国社会发展的性质、国内无产阶级的斗争经验等新课题，普列汉诺夫未能深刻把握。从 1903 年开始，政治立场的摇摆不定便是普列汉诺夫最显著的特征。他"在策略和组织问题上极可笑地动摇着：（1）1903 年 8 月是一个布尔什维克；（2）1903 年 11 月（《火星报》第 52 号主张同'机会主义者'——孟什维克建立和平；（3）1903 年 12 月是一个孟什维克，而且是一个狂热的孟什维克；（4）1905 年春天，布尔什维克胜利以后，主张'相仇的兄弟''统一'起来；（5）1905 年年底到 1906 年年中是一个孟什维克；（6）从 1906 年年中开始，时而脱离孟什维克，在 1907 年伦敦代表大会上斥责孟什维克（切列万宁的自由）为'组织上的无政府主义'；（7）1908 年同取消派决裂；（8）1914 年又重新转为取消派"①。

长期以来，人们一直把普列汉诺夫在 1903 年以后称为其机会主义时期，这

---

① 《列宁全集》第 25 卷，人民出版社 1988 年版，第 288 页。

样的划分并不确切。虽然普列汉诺夫的主张偏向小资产阶级思想,但终究还是无产阶级革命运动的内部矛盾,他并没有背叛革命,我们在批评他不革命、甚至反革命的一面时,也不应忽视他抨击取消派的革命一面。因此,回顾他的特殊政治立场,梳理他各项革命主张,并非毫无意义。

一、孟什维主义时期特殊政治立场的演变过程

从《火星报》创立之初,普列汉诺夫便与列宁开始并肩作战。作为理论权威,他始终没有超出第二国际对马克思主义理论理解的界限,忽视了马克思主义的创造性。这种态度的教条化色彩,决定了双方的合作之路并非一帆风顺。最初的分歧最终演变为立场的对立和路线的斗争。与列宁分歧的加深过程也是他政治立场的演变过程:这一时期他在重大事件中坚持了孟什维主义观点,但是同一般的孟什维克主张又并非完全一致,甚至又多次接近布尔什维克。因此,理性分析他政治立场的演变过程,客观归纳他与列宁的分歧斗争,对了解这一时期普列汉诺夫的思想状态有积极意义。

(一) 合作阶段:建党初期的布尔什维主义立场

俄国日益高涨的工人运动迫切需要有马克思主义政党的正确引导。俄国社会民主工党虽然于1898年宣告成立,但缺乏正式党纲。修正主义及其在俄国的变种——经济派,竭力歪曲无产阶级政党纲领,要把无产阶级政党由无产阶级的先锋队变为资产阶级的护卫军。因此,能否在俄国为无产阶级政党制定出既坚守马克思主义普遍原理又适合俄国国情的纲领,不仅对俄国无产阶级政党建设和俄国革命斗争发展有着重要的指导意义,对欧洲各国无产阶级政党批判修正主义思潮、捍卫马克思主义原则、坚持正确的建党路线,也是巨大推动。在意识到这项工作的重要性后,普列汉诺夫与列宁开始共同合作,为俄国无产阶级政党纲领勾画轮廓。

在拟定社会民主工党纲领草案中,双方便暴露出了在革命组织问题上的不同意见。由于之前第二国际各政党纲领中从未提及土地问题,也未列入无产阶级专政条文,这就使得俄国社会民主工党的纲领有了不同以往的独特性。而双

方分歧的焦点也主要集中这两方面。

一方面，关于无产阶级专政问题。普列汉诺夫虽然肯定"无产阶级应当把政权掌握在自己手中，政权将使无产阶级成为局势的主人，并使它能够无情地摧毁它在走向它的伟大的目标的道路上所遇到的一切障碍"①。但论述过于抽象，列宁注释道："'无产阶级在其他遭受资本主义剥削之苦的居民阶层的支持下所面临着要去实现的革命'，占住了无产阶级专政的位置。"② 与列宁相比，普列汉诺夫并没有意识到无产阶级专政和无产阶级在革命中领导权的重要性，他没有提出无产阶级作为革命领导者的作用问题，也没有指明无产阶级革命性和其他阶级革命性的区别。所以列宁指出："起初必须使自己同一切东西划清界限，仅仅唯一地和专门地把无产阶级划分起来，而以后才声明说，无产阶级将解放一切人，号召一切人，邀请一切人。"③

另一方面，关于土地问题上的意见分歧，是因农民在革命中作用的不同理解所致。争论围绕割地和土地国有化展开。列宁建议修改纲领第四条，取消容许"赎买割地"的要求。列宁认为在民主革命斗争开始时，必须提出"割地"归还给农民。在推翻沙皇统治取得民主革命胜利后，必须完全消灭地主的土地所有制，实行全部土地国有化。从本质上看，土地国有化是列宁根据俄国革命特点提出的资产阶级民主革命中的一项重要任务，它有利于彻底消灭地主土地所有制，在革命胜利后及时向社会主义革命转变，把农民引上社会主义集体化的道路。而普列汉诺夫则容许农民赎买土地，提出了以向大地主征收特别款项去购买土地的方案。他认为，归还"割地"的土地纲领已完全充分地表达了社会民主党在资产阶级民主革命时期关于土地问题的要求，如果把土地国有化作为资产阶级革命的口号则是反动的，因为土地国有化只有在社会主义革命胜利时才能实现。

---

① 转引自［苏］福米娜：《普列汉诺夫的哲学观点》，汝信译，生活·读书·新知三联书店1963年版，第244页。

② 转引自［苏］福米娜：《普列汉诺夫的哲学观点》，汝信译，生活·读书·新知三联书店1963年版，第245页。

③ 转引自［苏］福米娜：《普列汉诺夫的哲学观点》，汝信译，生活·读书·新知三联书店1963年版，第245页。

列宁与普列汉诺夫在党的纲领问题上的争论是原则性的。争论核心在于：在制定党纲时是否应坚持马克思主义基本原理同俄国革命实践相结合的原则。长期侨居国外，使得普列汉诺夫不能对当今俄国资本主义发展作出精准判断，他对俄国社会阶级状况的分析，依然是19世纪80年代初"劳动解放社"时期观点的延续。但是时代在前进，人民革命斗争在发展。如果说普列汉诺夫在19世纪80年代初为"劳动解放社"制定的纲领草案是无产阶级制定马克思主义纲领的最初尝试，那么在20世纪初制定的纲领依然停留在之前水平，则显得抽象落伍，他未把农民从小资产阶级成分中划分出来，忽视了无产阶级的不满情绪与小生产者不满情绪的区别。这不仅成了后来布尔什维克与孟什维克派之间意见分歧的萌芽，也为两人立场的决裂埋下了导火索。

但是也不能说普列汉诺夫起草的党纲一无是处，从总体上看，它还是坚持马克思主义立场的革命纲领草案，列宁在拟定纲领草案时还以普列汉诺夫的初稿为基础。应看到，此时列宁和普列汉诺夫在党纲问题上的意见分歧，还是两位革命的俄国社会民主党人之间的争论，是两位俄国马克思主义者之间的意见分歧。正因如此，虽然分歧达到了特别尖锐的程度，以至几乎断送了两人的革命友谊，但终究由于彼此尊重、互相谅解，使问题得到妥善解决，他们二人继续团结在一起，献身俄国革命事业。列宁在1902年回忆此事时，也公开承认普列汉诺夫在建党时期的重大贡献。他指出："如果要谈理论的话，1902—1903年由《曙光》和《火星报》的编辑部拟订的俄国社会民主工党纲领，或者确切些说是由格·瓦·普列汉诺夫拟定并经该编辑部加工、修改和定稿的纲领，具有特殊的意义。在这个党纲中，无产阶级专政问题提得很明确，而且是针对伯恩施坦、针对机会主义提出来的。"[①]

（二）分歧阶段：党的"二大"以后的调和主义立场

在俄国社会民主工党第二次代表大会上，普列汉诺夫与列宁携手并肩，将恪守马克思主义基本原理的纲领顺利通过，这是伟大的历史性胜利，双方的合作达到了顶峰。"俄国社会民主工党第二次代表大会通过的工人阶级政党的革命

---

① 《列宁全集》第39卷，人民出版社1986年版，第367页。

纲领，表明了无产阶级在资产阶级民主革命阶段的最近任务（最低纲领），也表明了皆在取得社会主义革命胜利的无产阶级的基本任务（最高纲领）。这个纲领直到党的第八次代表大会（1919 年）召开时始终是我党指导性的战斗文件。"① 但在党的"二大"以后，原本还支持布尔什维克并反对孟什维克的普列汉诺夫，经过考虑发生动摇，转向在两派之间做调和。如果说以前，他对孟什维克分裂活动的看法，只是在党内同列宁等布尔什维克进行同志式讨论的话，那么现在他则把俄国社会民主党内部的意见分歧公诸于众；如果说以前，普列汉诺夫对布尔什维克与孟什维克分歧的认识，只是零星的、琐碎的看法，那么现在则形成了系统的观点，清晰表述了他对孟什维克所持有的调和主义立场。

普列汉诺夫的调和主义立场是建立在对党团结性的极度重视基础之上。他坚信只有团结统一的党才有革命战斗力。因此，当党内因组织问题分成两派时，他对党形式分裂的焦虑盖过了对分歧内容的探究。他否认双方分歧的重要性，否认这种分歧是无产阶级政党的民主集中制组织原则与机会主义政党的无政府组织原则之间的分歧，是维护党的二大决议与反对党的二大决议之间的分歧。他再三强调："现在这些意见分歧是很不重要的，完全不值得为着这些分歧而面红耳赤，争吵不休。再说一遍；如果这些并不重要的意见分歧继续把我们分成两个敌对的阵营，这对我们的事业是很有害的。"② 他决定无论如何都要同孟什维克派和解，对孟什维克作出让步是完全必要的。

同时普列汉诺夫强调，要辩证、发展地看待问题。他声称："政治，要求从事政治活动的人头脑非常灵活，它没有一成不变的永恒原则。"③ 他反对永远仇视修正主义，反对将问题简单化、绝对化，即保持有"著名的鸟儿的直线性"。他自问自答道："试问，这是不是说，我们永远都要仇视修正主义，随时随地地都必须仇视修正主义者呢？有'著名的鸟儿的直线性'这个思想特点的人一定会说，是的。我们则认为无论在什么地方，我们的实际策略都应当取决于时间

---

① 《苏联共产党五十年：1903—1953 年》，人民出版社 1953 年版，第 6 页。
② 《普列汉诺夫机会主义文选》上册，虚容译，生活·读书·新知三联书店 1964 年版，第 25 页。
③ 《普列汉诺夫机会主义文选》上册，虚容译，生活·读书·新知三联书店 1964 年版，第 2 页。

和地点的情况。"① 他主张效仿德国社会民主党用个人让步同伯恩施坦修正主义进行斗争的革命经验，以温柔的手段，通过耐心劝导，清除马尔托夫头脑中的**无政府主义和机会主义思想**。

事实上，党的团结并非无原则的团结，而是在坚守马克思主义基本原则基础上的团结。普列汉诺夫把西欧第二国际内的各政党看作是马克思主义政党的榜样，在这些政党中，调和主义和各种不同思潮之间的"互相信任"是合法存在的。他认为，应当按照西欧政党，特别是德国社会民主党的样式去建立俄国的无产阶级政党。他"希望在俄国也有一个例如好像德国或法国社会民主党那样的政党。他们之所以反对布尔什维克，就是因为他们感觉到布尔什维克是个新的、非寻常的、异于西欧社会民主党的力量"②。普列汉诺夫没有看到俄国已经进入帝国主义时期，没有看到由于局势的改变而赋予革命新的任务。凭借议会政治条件下的旧社会民主党力量，是根本无法解决的。

对西欧工人运动模式的盲目崇拜，导致普列汉诺夫忽视了俄国无产阶级政党不同于西方的自身独特性。他不理解列宁关于新型无产阶级政党的思想，于是在革命的组织问题上转向孟什维主义立场。他开始宣传组织上的无纪律性，容许在党内存在各个集团和不同派别。"同样非常明显，为了支持纪律和巩固纪律，有时对破坏纪律的行为闭着一只眼睛是有益的。"③ 在普列汉诺夫看来，社会民主党是"工人群众的党"，是达到社会主义思想方式的广大无产者的党。这实质上抹煞了共产党员与觉悟工人之间的界限。

随着争论的加剧，革命组织问题上的分歧逐渐演变为革命思想体系上的分歧，普列汉诺夫开始就革命理论与列宁进行论战。这一时期内的诸多论文，清晰地表明他已经脱离了《火星报》初期时的革命路线，他在《工人阶级和社会民主主义知识分子》一文中，就工人运动中的自发性和觉悟性关系问题同列宁进行争论。他将自发性和自觉性的关系等同于社会存在与社会意识的关系，并

---

① 《普列汉诺夫机会主义文选》上册，虚容译，生活·读书·新知三联书店1964年版，第3—4页。
② 《联共（布）党史联名教程》，苏联外国文书籍出版局1953年版，第175页。
③ 《普列汉诺夫机会主义文选》上，虚容译，生活·读书·新知三联书店1964年版，第7页。

以此为出发点，指出："我指出列宁对'政治'和经济斗争的关系的观点错误，接着我又揭露他的理论错误同他的组织计划的联系。"① 他认为列宁提出的自发工人运动是不能产生社会主义思想、只能形成工联主义意识的观点，是忽视了工人运动的发展对革命理论产生和传播的巨大作用。因此他认为列宁对经济主义观点的批判是片面的、反动的。

事实上，社会主义思想体系和社会主义理论是在自发的工人运动之外产生的，它是由工人阶级的领袖所创立，并由工人阶级政党灌输到工人阶级群众中去。把工人阶级提高到理解自己根本阶级利益，形成社会主义思想体系的水平，是党的根本任务。普列汉诺夫的论战表明他在此问题上的认识并不深刻。斯大林曾指出："假如普列汉诺夫把问题提得很明确……那么他也许会对自己的意图大吃一惊，不会这样大吹大擂地来反对列宁了。"②

普列汉诺夫在转向调和立场后，混淆了自发性和自觉性之间的相互关系。他对资产阶级思想体系的危险性估计不足，而过分夸大了工人运动中自发性的作用，这意味着否认党和革命理论在组织群众中的领导作用。这样，19 世纪 90 年代中期就已经开始的普列汉诺夫与列宁的分歧，终于以决裂而告终。

（三）决裂阶段：1905 年资产阶级革命期间的右翼立场

在第一次俄国革命（1905—1907 年）时期，俄国社会民主党内的布尔什维克与孟什维克的分歧又得以加深，除了在革命组织问题和革命思想体系问题上的旧分歧以外，又产生了革命策略问题上的新分歧。与布尔什维克坚持开展人民革命、争取使资产阶级民主革命变为社会主义革命的方针相反，以普列汉诺夫为首的孟什维克则把 1905—1907 年革命看作是在自由资产阶级领导下的资产阶级民主革命。

早年同民粹派论战时期，普列汉诺夫就反复证明，将来俄国革命不是社会主义革命，而是资产阶级民主革命。虽然正确，但是普列汉诺夫完全忽视了俄国资产阶级革命的自身特点。他把马克思和恩格斯关于 19 世纪中叶西欧资产阶

---

① 《普列汉诺夫机会主义文选》上，虚容译，生活·读书·新知三联书店 1964 年版，第 106 页。
② 《斯大林全集》第 1 卷，人民出版社 1953 年版，第 52 页。

级的论述照搬到俄国,以自由竞争资本主义条件下西欧资产阶级革命作为当前俄国革命的榜样。事实上,19世纪是由自由派地主和企业家、金融家等资产阶级掌握领导权的资产阶级革命,那时整个资产阶级还是反对封建主义和君主制度的进步阶级,无产阶级与资产阶级利益的对立性并不明显。而当前俄国土地问题是革命运动的轴心,由于农奴制的残余,把农民推向了革命的怀抱。所以当前俄国革命正是农民资产阶级革命。这两种革命虽然都是资产阶级性质,都有利于资本主义发展,但革命的形式、范围、规模、进程和结局则完全不同。所以,列宁批判了普列汉诺夫对俄国革命的抽象分析:"连一句也没有谈到具体的俄国条件……这是骇人听闻的,但却的确如此。"①

普列汉诺夫的错误原因,在于他无法确定哪些阶级是真正的革命阶级,无法明确无产阶级与农民在革命中的作用。他反对孤立自由资产阶级,主张同自由资产阶级达成协议联盟。他认为和西欧无产阶级相比,俄国无产阶级还没有形成"欧洲主义"精神,"它的前进运动可能被农民在政治上的惰性所阻碍"②。而俄国资产阶级则已完全"欧化",它应当成为革命的领导力量。所以当前关键在于保护自由资产阶级的革命性。如果自由资产阶级离弃革命的话,革命势力就会遭到削弱。因此,他号召无产阶级与资产阶级"相互接近,彼此之间进行商榷"③。这其实是一条无产阶级屈服于资产阶级领导的自由主义革命路线,反映出对人民创造力缺乏信心。事实上,当前帝国主义阶段下的俄国,尽管革命性质是资产阶级民主革命,但革命对象却是推翻资产阶级。这并非上层革命,而是包括工人阶级和农民阶级在内全体起义的人民革命。所以在社会民主工党第三次代表大会的通告上明确写道:"革命已经燃烧起来了,并且正在越益广泛地燃烧着……无产阶级站在战斗的革命力量的首列。它为了自由事业已经蒙受

---

① [苏]福米娜:《普列汉诺夫的哲学观点》,汝信译,生活·读书·新知三联书店1963年版,第258页。
② [苏]福米娜:《普列汉诺夫的哲学观点》,汝信译,生活·读书·新知三联书店1963年版,第258页。
③ [苏]福米娜:《普列汉诺夫的哲学观点》,汝信译,生活·读书·新知三联书店1963年版,第258页。

了最巨大的牺牲，而现在即准备对沙皇专制制度进行决战。"① 列宁把党的第三次代表大会决议同孟什维克的代表会议决议做对照，揭示了对待俄国革命的两种截然不同的态度。"代表大会的决议号召一定的阶级去为明白确定的最近目的而斗争。而代表会议的决议则谈论着什么各种势力的相互斗争。一个决议表示着积极斗争的心理，而另一个决议则表示着消极观望的心理；一个决议充满着从事活泼行动的号召，而另一个决议则充满着死气沉沉的学究习气。"②

普列汉诺夫完全相信自由资产阶级的革命性。他不能想象在资产阶级民主革命中资产阶级会是不革命的，甚至是反革命的。列宁指出，俄国资产阶级革命的特点，按其内容是资产阶级的，而按其形式则是无产阶级的。普列汉诺夫对此则予以反对，在他看来，当时俄国革命不论在经济内容还是在斗争方式上，都是纯粹资产阶级的。甚至当革命进程迫使他承认自由派具有"反无产阶级和反革命观点"时，他仍坚持必须"终止反对自由派的运动"。他在1905—1907年革命策略的基本思路就是："当前革命运动的历史主旨"是不要在无产阶级和资产阶级中间引起内讧，而要使它们同时进行反对旧制度的共同斗争，即所谓的"分开走，一起打"。他批评布尔什维克在资产阶级反对沙皇专制的斗争中没有支持资产阶级。但这并非问题关键，问题在于俄国资产阶级并没有真正地、始终不渝地进行革命斗争，它们更多的是在不断背叛资产阶级革命事业。

普列汉诺夫之所以认为资产阶级是俄国革命的动力，同他低估农民在革命中的作用、拒绝工农联盟的思想有极其密切的关系。甚至可以说前者源于后者。这一时期他策略上的动摇很大程度是源于对农民两重性的理解。他认为，农民一方面是劳动者，和无产阶级有共同的利益，另一方面又是私有者，服从商品规律，追求发财致富。前者产生了他们的革命性，后者则使他们成为保守分子。

由于普列汉诺夫主要是从各种报纸期刊来了解俄国农民运动，对俄国农民进行土地斗争的深刻背景既未作切实研究，对俄国农民的社会心理也缺乏真切感性认识，同时19世纪70年代后期"到民间去"的经验使他对农民保守闭塞

---

① 《苏联共产党代表大会、代表会议和中央全会决议汇编》，人民出版社1964年版，第72页。
② 《列宁文选》第1卷，人民出版社1955年版，第588页。

的印象始终未能消除。所以在他看来,即使在革命运动的高涨时期,农民的革命性也十分短暂。农民很容易从革命的"后备军"变成反动势力的支柱。他指出:"雇佣工人按其社会地位来说是革新分子;劳动农民由于自己的地位则是保守分子,或者甚至是反动分子",只是俄国"现在正经历着一个非常特殊的和可以说极其罕见的历史时刻",这才使"农民想使历史的车轮倒转的意图变成了社会进步的泉源"①。所以"在支持农民要求的同时,一刻也不应当忘记农民运动的这个反动的方面"②。

所以说普列汉诺夫并非没有看到席卷俄国农村的熊熊烈火。他的根本错误在于"完全不懂得一般资产阶级革命和农民资产阶级革命之间的互助关系"③,不了解"土地问题是俄国资产阶级革命的根本问题,它决定了这场革命的民族特点"④,不了解"俄国革命只有作为农民土地革命才能获得胜利"⑤,总之,在于他不了解只有无产阶级和农民才是俄国革命的主力。

普列汉诺夫对待农民及其自由资产阶级的立场,实质上是否认无产阶级在革命中的领导权,而承认自由派的领导地位。他口头上也讲要坚持"无产阶级领导权的思想"。但他的领导权思想同列宁有根本的区别。列宁认为无产阶级要把全体农民吸引到自己方面来,在中立资产阶级的条件下,保证领导他们进行反对专制制度的斗争。而普列汉诺夫则认为:"在我国农民政治上不开展的条件下,无产阶级革命领导权,像列宁'具体化了'的那样,实际上会使得工人阶级在夺取资本主义社会进一步发展的政治条件的斗争中陷于孤立。"⑥ 这就是说,无产阶级不能领导"政治上不开展"的俄国农民进行胜利的反封建斗争,如果这样做,就会使自己脱离自由资产阶级而"陷于孤立"。

那么,普列汉诺夫所谓的"无产阶级领导权"究竟指的什么?萨谢理雅认为,普列汉诺夫把"无产阶级是革命的领导力量"同"是革命的主要突击力量

---

① 转引自王萌庭:《普列汉诺夫哲学新论》,北京出版社1988年版,第55页。
② 转引自王萌庭:《普列汉诺夫哲学新论》,北京出版社1988年版,第55页。
③ 《列宁全集》第16卷,人民出版社1988年版,第316页。
④ 《列宁全集》第16卷,人民出版社1988年版,第387—388页。
⑤ 《列宁全集》第16卷,人民出版社1988年版,第392页。
⑥ 转引自王萌庭:《普列汉诺夫哲学新论》,北京出版社1988年版,第56页。

混为一谈",他使用"领导"一词是没有补语的。这个分析很正确,但是她以下两点分析却存在争议,"普列汉诺夫所关心的仅仅是资产阶级的支持。无产阶级的领导权就是工人阶级和自由派资产阶级在行动中互相配合而已","满足资产阶级的政治要求,争得政治自由以便对工人进行教育,提高他们的阶级觉悟——这就是普列汉诺夫式的无产阶级'领导权'的唯一表现"。[①] 这里遗漏了普列汉诺夫无产阶级领导权思想的核心:极端反对派立场。这一点充分地表现在他提出的俄国'革命路线'即关于俄国革命进程的设想上面:无产阶级在反对沙皇专制制度的斗争中应该和资产阶级"互相亲善","分开走,一起打",可以批评自由派的自私意图,但不要在政治上同它对立起来,不要和农民结成联盟发动过早的武装起义,以免吓退资产阶级,使革命遭受失败;在革命胜利以后,社会民主党不要参加临时政府,只应在国家杜马一类的代表机关内继续做"极端的反对派",以便推动它走上立宪会议的道路,然后经过相当长的时间,当资本主义经济在俄国有了充分地发展,再领导无产阶级进行社会主义革命。

　　普列汉诺夫提出"极端反对派"口号也是针对列宁的工农革命民主专政思想。他不懂得实行这种专政既是俄国资产阶级革命的必然结果,又是取得彻底胜利和巩固胜利的不可获取的"一般的、基本的阶级条件"和"唯一可能的社会支柱"[②]。在他看来,既然俄国是经济文化如此落后的国家,这里的无产阶级只占人口中的绝对少数,而人数众多的劳动农民与其说是革命的不如说是保守的。在这种情况下,如果革命取得胜利,建立起临时革命政府,社会民主党是不应该参加进去的,否则列宁所说的"无产阶级专政"一定"会导致小资产阶级对无产阶级代表的专政",其结果除了对这些小资产阶级的代表所采取的反动和保守的政策和措施承担责任并帮助他们欺骗人民以外,没有什么积极的作用。

　　对此,列宁反驳道,普列汉诺夫的错误在于"一般地谈论'社会主义者参加小资产阶级政府'……把米勒兰同加里腓在社会主义变革前夜时期一起参加内阁"跟俄国社会民主党同坚决保卫共和制的小资产阶级民主派在民主主义革

---

① [苏]萨谢理雅:《修正主义反对无产阶级专政学说》,陈安译,生活·读书·新知三联书店1962年版,第128、130页。

② 《列宁全集》第13卷,人民出版社1987年版,第247页。

命前夜将一起参加革命政府混为一谈，即把民主主义革命和社会主义变革、民主主义专政和社会主义专政这样两种阶级内容极不相同的变革和专政混为一谈"①。列宁指出，普列汉诺夫在这个问题上是自相矛盾的。在《论夺取政权问题》和《与友人通讯选录》中他硬说社会党人以少数派资格参加资产阶级政府就是"背叛无产阶级""简直不能容许"，这是原则；但过了一年以后，他又声称："一般说来，不能认为社会党人参加内阁在任何情形下都是不能容许的。可以设想有这样一种情况，在这种情形下参加内阁并不会模糊无产阶级的阶级自觉性，而是相反，会提高这种自觉性。那时参加内阁就不会是机会主义的表现，而是激进主义的表现。"②普列汉诺夫这些言论表明他立场的反复和软弱。造成这种现象的主要原因便是对马克思的无产阶级专政和国家学说的曲解。

总的来说，高估俄国自由资产阶级的革命性，低估农民在民主革命中的伟大作用，提出"分进合击"和议会主义的"极端反对派"口号来反对无产阶级革命领导权和工农民主专政理论——这四者构成了普列汉诺夫孟什维主义战略思想的基本内容，也是他在1905—1907年革命时期全部策略主张的理论基础。此时的普列汉诺夫，在资产阶级革命的领导权问题、革命的动力问题、革命的道路问题、革命的前途性质问题上都采取了孟什维主义，与列宁站到了对立面上。但是也应该注意：普列汉诺夫在对待孟什维克的代表六会、"波将金"铁甲舰起义、无产阶级的武装斗争、国家杜马等重大问题上，又采取了不同于一般的孟什维克，而与布尔什维克相接近的特殊立场，这也再次印证了列宁的断论，在俄国1905年革命时期，普列汉诺夫同一般孟什维克是有矛盾的，是有所不同的。

（四）拥护阶段：反取消派时期的护党立场

随着俄国资产阶级革命的失败，白色恐怖笼罩着俄国。社会民主工党面临着政治动摇、思想混乱、组织瓦解的严重危机。这是一个不相信党的时期，包括一部分布尔什维克在内对革命失去信心的人，都极力想使无产阶级离开革命

---

① 《列宁全集》第10卷，人民出版社1987年版，第230页。
② 转引自王萌庭：《普列汉诺夫哲学新论》，北京出版社1988年版，第58页。

道路，与资产阶级政府妥协。他们在组织上，否认有保存秘密的社会民主工党的必要，主张建立公开的合法工人政党，目的是把党变为脱离群众的宗派主义组织。

这一时期，涣散状态和张皇失措笼罩在孟什维克中间，内部的意见分歧不断加剧：由于孟什维克中央机关报《社会民主党之声》报编辑部支持取消派，普列汉诺夫退出了编辑部，同马尔托夫和阿克雪里罗得决裂，与八月联盟划清了界限。普列汉诺夫向列宁提议共同进行反对取消派的斗争，列宁接受了普列汉诺夫的提议，并建议与他恢复中断五年的个人联系。普列汉诺夫在回信中也承认："解决现在我们党所遭受的危机的唯一方法，是马克思主义者——孟什维克与马克思主义者——布尔什维克之间接近。"① 但是他认为："如果我们的会谈稍微推迟一些，等到两派情绪更加明朗化的时候再举行，那么我们的会谈将是有益的。"② 可见，普列汉诺夫与布尔什维克在政治立场与策略原则上仍存在着分歧，但是双方在保留分歧的同时，坚持从大局出发，努力合作。

从1908年12月起，普列汉诺夫同布尔什维克组成了护党联盟，批判取消主义。"我要用我所能做的一切手段来反对取消派。"③ 他与列宁积极合作，创办了一系刊物，并发文批判取消主义④。

普列汉诺夫在他发表的文章中，批判了取消派所散步的反马克思主义的理论观点，他在1909年第9期《社会民主党人日志》上，彻底揭穿了取消派的实质主张。他指明取消主义引导人们走进"最可耻的机会主义泥潭"⑤，"他们（取消派）的新酒已成了酸汤，只能用来制造小资产阶级的醋"⑥。他看到了取消主义对工人的危险，如果不加以制止，会使得无产阶级队伍遭受小资产阶级思想的入侵。"这种影响绝不是社会民主主义的影响；按实质说，这是同社会民

---

① 转引自高放、高敬增：《普列汉诺夫评传》，中国人民大学出版社1985年版，第388页。
② 转引自高放、高敬增：《普列汉诺夫评传》，中国人民大学出版社1985年版，第388页。
③ [苏] 施潘诺夫：《俄国哲学史论文集》，石宝常译，生活·读书·新知三联书店1957年版，第867页。
④ 据初步统计，从1910—1913年间，普列汉诺夫为了批判取消派，在布尔什维克期刊上共发表约20多篇文章和短评。
⑤ 《列宁全集》第19卷，人民出版社1989年版，第62页。
⑥ 《列宁全集》第19卷，人民出版社1989年版，第62页。

主主义完全敌对的一种影响。"① 普列汉诺夫认为俄国社会民主党的全体成员，必须起来同取消主义划清界限，进行坚决的斗争。他明确指出："在这里必须有所抉择：或者是拥护取消主义，或者是反对取消主义。第三条路是没有的。"② 列宁对此予以了充分肯定："普列汉诺夫发表的意见，就足以使孟什维克工人离开波特列索夫和'有何盼咐'的人了。"③ 在普列汉诺夫看来，取消派分子是逃避革命斗争、毁灭党的庸夫俗子。他在批判取消派"无法忍受奋不顾身的'地下工作者'所具有的重大和坚忍不拔的自我牺牲。"④ 普列汉诺夫指明了反取消主义斗争的阶级实质。他指出：现在俄国存在唯物主义同唯心主义的斗争，"这两种世界观你死我活的斗争，只不过是自觉的无产阶级的意图同自觉的资产阶级的意图在思想领域的反映。"⑤ 取消主义是"资产阶级对无产阶级影响的表现"⑥。

此时的普列汉诺夫，不仅和列宁在报刊上合作，共同批判取消主义，而且在国际舞台上也一起揭穿取消派的实质。在第二国际第八次代表大会上，他强调工会运动的统一对工人运动的重要作用。"每一个国家的工会运动都应该在组织上保持统一，这是在反对剥削和压迫的斗争中取得胜利的基本条件。"⑦ 普列汉诺夫明确表示，既然机会主义者互相支持并一致行动，因此革命的马克思主义在这反对他们的斗争中，也必须齐心协力。事实证明，普列汉诺夫确实身体力行，这对在俄国社会民主工党"二大"后政治立场已经转变的他而言，确实是难能可贵。

但是随着反取消派斗争的深入，普列汉诺夫与列宁的意见分歧也日益暴露。如果说1910年，普列汉诺夫与布尔什维克在同取消派斗争还能做到同心协力的话，那么到了1911年，双方的步伐开始不一致。此时的普列汉诺夫在批判取消

---

① 《列宁全集》第19卷，人民出版社1989年版，第58页。
② 《列宁全集》第19卷，人民出版社1989年版，第59页。
③ 《列宁全集》第19卷，人民出版社1989年版，第60页。
④ 转引自高放、高敬增：《普列汉诺夫评传》，中国人民大学出版社1985年版，第393页。
⑤ 转引自高放、高敬增：《普列汉诺夫评传》，中国人民大学出版社1985年版，第394页。
⑥ 转引自高放、高敬增：《普列汉诺夫评传》，中国人民大学出版社1985年版，第394页。
⑦ ［苏］伊·布拉斯拉夫斯基：《第一国际第二国际历史资料（第二国际）》，中国人民大学编译室译，生活·读书·新知三联书店1964年版，第170页。

派的同时，又开始责备列宁和布尔什维克。他硬说以列宁为首的布尔什维克要分裂党，这是在建立护党联盟后普列汉诺夫给布尔什维克打的第一枪。此言，普列汉诺夫同布尔什维克建立的护党联盟开始日益松弛，虽然他仍集中主要力量反对取消派，但是对布尔什维克的攻击也与日俱增。不久，列宁的不调和立场，坚持把取消派驱逐出党的主张引起了普列汉诺夫的异议。他以西方社会民主党为例，指出这些党内各种改良主义者和修正主义者都是能正常从事政治活动。普列汉诺夫指出，难道由于这一点，在所有的这些党内就应该开始分裂吗？西方马克思主义者是不喜欢分裂的，普列汉诺夫问道，为什么俄国马克思主义者不以他们作为例子呢？因此，普列汉诺夫强调：要学习倍倍尔对德国党内机会主义分子让步的精神，促进俄国党内"敌对的兄弟的统一"。他指出："使我们首先感到惊讶的是他作为德国党的统一的竭尽全力的捍卫者。但愿他能成为我们的榜样，以使俄国党内同志们中间这样令人遗憾的分歧得到消除。"①

　　普列汉诺夫害怕一切使人想起"分裂"的东西，带着同一切人"和解"和"联合"一切人的想法，反对了布尔什维克—列宁主义者在布拉格召开的第六次全俄代表会议。在 1912 年中期，他与取消派进行了关于与他们求得和解可能性的谈判。此后，他再一次转向了孟什维克，成为了一个和取消派"统一"的拥护者。这种立场使普列汉诺夫离开了护党分子，他成为了一个站在工人运动之外的孤独革命者，由于为各种派别进行调节，而变得随机应变，摇摆不定。

　　普列汉诺夫在 1914 年由于看到无法实现取消派与布尔什维克"敌对的兄弟们的统一"，便想不偏不倚地站在取消派和布尔什维克中间，他公开表示对取消派和布尔什维克都不满意。他以《统一报》为基础，将孟什维克护党派、布尔什维克调和派和国家杜马代表布利扬诺夫等集合在一起，创立了"统一派"。其实质是动摇在布尔什维克和取消派之间的资产阶级和小资产阶级知识分子集团，缺乏坚实的工人基础。列宁指出："在'取消派'（他们从自由资产阶级的同情中汲取社会力量）和'真理派'（他们从那些由黑暗中醒悟过来走向光明的大多数俄国工人的觉悟和团结中汲取自己的力量）这两个互相斗争着的派别之间，

---

① 转引自高放、高敬增：《普列汉诺夫评传》，中国人民大学出版社 1985 年版，第 405 页。

不可避免地会产生一些摇摆不定的知识分子集团。它们没有社会力量,不能对工人发生广泛的影响,它们在政治上等于零。这些集团没有坚定的、明确的、能吸引工人的以及为经验所证实的路线,它们只有耍手腕的小组活动……普列汉诺夫的'统一报',作为一个政治集体,完全符合这些特征。"①

回顾普列汉诺夫反对取消派斗争的历史,可以清晰地看出普列汉诺夫在这一斗争中,经历高峰、低潮、停滞三个阶段。② 相应的,从政治立场上看,普列汉诺夫也经历了坚决反对取消派、在取消派与布尔什维克之间动摇、转而支持取消派三个阶段。从组织立场上看,普列汉诺夫也经过了三个阶段:与布尔什维克结成护党联盟,集中力量批判取消派;对护党联盟动摇,在继续批判取消派时开始更多地谴责布尔什维克;护党联盟瓦解,同取消派和各种反党派别结成联盟,反对布尔什维克。普列汉诺夫在反对取消派的斗争中,走上曲折的道路,并非偶然,一方面,普列汉诺夫反对取消派的最初目的,就是维护俄国社会民主党的统一。在他看来,哪怕是形式上的统一也极为重要。但当1912年布尔什维克正式宣布成为独立的马克思主义政党,取消派、前进派、托洛茨基派等拼凑了取消主义的反党"八月联盟"后,普列汉诺夫看到形式上的统一也无望以后,便想竭力维护孟什维克的存在。他声称,"我诚心诚意在准备高喊:没有取消主义的孟什维主义,即革命的孟什维主义万岁!"③

另一方面,普列汉诺夫在同列宁结成联盟时,他们之间的原则分歧依然存在,这种分歧,不仅表现在党的组织原则、革命策略等老问题上,而且也表现在党如何对待俄国社会民主工党的统一等新问题上。布尔什维克反对取消派的目的,是为了在马克思主义基础上统一俄国社会民主工党,而普列汉诺夫则更多的追求俄国社会民主工党形式上的统一。他把取消派造成的分裂简单地看成党内组织上的分裂。认为布尔什维主义是"理解得比较狭隘、比较粗浅的马克思主义",而孟什维主义则已经成为"比较广泛、比较细腻的"马克思主义。

---

① 《列宁全集》第25卷,人民出版社1988年版,第351页。
② 1908年12月至1911年10月,是普列汉诺夫同取消派斗争的高峰时期;1911年10月至1914年6月,他同取消派的斗争进入低潮;从1914年7月到第一次世界大战爆发前,他对取消派的斗争基本停滞。
③ 转引自高放、高敬增:《普列汉诺夫评传》,中国人民大学出版社1985年版,第415页。

正因为普列汉诺夫与一般的孟什维克有所不同，所以在孟什维克取消派跳出来要取消马克思主义和俄国无产阶级政党时，他能从维护统一的俄国社会民主工党组织出发，站出来反对取消派，并愿意同布尔什维克结成护党联盟。这时，普列汉诺夫同孟什维克取消派之间的矛盾上升为主要矛盾；他虽然在组织问题和策略问题上仍坚持孟什维主义观点，但由此产生的同布尔什维克的矛盾，已下降为次要矛盾。加之以列宁为首的布尔什维克对普列汉诺夫采取了保留意见分歧，结成联盟共同反对取消派的政策，所以这一时期在理论和实践上均取得了不小的战果。但当俄国社会民主工党形式上的统一无望时，他同布尔什维克之间的矛盾便升级为主要矛盾，只是因为普列汉诺夫对取消派依然不满，所以出现了既反对布尔什维克又反对取消派的场面。当他和孟什维克取消派之间在攻击1912年布尔什维克召开的布拉格代表大会上，又找到了共同点，因此双方的矛盾得以缓和。在"一战"前，他既指责取消主义的反党行为，强迫布尔什维克用取消派合并为一个组织。"一战"爆发后，怎样对待这次战争成了俄国各阶级、各政党面临的首要任务。由于普列汉诺夫在对待战争问题和对待布尔什维克党的态度上，同取消派一致，加上战争爆发导致的新形式，使得普列汉诺夫同列宁为首的布尔什维克之间矛盾再次升级为主要矛盾。从此普列汉诺夫和布尔什维克结成的反对取消派的护党联盟宣告结束。

因此，对普列汉诺夫反对取消派的功过是非，应进行全面评价，尽管有缺点和错误，但功绩还是主要的。他批判了取消派的机会主义主张，捍卫了马克思主义的建党路线，从组织上清除了党被瓦解的危机，促进了广大俄国社会民主工党党员在马克思主义基础上的团结，客观上为布尔什维克的成长、壮大扫清了道路。列宁充分肯定了普列汉诺夫对取消派斗争的历史功绩，他把以普列汉诺夫为首的孟什维克护党派比作帮助布尔什维克同取消派斗争的援兵。1912年他在回顾反取消派斗争时写道："事实证明，一年半以来为党进行斗争的确是在布尔什维克和某些波兰人领导下的党中央机关，孟什维克普列汉诺夫也竭力帮助了反对取消派的斗争。"① 普列汉诺夫对取消主义的理论驳斥，不仅超出一

---

① 《列宁全集》第21卷，人民出版社1990年版，第399页。

般的孟什维克，而且比某些动摇的布尔什维克也高出一头。即使他立场左右摇摆时，列宁仍然强调要坚持团结他。"我不主张对普列汉诺夫下最后通牒：为时尚早！可能有害！！如果写信给他，要客气些，温和些。他现在还值得重视，因为他在和工人运动的敌人作战。"①

二、俄国 1905 年革命时期的策略主张

俄国 1905 年革命是帝国主义时代背景下爆发的一次人民大革命，它在世界无产阶级革命斗争史上写下了光辉的篇章，为十月革命的胜利做了必要的准备。俄国 1905 年革命也是普列汉诺夫政治立场转变之后面临的一个新考验。他采用历史类比的形而上学方法，以西欧资产阶级革命为榜样，对各个阶级在俄国革命中的地位和作用，做了错误的分析和判断。作为一位经历复杂的革命家，要给予普列汉诺夫公正、客观的评价，不仅要论证他的历史功绩，也要客观分析他的历史错误，剖析他在 1905 年俄国革命期间的策略主张，有助于加深与列宁策略分歧的认识，科学的评价普列汉诺夫。

（一）主张"平行领导"，号召无产阶级放弃领导权

肯定资产阶级的革命性，是普列汉诺夫革命策略的出发点。由于资产阶级"本身的利益在于专制制度的崩溃，因此它应当支持无产阶级的革命活动，因为这些活动的锋芒是指向我们现存的政治制度的"②。普列汉诺夫认为，资产阶级对沙皇制度也是不满的。因为"它很好地知道现在沙皇专制制度是横在俄国整个经济发展道路上的障碍，因而也危害它的最重要的经济利益"③。所以，普列汉诺夫坚信俄国资产阶级不会背叛革命，如果"我国资产阶级在政治上的不满对于俄国革命事业是大有利益的，如果我们不全神贯注地利用它，我们就会犯巨大的错误。"④

---

① 《列宁全集》第 46 卷，人民出版社 1990 年版，第 277 页。
② 《普列汉诺夫机会主义文选》上，虚容译，生活·读书·新知三联书店 1964 年版，第 259 页。
③ 《普列汉诺夫机会主义文选》上，虚容译，生活·读书·新知三联书店 1964 年版，第 248 页。
④ 《普列汉诺夫机会主义文选》上，虚容译，生活·读书·新知三联书店 1964 年版，第 248 页。

同时，普列汉诺夫认为无产阶级的革命力量还不成熟。俄国无产阶级的发展程度远落后于西方。目前俄国无产阶级还没有贯彻"欧洲主义"的精神。和资产阶级相比，无产阶级受西方思想的影响还不够，加之"它的前进运动可能被农民在政治上的惰性所阻碍"，还没有能力领导这次革命。而资产阶级则已经充分"欧化"了，因此普列汉诺夫反复强调应当让资产阶级成为革命的领导力量，无产阶级不要吓走自由资产阶级的革命性，避免革命因资产阶级的离弃而遭到削弱。他强调当前资产阶级革命并不符合无产阶级利益。"无产阶级有自己特殊的、纯粹的工人的利益，它应当关心的正是这些利益，而不应当企图去充当资产阶级革命的领袖。"① 他号召无产阶级要为了将来的社会主义革命而保存自己的力量，不要超越历史的进程，在革命高涨的条件下乃是对革命事业的背叛。普列汉诺夫缩小了资产阶级革命对无产阶级的意义，降低了无产阶级在革命中的作用。

事实上，和普列汉诺夫分析相反，俄国资产阶级的革命性并不强。他们"是在沙皇专制政府卵翼下孵化出来的产儿，是西欧帝国主义豢养的走狗。"② 虽然他们对阻碍经济发展的农奴制心存不满，但他们在经济上与地主阶级保持着千丝万缕的联系，所以在对内剥削广大劳动人民、对外掠夺殖民这一根本利益上，与沙皇专制政府相一致。害怕沙皇的残暴统治会引起人民革命，危及资本主义生产资料所有制，这是资产阶级对沙皇制度不满的原因。因此，资产阶级口头支持革命，实际支持沙皇来扑灭革命火焰，谋求同沙皇妥协。列宁指出："资产阶级是不彻底的和自私自利的，它只是不完全地和虚伪地接受自由的口号。"③ "因为处在两堆火（专制制度和无产阶级）中间的资产阶级能千方百计地改变自己的立场和口号，能看风使舵，时而稍微偏左，时而稍微偏右，经常讨价还价，施展经纪人的本领。"④ 因此，列宁强调："无产阶级民主主义的任务不是臆造这种僵死的'条款'，而是不倦地评价不断发展的政治局势，揭露资

---

① 转引自［苏］福米娜：《普列汉诺夫的哲学观点》，汝信译，生活・读书・新知三联书店1963年版，第260页。
② 转引自高放、高敬增：《普列汉诺夫评传》，中国人民大学出版社1985年版，第300页。
③ 《列宁选集》第1卷，人民出版社2012年版，第627页。
④ 《列宁选集》第1卷，人民出版社2012年版，第628页。

产阶级不断表现出来的、难以预料的不彻底性和叛变。"[1]

同样，无产阶级也并不像普列汉诺夫认为的那样落后。19世纪末20世纪初，无产阶级已经作为独立的政治力量登上了俄国历史舞台，并且具有西欧各国所不具备的独特优点。它的集中程度超过了欧、美等主要资本主义国家，它深受本国封建主义、资本主义和外国资本主义三重压迫，特别是它已经有了马克思主义政党——布尔什维克党的领导，所以它比受修正主义思潮腐蚀的西欧无产阶级，更成熟，更革命，更先进。虽然俄国无产阶级面临的考验无比严峻，"历史现在向我们提出的当前任务，是比其他任何一个国家的无产阶级的一切当前任务都更革命的任务"[2]，但是无产阶级有资格担任俄国民主革命的领导者，去"实现这个任务，即摧毁这个不仅是欧洲的同时也是（我们现在可以这样说）亚洲的反动势力的最强大的堡垒，就会使俄国无产阶级成为国际革命无产阶级的先锋队"[3]。

在此基础上，普列汉诺夫得出无产阶级与资产阶级平行领导的革命主张。因为"如果我们对无产阶级说：'跟着资产阶级走吧'，那我们就等于给社会民主党签署了死刑判决书。社会民主党只有在无产阶级不愿意跟着资产阶级走的时候才能存在"[4]。"如果我们对资产阶级说：'跟着无产阶级走吧'，那我们的声音一定会成为荒漠的呼声，也等于向壁清谈，毫无意义。资产阶级不可能跟着无产阶级走，否则就是给自己签署死刑判决书，它自然没有也不可能有丝毫愿望这样做。"[5] 既然两者都没有也不可能有丝毫愿望放弃革命领导权跟着对方走，于是无产阶级只有同资产阶级"分开走，一起打"，平行领导革命。

如何实现平行领导革命？一方面，无产阶级要无条件地支持一切资产阶级政党，因为当前"反动派力图孤立我们。我们也应当力图孤立他们"[6]。普列汉诺夫将《共产党宣言》中对资本主义上升时代所起的革命作用机械地套用在当

---

[1] 《列宁选集》第1卷，人民出版社2012年版，第628页。
[2] 《列宁选集》第1卷，人民出版社2012年版，第315页。
[3] 《列宁选集》第1卷，人民出版社2012年版，第315页。
[4] 《普列汉诺夫机会主义文选》上，虚容译，生活·读书·新知三联书店1964年版，第258页。
[5] 《普列汉诺夫机会主义文选》上，虚容译，生活·读书·新知三联书店1964年版，第259页。
[6] 《普列汉诺夫机会主义文选》上，虚容译，生活·读书·新知三联书店1964年版，第326页。

前帝国主义、腐朽的、具有反革命性质的资产阶级身上。他指出："马克思和恩格斯在1848年曾建议工人支持资产阶级，因为他在同旧制度做斗争是进步的。"① 正是基于上述分析，他强调："我继他们之后重复着同样的思想。"② "谁不懂得这一点，他就不懂得工人阶级在从旧制度到符合于新的资本主义生产关系的新制度的过渡时期所应当采取的政策。谁不满意这种政策，并且企图用更'极端的'来代替他，拒绝给资产阶级以任何支持和谴责它的一切意图，他这种做法也就是谴责他同旧制度做斗争，即等于给这种制度以可贵的效劳。"③

另一方面，无产阶级在资产阶级革命中，不要保持自己独立的阶级利益。普列汉诺夫指出："我们极端肤浅地了解'把自己同资产阶级对立起来'这句话，凡是为了事业的利益我们本当把我们的自由派和我们的民主派吸引到自己方面来的地方，我们都使他们离开自己。"④ 他主张不要采取各种措施去恫吓资产阶级的无政府主义策略。虽然"我们不是考虑它，而是考虑工人的利益。如果我们立意要代表这些利益，却不善于理解坚持恫吓策略就无异于不支持同沙皇制度作斗争的人，而支持保卫沙皇制度的人"⑤。所以普列汉诺夫再三强调应当"拥护"资产阶级，"那些认为必须一起打的人一定要互相亲善和彼此协调。亲善和协调不是为了抒发情怀，也不是为了发表堂皇的长篇宣言，而只是为了打，即为了在行动的场所、在子弹呼啸和信奉东正教而杀人不眨眼的魔王逞凶肆虐的那个地方进行共同的斗争"⑥。

所以名义上是平行领导，实际上是把俄国资产阶级民主革命的领导权拱手送给了自由资产阶级。普列汉诺夫在这点上过分依赖书本，把复杂的阶级斗争简单化。他没有意识到，社会上的阶级斗争完全不同于军事上的组织进攻。军事进攻可以兵分两路，分进合击；而阶级斗争则是各个阶级错综复杂，混为一体，激烈争夺领导权的过程。所谓革命领导权就是一个阶级按照自己的阶级利

---

① 《普列汉诺夫机会主义文选》下，虚容译，生活·读书·新知三联书店1965年版，第132页。
② 《普列汉诺夫机会主义文选》下，虚容译，生活·读书·新知三联书店1965年版，第133页。
③ 《普列汉诺夫机会主义文选》下，虚容译，生活·读书·新知三联书店1965年版，第133页。
④ 《普列汉诺夫机会主义文选》上，虚容译，生活·读书·新知三联书店1964年版，第254页。
⑤ 《普列汉诺夫机会主义文选》上，虚容译，生活·读书·新知三联书店1964年版，第140页。
⑥ 《普列汉诺夫机会主义文选》上，虚容译，生活·读书·新知三联书店1964年版，第142页。

益，依据革命的性质、动力、道路、前途，制定自己的策略路线，组织革命的阶级队伍，积极为实现这个路线而斗争。所以，任何革命只能有一个阶级充当领导者。古往今来所发生的一切资产阶级革命，不是无产阶级领导，就是资产阶级领导，过去没有，今后也不会有两个阶级平行领导的事例。一个阶级要想领导革命，就必须把另一个与自己争夺领导权的阶级驱逐出领导者的舞台，否则其领导权就会落空。无产阶级和资产阶级争夺民主革命的领导权也是如此。俄国无产阶级要想在民主革命中实现自己的领导权，就必须把资产阶级驱逐出领导者的舞台，无情揭露它背叛革命的行为。这是无产阶级实现革命领导权的重要条件之一。普列汉诺夫在"分开走，一起打"的掩盖下，取消了这一条件，从而使得无产阶级的革命领导权化为泡影。

马克思指出，无产阶级必须最坚决地参加资产阶级革命，必须最坚决地为了彻底的民主主义、为了把革命进行到底而斗争。只有当无产阶级能够充当革命领袖和领导者的情况下，才能取得对沙皇制度的彻底胜利。这也就是为什么无产阶级领导权问题是俄国资产阶级革命的根本问题。虽然普列汉诺夫作为俄国无产阶级革命运动的发起人，但是他所说的无产阶级领导权并不是指无产阶级在此次资产阶级革命中的领导作用，而仅仅把无产阶级看作是"革命的主要执行力量"。他并没有履行无产阶级领导权思想的实质，这其实是对资产阶级革命观点教条理解所导致的。

（二）否认农民的革命作用，反对工农民主专政

不能正确解决无产阶级领导权的问题，也就意味着无法确定农民在无产阶级同盟者中的作用。在普列汉诺夫看来，农民与工人有着显著的不同。"雇佣工人是在一些生产关系下劳动的；农民——即所谓劳动农民，也就是不去购买别人的劳动力的农村小生产者——则是在完全不同的生产关系下劳动的。"① 生产关系的不同导致工人和农民的社会地位有着深刻的差别，也致使两者的阶级利益不同。普列汉诺夫分析道："雇佣工人的阶级利益在于消除资本主义生产关系，因为在这些关系下生产资料属于靠剥削生产者过活的一个阶级的人。雇佣

---

① 《普列汉诺夫机会主义文选》下，虚容译，生活·读书·新知三联书店1965年版，第139页。

工人不能不力求消除资本主义生产方式。"① 而农民对资本主义生产关系的态度则相反。"农民不能不力求巩固或者恢复这样的生产关系，在这些生产关系下，土地和其他生产资料都是私有财产，或者说都是由小生产者占有。"② 联系到当前俄国革命实际，普列汉诺夫认为农民揭竿而起是为了反对土地私有制，要求"平均利用土地"，对社会政治制度并没有太多主张。"雇佣工人按照其社会地位来说是革新分子；劳动农民由于自己的地位则是保守分子，或者甚至是反动分子。"③ 包括农场主在内的广大农民"所需要的本来就不是取消资本主义生产关系，而只是对他们作一定的改变。"④ 所以和工人阶级相比，农民缺乏革命性，"当农民要求从地主那里夺回土地时，他们 bona fide（真诚地。——译者注）和不无历史根据地认为自己不是革命者，而是我国生活方式古老的经济基础的保卫者和恢复者。他们也在力求'使历史车轮倒转'"⑤。

普列汉诺夫认为农民的革命性十分短暂，农民可以在很短的时期内，从革命的后备军转为反动的后备军。所以"农民现在是作为革命力量出现的，而我们正是应该把他们当作这样的力量来支持"⑥。但是当"从事农耕的小市民现在是以革命者的姿态出现的，如果超过这个界限还支持他们，那是自愿做傻子的人干的事，这种人甚至在'社会主义者'中间也还有；我们不在此数"⑦。

由于普列汉诺夫低估农民群众在革命中的重大作用，片面认为"小资产阶级生产者在新的社会条件下"会"丧失自己的革命意义"，致使他对工农联盟持否定态度，他指出："无产阶级和农民，即其经济利益在很多方面彼此都根本不同。"⑧ 在经济领域中，农民"对民主制的了解完全不同于'我们'对它的了

---

① 《普列汉诺夫机会主义文选》下，虚客译，生活·读书·新知三联书店1965年版，第139页。
② 《普列汉诺夫机会主义文选》下，虚客译，生活·读书·新知三联书店1965年版，第139页。
③ 《普列汉诺夫机会主义文选》下，虚客译，生活·读书·新知三联书店1965年版，第139页。
④ 《普列汉诺夫机会主义文选》下，虚客译，生活·读书·新知三联书店1965年版，第141页。
⑤ 《普列汉诺夫机会主义文选》下，虚客译，生活·读书·新知三联书店1965年版，第147页。
⑥ 《普列汉诺夫机会主义文选》上，虚客译，生活·读书·新知三联书店1964年版，第176页。
⑦ 《普列汉诺夫机会主义文选》上，虚客译，生活·读书·新知三联书店1964年版，第176页。
⑧ 《普列汉诺夫机会主义文选》上，虚客译，生活·读书·新知三联书店1964年版，第216页。

解"①。所以工人阶级的最低纲领对农民而言"根本没有义务来坚持"②。无产阶级的"前进运动可能被农民在政治上的惰性所阻碍"③。普列汉诺夫认为，如果无产阶级与农民结成联盟，就会吓跑资产阶级，革命规模就会受到影响。"尽管自由资产阶级的观点是反对无产阶级的和反革命的，但是由于它采取反政府的立场，它就可能给革命的无产阶级带来利益，因此，如果我们一成不变地抛弃这个资产阶级，对自己和别人说，现在根本不能期待它会为自由的事业作出什么成绩来，那么我们这样做就会违反革命的直接和明显的利益。"④

　　普列汉诺夫对农民问题的态度，其实是第二国际各政党的普遍特征。这些政党忽视了无产阶级在革命中的同盟者问题。斯大林指出："在无产阶级革命前夜漠视农民问题这样一个重要的问题就是否认无产阶级专政。"⑤ 虽然无产阶级在工农民主政权中占据少数，但是它是这个政权的领导阶级。在它带领下，俄国将彻底完成民主革命并及时转变为社会主义革命的路线。这个新型的革命政权，担负着资产阶级不能完成的革命任务，最终实现无产阶级专政。普列汉诺夫片面地以无产阶级在政权中属于少数派，来断定俄国民主革命胜利后建立的必是"小资产阶级对无产阶级代表的专政"。其实工农民主政权与专制政权之间没有任何继承性，前者的建立是以打碎旧的国家机器为前提的。

　　普列汉诺夫对农民态度的观点一方面在孟什维克市有化纲领中得到了反映。这一纲领表明普列汉诺夫忽视了资本主义国家中"农民土地革命"的内容。列宁指出："对资本主义来说，农民的'清洗'土地，这就是土地国有化。马斯洛夫、普列汉诺夫及其集团所完全没有理解的，也正是由工人和农民所实现的资产阶级革命中的国有化的这种经济实质。"⑥ 按照市有化纲领，地主的土地并不归农民支配，而是由地方自治机关市政委员会支配。农民只能向它租赁土地。

---

① 《普列汉诺夫机会主义文选》上，虚容译，生活·读书·新知三联书店1964年版，第217页。
② 《普列汉诺夫机会主义文选》上，虚容译，生活·读书·新知三联书店1964年版，第217页。
③ 转引自［苏］福米娜：《普列汉诺夫的哲学观点》，汝信译．生活·读书·新知三联书店1963年版，第260页。
④ 《普列汉诺夫机会主义文选》上，虚容译，生活·读书·新知三联书店1964年版，第258页。
⑤ 《斯大林全集》第1卷，人民出版社1953年版，第110页。
⑥ 转引自［苏］福米娜：《普列汉诺夫的哲学观点》，汝信译，生活·读书·新知三联书店1963年版，第262页。

地主和农民之间的租赁界限原封不动地得以保留。孟什维克提出的市有化纲领，实质上主张对地主的土地进行赎买，幻想不用武装起义就能解决土地问题，但这也造成专制制度继续在中央执政，而从地主手中剥夺来的土地继续由市政委员会来剥夺。到头来只是一个反动空想。相反土地国有化纲领则是从武装起义获得胜利的方针出发，要求为了农民的利益而无偿剥夺所有地主的土地。普列汉诺夫反对土地国有化，认为国有化没有提供防止旧制度复辟的措施。他以彼得大帝时期的土地改革为例，指出早在17世纪俄国就存在土地国有化，但效果却是使国家倒退为过去的历史阶段。事实上，普列汉诺夫把以资本主义生产方式为基础的国有化同以封建主义生产方式为基础的国有化混为一谈。只要把资产阶级民主革命进行到底便是防止复辟的最好保证。如果不经政治革命、不经革命的人民夺取政权，那么土地革命是不可能进行到底的。

另外，从革命起源来看，作为俄国专制统治基础的农奴制，之所以在历史上得以巩固"并不是因为没有遇到反抗，而是它没有因为反抗而停顿"①。农民被束缚在地主庄园上，面对沙皇专制的镇压，缺乏行之有效的对抗力量。农民只能用零星的、地方性的反抗方式来进行表达，但遭到无情的粉碎。虽然沙皇政府在1861年主动废除了农奴制，但是其残余依然存在，尽管解放运动分给了农民一半以上的土地，但却在经济上将他们置于更加窘迫的地位。解放运动及其后果导致农民的生存条件越发困难。这种情况下，一系列更容易导致农村革命的诱导性条件出现了。贵族阶级虽然在经济和政治上走向衰落，但是在农村依然保留有根基——通过赤裸裸的剥削、不劳而获和租佃关系而与农民联系在一起。与此同时，虽然解放促使农民的政治独立性得到加强，但是农民的负担却更重了，要用毫无变化的生产方式来满足外界更加沉重的要求。②

1905年的俄国资产阶级民主革命虽然始于城市，但是很快传遍了农村。由

---

① [美]西达·斯考切波：《国家与社会革命——对法国、俄国和中国的比较分析》，何俊志、王学东译，上海世纪出版集团2015年版，第158页。

② 政府税收的加剧，与农民生存状况急剧恶化的大危机正好重合，在明知会被镇压的情况下，1890年后所发生的地方骚动也越来越频繁。沙皇政府的疯狂镇压，其后果必然是引起一场革命的总爆发，先是1905年的暂时爆发，然后则是在1917年不可逆转的再次爆发。值得注意的是，这两次革命的爆发都是正值俄国与别国的帝国主义战争失败之际。

于军队在前景悲观的日俄战争中陷入困境，政府又忙于应付城市动乱，农民在 1905 年春天就卷入到冲突之中，到了秋天则达到了顶峰。在这次革命中，农民的直接目标主要是经济而非政治上的。他们的斗争主要针对的是地主，与警察和其他政府代表的冲突则位居其次。"在大多数情况下，是整个村庄或公社的农民在参加运动……"① 所以，1905 年革命最深层的动力，来自于俄国核心省份日益贫困的农村村社。革命的基本"理由"是经济贫困，而日俄战争为革命的爆发点燃了导火索。农村传统的村社观念和形式决定了这次革命斗争的性质。"可以说，农民革命的组织基础在乡村中'早就准备好了'。"②

俄国 1905 年革命中农民以自己的丰功伟绩驳倒了普列汉诺夫对农村的错误看法。其实农奴制残余和沙皇专制制度是工农共同受剥削、受压迫的根源。和西欧农民相比，俄国农民自身受农奴制残余和资本主义的双重压迫，处于破产边缘的农民与无产阶级保持着密切联系。这就决定了俄国农民更容易接受无产阶级的领导，是无产阶级可靠的同盟军。因此，工农结盟的政策是俄国无产阶级政党争取民主革命胜利的基本策略。

普列汉诺夫对农民革命作用的否定，说明他不了解，带有农奴制残余的大地主土地所有制才是俄国农民贫困破产的主要根源。铲除农奴制残余，消除地主土地占有制，是俄国资产阶级革命的根本问题。出于对土地的渴望，农民必定会站在斗争的最前线，成为此次俄国革命的主力军。从这个意义上讲，俄国资产阶级革命实质上就是场农民革命。

（三）批判武装起义，颂扬国家杜马

随着革命的深入，1905 年秋俄国革命从政治罢工发展到武装起义，而普列汉诺夫此时却表现出了前后矛盾的态度，在革命刚开始，普列汉诺夫还曾号召："反对沙皇制度的人们，武装起来！"③ 但现在他却把工作重点放在制造起义胜

---

① ［美］西达·斯考切波：《国家与社会革命——对法国、俄国和中国的比较分析》，何俊志、王学东译，上海世纪出版集团 2015 年版，第 164 页。
② ［美］西达·斯考切波：《国家与社会革命——对法国、俄国和中国的比较分析》，何俊志、王学东译，上海世纪出版集团 2015 年版，第 165 页。
③ 《普列汉诺夫机会主义文选》上，虚容译，生活·读书·新知三联书店 1964 年版，第 138 页。

利的心理条件上。他指出：我们只要"在群众中进行广泛的、坚持不懈的革命宣传工作，这就必然会使群众同政府发生决定性的冲突"①。普列汉诺夫赞成孟什维克《火星报》提出的口号，"用进攻专制制度的迫切需要"把群众武装起来。他甚至幻想，无产阶级和革命群众应把武装起义的胜利希望寄托在资产阶级和沙皇军官身上。他指出，武装起义要取得胜利，必须具备两个"完全必要的条件"：第一，无产阶级起义的"成功""完全取决于'社会人士'对他们的同情"和支持；第二，"尽可能瓦解敌人的力量"②。他认为："起义的成功完全系于军队的行为"，"军官的行为对士兵的行为会发生强大的影响"，而"军官到底是我国'社会人士'的亲骨肉"，"'社会人士'会比我们更好地向自己的身着军官制服的儿子说明：向人民开枪即使从誓词的狭隘概念的观点来看也是一种罪行"，军官"要为祖国服务，他在道义上没有权利为了沙皇的利益而去做祖国的刽子手"，"因此武装起义的拥护者应当接近"自由资产阶级的"社会人士"③。

当革命到了最为紧迫的关头，武装起义已成必然时，普列汉诺夫再次表露出摇摆不定的立场。他一方面正确指出："同黑帮分子作斗争使武装问题变成了最迫切的实践问题之一。并且不只是武装问题而已。"④"获得左轮手枪或匕首是不够的，还应当学会掌握它们。"⑤并且一再强调要"武装得好"⑥；而另一方面，他坚持认为此时发动武装起义并不是最佳时机，应该"更加审慎地谈论武装起义"⑦。他批评布尔什维克对武装起义"暴露出几乎令人难以想象的轻率态度。它们的头脑变成了专谈武装起义调子的特殊的'自动机械乐箱'"⑧。他说：

---

① 《普列汉诺夫机会主义文选》上，虚容译，生活·读书·新知三联书店1964年版，第1—5页。
② 《普列汉诺夫机会主义文选》上，虚容译，生活·读书·新知三联书店1964年版，第142—143页。
③ 《普列汉诺夫机会主义文选》上，虚容译，生活·读书·新知三联书店1964年版，第141—142页。
④ 《普列汉诺夫机会主义文选》上，虚容译，生活·读书·新知三联书店1964年版，第204页。
⑤ 《普列汉诺夫机会主义文选》上，虚容译，生活·读书·新知三联书店1964年版，第205页。
⑥ 《普列汉诺夫机会主义文选》上，虚容译，生活·读书·新知三联书店1964年版，第205页。
⑦ 《普列汉诺夫机会主义文选》上，虚容译，生活·读书·新知三联书店1964年版，第206页。
⑧ 《普列汉诺夫机会主义文选》上，虚容译，生活·读书·新知三联书店1964年版，第207页。

"正是在这样的时代,火枪(以及左轮手枪)的自动射击对我们的事业可能有直接致命的危害。"①

随着武装起义被镇压下去,普列汉诺夫再次发表文章,斥责俄国无产阶级,他将这次武装起义称之为"开始得不合时宜的政治罢工已经引起了莫斯科、索尔莫夫、巴赫姆特等地的武装起义","但是他们的力量还不足以取得胜利。这种情况是不难预料的。所以说,本来就用不着拿起武器"②。他认为,这次武装起义的失败证明,布尔什维克的"错误"在于"过分迷恋于武装起义的主张"③,无产阶级的"错误"在于没有看清"武装起义的游戏的全部冒险性"④,事实证明,走武装起义推翻沙皇的道路是行不通的,今后"我们必须掌握"和平的合法的"新的策略手段","应该立刻加强对工会运动的注意","依靠无产阶级的经济斗争"⑤ "获得新的力量"⑥。

总之,普列汉诺夫对武装起义作了错误的估计,他对武装起义所持的立场,实质上是对俄国1905年革命群众运动的态度问题。在武装起义就要爆发之际,普列汉诺夫强调起义工作的重点在于制造起义胜利的心理条件上。他用在群众中进行鼓动的日常宣传教育去对抗列宁提出的必须组织起义的号召。客观而言,宣传教育是必要的,但当武装起义已提上历史议程时,还坚持口头上的宣传教育,就明显落后于革命斗争的实际需要了。列宁对此曾批评道:"在看到这种力图把我们的运动拉向后退的庸人式的鄙俗见解的样子时,你会为社会民主党感到怎样热辣辣的羞耻感呢!把人民用武装的迫切需要武装起来乃是社会民主党的经常的、一般的、无论何时何地的任务……"⑦ 列宁着重指出,1905年的俄国革命是高涨,并不同于平时的工作条件。正因如此,革命的社会民主党人才提出"拿起武器"的时候,普列汉诺夫和"《火星报》却大言不惭地说:问题

---

① 《普列汉诺夫机会主义文选》上,虚客译,生活·读书·新知三联书店1964年版,第266页。
② 《普列汉诺夫机会主义文选》上,虚客译,生活·读书·新知三联书店1964年版,第282页。
③ 《普列汉诺夫机会主义文选》上,虚客译,生活·读书·新知三联书店1964年版,第278页。
④ 《普列汉诺夫机会主义文选》上,虚客译,生活·读书·新知三联书店1964年版,第282页。
⑤ 《普列汉诺夫机会主义文选》上,虚客译,生活·读书·新知三联书店1964年版,第283页。
⑥ 《普列汉诺夫机会主义文选》上,虚客译,生活·读书·新知三联书店1964年版,第278页。
⑦ 转引自[苏]福米娜:《普列汉诺夫的哲学观点》,汝信译,生活·读书·新知三联书店1963年版,第264页。

的实质不在于武装,而在于自我武装的迫切需要。难道这不是知识分子的毫无生气的说教吗?""难道这些人不是把党拖向后退,使党离开革命先锋队的迫切任务而去注视无产阶级的'后背'吗?"①

在武装起义失败后,"本来是不需要动用武器的","本来是不需要燃起起义的燎火的"——普列汉诺夫转而批评工人阶级武装起义。事实上,各种社会革命都是要经过反复较量,不断斗争,从失败直至最后胜利的曲折复杂道路。这是人类社会的客观发展规律,更是无产阶级革命的宝贵经验。在革命遭到失败的时候,认真总结经验教训,分清无产阶级在革命斗争中的失败与反动统治阶级失败的本质差别,看到革命必定胜利的光辉前景,制定正确的革命路线,迎接新的革命斗争。真正的革命者,不但要敢于斗争,敢于胜利,而且也要敢于承担革命的暂时失败,经受住失败的锻炼和考验,正确对待革命的群众运动。所以正如列宁所说:"正好相反,本来应该更坚决、更果敢和更富于进攻精神地拿起武器,本来应该向群众说明不能单靠和平罢工,必须进行英勇无畏和毫不留情的武装斗争。"②

普列汉诺夫以马克思为例,解释自己对革命态度的转变。"马克思领导下的国际工人协会总委员会也扮演过这种角色,它在1870年9月9日的呼吁书中曾经警告巴黎无产阶级不要进行不合时宜的发动。"③ 在1870年秋,马克思确实曾劝告巴黎工人不要急于推翻政府。但是到1871年3月,当巴黎工人开始起义的时候,马克思立刻旗帜鲜明地站在起义工人一边,充当他们的"实际的顾问",讴歌他们的战斗精神,欢呼世界上第一个无产阶级政权——巴黎公社的成立。后来,巴黎公社失败后,马克思并没有被失败所吓倒,而是正确总结巴黎公社的经验教训,击溃了资产阶级学者和各种机会主义者对巴黎公社的种种攻击,捍卫了巴黎公社的革命原则。马克思没有说过半句普列汉诺夫那样教训革命群众的言论,更没有得出否定无产阶级暴力革命的结论。列宁曾深刻指出普列汉诺夫与马克思对待武装起义态度的本质差别,"一方面是半年前就预见到失败的

---

① 《列宁全集》第8卷,人民出版社1987年版,第148页。
② 《列宁选集》第1卷,人民出版社2012年版,第682页。
③ 《普列汉诺夫机会主义文选》上,虚容译,生活·读书·新知三联书店1964年版,第282页。

一位深思熟虑的思想家竭力推崇群众的历史主动性,一方面是毫无生气的麻木不仁的迂腐说法:'本来是不需要动用武器的!'这岂不是一个天上,一个地下吗?"①

(四)搬用"万里长城论",否认民主革命转变为社会主义革命

面对日益高涨的革命斗争,沙皇政府用"大棒"加"胡萝卜"的两面手段。在武力镇压的同时,也采取和平欺骗的方针,谋求同资产阶级妥协,散布立宪幻想,企图使工农群众放弃武装斗争。关于沙皇政府公布的制定国家杜马的提案,布尔什维克则认为当前正处于革命关键时期,如果支持杜马就会转移人民革命视线,所以必须加以抵制,将精力集中于建立革命军队,组织武装起义,成立临时革命政府。而孟什维克认为它是"解放运动的转折点",主张积极参加杜马选举,并在选举中同资产阶级自由派合作。

对国家杜马的态度,普列汉诺夫基本与孟什维克相同,反对抵制杜马,但对城乡又有不同主张。由于低估农民的革命性,他反对在农村抵制杜马。"农民的政治觉悟非常低",在农村如果抵制杜马,不利于在农村形成"自觉的反政府派",不利于提高农民的政治觉悟。他建议起草告选举人的农民委托书,向杜马提出解决土地问题的需求。同时,他又承认"抵制国家杜马的策略在城市人民特定的情绪的条件下的确是最好的策略"②。实践证明,反对在农村抵制杜马是对农民散播幻想,不利于吸引农民参加革命的。

在杜马法令公布之后,普列汉诺夫积极支持国家杜马的筹建,认为国家杜马"成了人民注意的中心"③,它的"一切工作都是好的"④。他甚至希望放弃武装斗争,通过国家杜马来推翻沙皇专制政权。所以他一再号召:"全国人民应当齐心协力地支持国家杜马。"⑤ "应当在群众性的革命鼓动的文火上把官僚制度妈妈烤熟。"⑥ 他批评布尔什维克对杜马的抵制策略,认为这是"一个错误",

---

① 《列宁全集》第14卷,人民出版社1988年版,第379页。
② 《普列汉诺夫机会主义文选》上,虚容译,生活·读书·新知三联书店1964年版,第262页。
③ 《普列汉诺夫机会主义文选》下,虚容译,生活·读书·新知三联书店1965年版,第15页。
④ 《普列汉诺夫机会主义文选》下,虚容译,生活·读书·新知三联书店1965年版,第16页。
⑤ 《普列汉诺夫机会主义文选》下,虚容译,生活·读书·新知三联书店1965年版,第2页。
⑥ 《普列汉诺夫机会主义文选》下,虚容译,生活·读书·新知三联书店1965年版,第26页。

是建立在"把自己的愿望当做现实"的"心理错觉的基础上",它"所捍卫的策略包含着明显的小资产阶级唯心主义和小资产阶级假革命性质的标记",是"地道的无政府主义的结论"①。

普列汉诺夫建议社会民主党在第二届国家杜马中接受"责任内阁"的口号,以便同自由资产阶级的立宪民主党达成协议,共同组成一个同情人民、对人民尽义务的"责任内阁"。在普列汉诺夫看来,无论是进行革命决战的时候,还是进行革命退却的时候,"责任内阁"都能起到良好作用。他指出:"或者迅速增长的革命力量现在已经超过政府力量,那么,责任内阁的要求便能够而且应该成为与反动派决战的信号。或者革命力量还未超过政府的反抗力量,那么进行决战还不合适;不过即使如此,这个要求仍然应该加以支持,因为它是提高人民的政治认识、使人民为未来的胜利战斗作准备的最好的教育工具。"②

事实上,由于选举制度的不合理,地主和资产阶级的代表在国家杜马中占据多数,并起决定性作用,所以国家杜马执行的是地主资产阶级的利益政策,对农民的土地要求置之不理。它根本不能体现人民的意志。布尔什维克认为,反动的杜马选举制度使人民群众控制不了杜马;即使控制了杜马也不能触动沙皇的国家机器,解决革命的根本问题——政权问题。要推翻沙皇专制制度,取得民主革命的胜利,绝不是依靠杜马内的辩论和清谈,而是靠杜马外面工农群众的武装斗争。所以杜马实际上只是一个低能的、以人民为敌的议会。甚至当布尔什维克在革命衰退后也加入杜马时,他们也并不打算开展有机的、立法工作,而是为了革命的利益将杜马作为宣传讲坛。

毫不奇怪,普列汉诺夫在杜马问题上采取的策略方针,受到立宪民主党人司徒卢威等的欢迎。他和立宪民主党人联合,③ 公开表示社会民主党人与立宪民

---

① 《普列汉诺夫机会主义文选》上,虚容译,生活·读书·新知三联书店1964年版,第325页。
② 《普列汉诺夫机会主义文选》上,虚容译,生活·读书·新知三联书店1964年版,第255页。
③ 在1906—1907年的立宪民主党的《同志报》上,普列汉诺夫共发表了13篇论文,提出了"全权杜马和同立宪民主党人成立协议"的口号。

主党人的共同纲领是必要的。① 列宁指出："你们去看看普列汉诺夫在资产阶级的立宪民主党的'同志'报上面的言论吧。普罗科坡维奇先生与枯斯科娃女士曾如何欢天喜地的来迎接这种言论，他们两人就正是在1900年因为企图用资产阶级的观点来败坏社会民主党，而被普列汉诺夫把他们从社会民主党内赶出去的。现在普列汉诺夫却接受了普罗科坡维奇与枯斯科娃之有名的'Credo'（信条、世界观。——译者注）的策略……"②

需要注意的是，普列汉诺夫虽然支持杜马，但并不同孟什维克完全一致。在国家杜马解散后，普列汉诺夫在《共同的悲痛》中集中批判了立宪民主党对国家杜马的幻想。他正确指出："业已夭折的杜马本身是微不足道的。"③ 他说："'解散'国家杜马是一课生动的教训，它清楚地告诉人民，十月'宪法'的真正意义是什么。"④ 因此，他奉劝立宪民主党人，不必因为国家杜马解散而"悲痛"，只要召集立宪会议，就可以把"共同的悲痛"变成"共同的欢乐"。他声称："然而在当前我国的条件下，只有立宪会议才能制定真正的宪法。"⑤ 他分析了无产阶级、劳动农民和立宪民主党对召集立宪会议的不同态度，尖锐指出立宪民主党由于害怕农民提出解决土地问题，而"将对召开立宪会议的思想持一定程度的怀疑态度"⑥。他还指出了立宪民主党人的阶级局限性，他说："立宪民主党对待人民中间宣传召开立宪会议的思想的否定态度清楚地告诉所有有眼睛的人，立宪民主党人保卫全民的利益只有一定的范围，只是在这种利益不同他们的阶级利益发生冲突的场合下，而在发生冲突的时候他们就会让前一种利益牺牲于后一种利益。"⑦ 所以他主张各个革命的政党实行协商，来为立宪会

---

① 司徒卢威曾在彼得堡的一个集会中声称："许多人认为普列汉诺夫是一个立宪民主党人，普列汉诺夫在现在所说的话中有许多是立宪民主党人所能表示欢迎的，可惜的只是，当立宪民主党人过去处于孤立时他没有说出这些话。"（1906年12月28日《同志报》）
② [苏]福米娜：《普列汉诺夫的哲学观点》，汝信译，生活·读书·新知三联书店1963年版，第267页。
③ 《普列汉诺夫机会主义文选》下，虚容译，生活·读书·新知三联书店1965年版，第84页。
④ 《普列汉诺夫机会主义文选》下，虚容译，生活·读书·新知三联书店1965年版，第79—80页。
⑤ 《普列汉诺夫机会主义文选》下，虚容译，生活·读书·新知三联书店1965年版，第84页。
⑥ 《普列汉诺夫机会主义文选》下，虚容译，生活·读书·新知三联书店1965年版，第83页。
⑦ 《普列汉诺夫机会主义文选》下，虚容译，生活·读书·新知三联书店1965年版，第83页。

议而斗争。

列宁把临时革命政府的活动看作是使资产阶级民主革命转变为无产阶级革命的重要前提，但普列汉诺夫却采取了另一种策略方针。他坚持在西欧广为流传的否认资产阶级民主革命转变为社会主义革命的观点，这实质上是两种原则上绝不相同的主张：一种是发展革命，另一种则是熄灭革命。普列汉诺夫认为，在资产阶级民主革命胜利后将政权交给资产阶级，无产阶级只是充当资产阶级政党的可怜的"反动派"。他在党的第四次代表大会上说，"我们的看法是：我们必须夺取政权，但只有在我们进行无产阶级革命的时候才是必须的。既然现在摆在我们面前的只能是小资产阶级革命，那我们就必须拒绝夺取政权。"① 普列汉诺夫忘记了马克思、恩格斯在总结 1848 年法国革命时的一个重要结论——必须粉碎旧的国家机器是"任何一次真正的人民革命的先决条件"②。

第二国际的部分理论家认为，在资产阶级民主革命胜利之后，农民因为获得土地马上就变成资产阶级秩序的拥护者，所以无产阶级就缺少了社会主义革命的同盟者。针对这一情况，他们主张在资产阶级革命胜利以后，必须经过长达 50 年到 100 年的资本主义发展时期，届时无产阶级在社会上占人口多数，并且拥有高度的文化教育水平与生产管理技能时，社会主义革命才能开展。普列汉诺夫赞同并积极宣传这一理论。他指出："从现代科学社会主义的观点来看，任何关于社会主义变革是俄国革命运动的最近目的的空谈都是完全和绝对没有根据的。革命运动的最近目的是推翻专制制度。推翻了专制制度就可以保证俄国无产阶级的政治权利和政治自由，使他们有广泛的机会成长、成熟、发展和组织起来进行社会主义革命。"③ 他强调："社会主义的胜利不能同专制制度的崩溃同时并举。这两个时刻之间必须有一个相当长的时间间隔互相分离开来。"④ 因为前后两场斗争在时间上是分离的，所以普列汉诺夫认为："社会民主党人在自己同专制制度的不可调和的斗争就有充分的权利而且毫不反对自己地可以向

---

① 《普列汉诺夫机会主义文选》上，虚容译，生活·读书·新知三联书店 1964 年版，第 339 页。
② 《马克思恩格斯书信选集》，刘潇然译，人民出版社 1962 年版，第 287 页。
③ 《普列汉诺夫机会主义文选》上，虚容译，生活·读书·新知三联书店 1964 年版，第 252 页。
④ 《普列汉诺夫机会主义文选》上，虚容译，生活·读书·新知三联书店 1964 年版，第 252 页。

所有应当知道和懂得这个道理的人指出，他们的利益现在同我国社会中主张自由思想的那一部分人的利益是一致的。"①

虽然马克思也指出，从资产阶级民主革命向社会主义革命的转变，需要以社会生产力水平的提升为条件。但是联系俄国 1905 年革命实际，已经达到西方中等资本主义国家发展程度的俄国，具备了开展社会主义革命的客观条件。随着民主革命的胜利，农村无产阶级和半无产阶级同农村资产阶级的矛盾，就跃升为农村中的主要矛盾。占农村人口绝大多数的无产阶级和半无产阶级，将成为农村中积极要求推翻资本主义，进行社会主义革命的战斗力量。当前，虽然在民主革命后，无产阶级占据少数人口，但在坚持马克思主义政党的领导下，与城乡的半无产阶级联合起来，就会形成占俄国人口大多数的革命大军。同时，无产阶级在革命转变中的作用，也绝不能以人数比重来衡量。它是社会主义生产力的代表，是最先进最革命的阶级，实现革命转变是它的历史使命。任何别的阶级都担负不起这一使命。

总之，列宁指出，普列汉诺夫整个革命策略的实质，就是在革命斗争时代散布"政治和平"的虚伪观念，削弱或者松弛一切阶级斗争，麻痹各阶级之间以及人民同旧政权之间的政治和社会上的对抗，企图用议会斗争的任务来代替夺取政权的根本任务，为了自由主义的暂时胜利，忘记实际生活已经提出的更崇高的民主任务，为了迁就暂时的情绪、状况和关系的可能性，忘记无产阶级的长远的、主要的、根本的利益。

三、孟什维主义时期特殊性的具体表现

孟什维主义时期的普列汉诺夫，特殊性是他的最大标签。从 1903 年转向孟什维克以后，普列汉诺夫并非义无反顾地完全支持孟什维克，而是采取了一种特殊立场，同孟什维克时密时疏，若即若离，甚至好几次脱离了孟什维克，同

---

① 《普列汉诺夫机会主义文选》上，虚容译，生活·读书·新知三联书店 1964 年版，第 252—253 页。

布尔什维克合作。所以，过去有一种看法：一个人转向机会主义泥潭后越陷越深，不能自拔，一沉到底，被认为是不可逾越、一成不变的规律。实际上这是形而上学的绝对化观点。历史的万花筒呈现出各色各样变化无穷的人物，对此要进行具体分析，不能千篇一律，生搬硬套。

（一）政治立场的特殊性：孟什维主张中包含国际主义精神

孟什维主义时期的普列汉诺夫，虽与列宁出现严重分歧，但仅以此来说明他"在机会主义泥潭中越陷越深"是片面的。事实上普列汉诺夫在一系列问题上采取了不同于一般孟什维克、而接近布尔什维克的特殊立场。

具体而言，对 1904 年爆发的日俄战争，普列汉诺夫并没有站在沙文主义立场上，而是坚持了无产阶级的国际主义原则。他公开痛斥沙皇政府进行的日俄战争，号召俄国工人应同各国无产阶级团结一致。在第二国际阿姆斯特丹代表大会上，他明确指出："这次罪恶的战争的责任不应由俄国人民承担，而应由它的最凶恶的敌人——沙皇政府承担。即使俄国赢得这次战争，那么真正被打败的不是日本，而是俄国人民……由于这次战争，日本将替我们砍掉专制政府这个庞然大物的一只脚。专制政府面临自己应得下场的时日即将到来。"①

在谴责军国主义的同时，普列汉诺夫还回应了爱国主义与社会主义的争论，他坚持马克思主义立场和方法论，对"工人无祖国"、社会主义者如何看待战争和军国主义等问题都做了科学的分析与阐释。

首先，普列汉诺夫阐释了"工人无祖国"的国际主义思想。修正主义者伯恩施坦和法国右翼社会党人饶勒斯都声称：《共产党宣言》之所以提出"工人无祖国"口号，是因为马克思和恩格斯基于当时工人经济上的贫困、政治上无权而发出的悲观主义义愤之词。随着工人自身经济状况的改善和政治权利的不断提升，这一口号的实际效用会不断缩小。普列汉反驳道：马克思和恩格斯提出"工人没有祖国"的原意，"是为了回答那些责备共产党人要'废除祖国'的资产阶级思想家的。因此很明显，《宣言》的作者所说的'祖国'是从完全确定

---

① 转引自高放、高敬增：《普列汉诺夫评传》，中国人民大学出版社 1985 年版，第 295 页。

的意义上,即从资产阶级思想家所赋予的意义上来理解的"①。他以历史唯物主义观点,分析了产生"工人无祖国"这个社会意识的社会存在,并联系当前实际,指出,随着资本主义经济的进一步发展,将超越一切"祖国"的范畴,使世界上各个国家的阶级关系简单化为两个对立的阶级:无产阶级和资产阶级。因此,"工人没有祖国"这一原则不仅在当时、在今天,而且在将来"也仍然是正确的"②。

其次,普列汉诺夫驳斥了饶勒斯主张的"工人无祖国"就等于"向工人阶级说,它可以不去管与祖国有关的事"断论。他分析了"工人无祖国"与"爱国"的关系,指出"工人无祖国"并不意味着不去管与"祖国"有关的事,《宣言》的作者号召无产阶级进行反对资本主义的革命斗争,夺取政权,就是过问同"祖国"有关的事;问题在于当过问与"祖国"有关的事情时,必须坚持国际主义原则。他进一步指出,在工人受压迫的资本主义国家中,工人阶级坚持国际主义原则同本国范围内进行推翻资本主义制度的革命斗争——国际无产阶级的利益与本国无产阶级的利益——是一致的。但是,当"祖国"的利益与本国无产阶级的利益相矛盾的时候,该国工人阶级,应当从无产阶级国际主义原则出发,使前者服从后者。因此,他说:"在祖国利益同革命人类即同现代国际无产阶级运动的利益,也就是同进步的利益发生矛盾的地方,它同维护祖国的决心是完全不相容的。这个运动的利益,是不愿意背叛自己观点的现代社会主义者在估计一切国际关系(不管是涉及战争与和平的问题,或是关系到一般贸易政策特别是其中的'殖民主义')时所应该具有的最高观点。对于这样的社会主义者来说,革命的利益是最高的准则。"③

在此基础上,普列汉诺夫阐明了社会主义者对待战争和军国主义应持有的正确立场。他认为,社会主义者既不应反对任何战争,也不能同情一切防御性的战争,而是应支持革命的进步性的战争。他指出:"国际无产阶级应该彻底坚持自己的观点,同情一切可以清楚社会革命道路上任何重大障碍的战争——不

---

① 《普列汉诺夫哲学著作选集》第3卷,生活·读书·新知三联书店1962年版,第95页。
② 《普列汉诺夫哲学著作选集》第3卷,生活·读书·新知三联书店1962年版,第96页。
③ 《普列汉诺夫哲学著作选集》第3卷,生活·读书·新知三联书店1962年版,第101页。

管是防御性也好，进攻性也好，都是一样。"① 针对当前日俄战争的状况，他明确指出："毫无疑问，现在文明民族之间的战争，在许多方面严重危及工人阶级的解放运动。正因为如此，所以这一阶级的觉悟了的成员都是最坚决最可靠的和平拥护者。"② "毫无疑问，资产阶级'祖国'的殖民措施也已经给国际无产阶级提供了足够的材料来对它加以坚决的谴责。"③ 普列汉诺夫认为，反对军国主义的最好手段，就是开展各国无产阶级的革命斗争，推翻资本主义制度。正是从这个意义上，他指出："我们的反军国主义的斗争根本不可能安排在某一个别行动的时刻。这是个完整的过程。"④ 总之，在日俄两国交战和军国主义弥漫之际，普列汉诺夫坚持以无产阶级国际主义精神痛斥战争的罪孽，并坚持从理论上武装无产阶级，为反对军国主义指明了根本路径。

所以，如果断定普列汉诺夫陷入机会主义泥潭，背叛了马克思主义，不仅有悖于常理，也不符合他自身的革命实践。事实上，他依然是一位坚定的马克思主义者，与列宁更多的是革命策略上的分歧。列宁多次拿普列汉诺夫同伯恩施坦相比较，并且强调指出，"作为俄国资产阶级革命中俄国社会民主党的政治领袖，作为一个策略家，普列汉诺夫经不起任何批判。他在这方面表现出的机会主义给德国工人带来的危害性大百倍。"⑤ 人们常引证上述评论，却很少分析普列汉诺为何比比伯恩施坦"危害大一百倍"。其实列宁对两者的对比并非基于政治立场，而是仅限于革命策略。

在列宁看来，首先是时势不同。伯恩施坦是在革命尚未发生时期主张改良，试图把德国无产阶级引入歧途。普列汉诺夫则在革命与反革命短兵相接时期给俄国无产阶级指引一条可能遭到彻底失败的道路。此外，二者在党内的威望和地位不同。19 世纪末 20 世纪初普列汉诺夫在俄国党内的权威，是伯恩施坦在自己党内所望尘莫及的。试想，两军正在激烈争斗，一个功勋卓越、声施千里的主将提出了一套如果实行必然瓦解军心的作战方针，其后果比之于一个只有一

---

① 《普列汉诺夫哲学著作选集》第 3 卷，生活·读书·新知三联书店 1962 年版，第 102 页。
② 《普列汉诺夫哲学著作选集》第 3 卷，生活·读书·新知三联书店 1962 年版，第 102 页。
③ 《普列汉诺夫哲学著作选集》第 3 卷，生活·读书·新知三联书店 1962 年版，第 102 页。
④ 《普列汉诺夫哲学著作选集》第 3 卷，生活·读书·新知三联书店 1962 年版，第 103 页。
⑤ 《列宁全集》第 11 卷，人民出版社 1988 年版，第 10 页。

定名望的年轻将领在营垒初成、运筹帷幄时提出的同样错误的方针，自然不可同日而语。这从侧面也反映出普列汉诺夫在前期生涯中赢得的崇高威望。所以列宁才花费那么大的精力同他的孟什维主义策略思想周旋。① 列宁的"危害论"，其实更是适应革命紧急形势所需，避免群众受普列汉诺夫革命策略误导。

总之，尽管普列汉诺夫在历史转折的重要关头判断失误，但他依然秉持马克思主义立场，只因在探寻俄国革命实际中缺乏行之有效的方法，对俄国革命形势的错误判断，才造成了与列宁在革命策略上的分歧。

(二) 转变成因的特殊性：面对不同意见的错误取舍

通常认为，长期脱离实际是普列汉诺夫政治立场转变的重要原因，也是造成"本本主义"的根源。但这样的阐释偏于笼统：究竟是客观地域原因造成的脱离实际，还是主观有意识的忽视实际，如果聚焦他在革命前的策略研究中，就可发现：普列汉诺夫对不同革命意见的错误取舍，造成了他对革命实践探寻的偏差。而这种态度取舍是由心理性格所致。

在尼古拉二世发表《十月诏书》以后的一年内，俄国国内关于当前革命形势基本持三种观点：一是普列汉诺夫主张俄国必须先进行资产阶级革命，在实行较长时间资本主义统治后，才能开展社会主义革命；二是列宁主张以无产阶级和农民的革命民主专政取代君主专制；三是托洛茨基的"不断革命论"，即不断地从资产阶级革命进入社会主义革命。在1906年的斯德哥尔摩大会上，支持普列汉诺夫的占多数。但是这并非安然无恙。一方面，政治形势变化无常，列宁等布尔什维克的猛烈抨击致使普列汉诺夫的大量支持者外流。另一方面，普列汉诺夫和孟什维克的关系相当微妙，内部对他的见解也并非完全接受。在此背景下，他对俄国革命形势的探寻出了一系列偏差。

首先，他通过书信正式征求国际社会主义领导人对俄国革命看法。在信中，普列汉诺夫提出了三个问题："第一，俄国革命的性质是什么？我们面临着一场资产阶级革命，还是社会主义革命？第二，鉴于俄国政府拼命孤立革命运动，

---

① 只要翻开《列宁全集》第7—13卷就不难看出，除了少数篇目之外，几乎全部都是用来直接或间接批判普列汉诺夫的。这种现象在整个《列宁全集》中可以说绝无仅有，包括对考茨基和托洛茨基的批判在内。

俄国社会民主党对以自己方式也在争取政治自由的资产阶级民主派应采取什么立场？第三，在坚持阿姆斯特丹决议的观点的同时，在杜马选举问题上，社会民主党在反旧政权的斗争中如何利用资产阶级反对党的力量？"这种以书信征求意见的方式，并非不可使用，在1899年法国《小小社会主义共和报》曾就米勒兰事件，向包括普列汉诺夫在内的一些社会党领导人以书信形式征求对社会主义者参加资产阶级内阁的看法。后来，波兰《批判报》就波兰独立问题也向各派别政治领导公开征求意见。这两次普列汉诺夫都在被征询者之列。但是在当前革命一触即发的背景下，这种方式很容易变成脱离实际的理论探讨。尽管身处国外，脱离群众，固然有客观原因，但是如果想获得国内第一手资料，还是有弥补办法的，比如通过接待国内宾客来往，与工人群众密切联系，通过邮寄获取国内书刊资料，这都能真实了解俄国当前国情，更有助于普列汉诺夫对俄国革命形式作出正确的判断。

其次，在制定征求意见者的名单时，普列汉诺夫的做法也存在争议。他一共收到12封回信。① 通过复信名单可以看出，是否是国际社会党执行局成员是普列汉诺夫坚持的标准。② 在普列汉诺夫看来，这是国际社会主义领导层就俄国形势做意见表态。但另一标准，就有失公正。普列汉诺夫将征询信寄给了同他关系比较密切、预测持一样观点的人。所以那些与他观点格格不入、积怨很深人物的便排除在名外。③ 这样的"精挑细选"，致使调查名单缺乏足够的公信力：作为当时最具有权威性的德国社会民主党，名单中却只有考茨基一人；同样有影响力的奥地利政党和荷兰政党，竟无一名代表；代表英国政党作答的却不是亨利·海德门这样的权威领袖，而是并不知名的罗茨坦；法国社会党人的代表虽然广泛，但是竟没有让·饶勒斯。

---

① 回信人中有两名英国人（哈里·奎尔和费多尔·罗茨坦）、三名比利时人（卡米尔·胡斯曼和艾米尔·王德威尔德、爱德华·安塞尔）、四名法国人（茹尔·盖得、保尔·拉法格、爱德华·瓦扬和埃德加·米洛）、两名意大利人（恩里克·费力和菲利普·屠拉第）、一名德国人（卡尔·考茨基）。

② 给他回信中有7人（安塞尔、费力、考茨基、奎尔奇、屠拉第、王德威尔得、瓦扬）分别在1904和1906年为执行局的成员，而另一复信人胡斯曼则是执行局书记。

③ 例如他没有把爱德华·伯恩施坦列入名单，也没有将罗莎·卢森堡列入名单，尽管卢森堡是国际社会党执行局一员，但由于二人积怨很深，普列汉诺夫便没有给他寄去征询信。

最后，在对回复意见的处理上，普列汉诺夫也存在争议。他极力想得到对他所提问题的支持性回答，但是受俄国革命形势的影响，他们都作出了相反的判断：他们不愿把俄国即将开始的革命看作是纯粹的资产积极革命，因为俄国社会中工人阶级和社会主义因素已经很明显，这必然会影响革命的进程和最后结局。但是他们也不认为俄国的起义预示着社会主义革命的立刻到来，因为俄国的经济和人口状况着实落后，无法建立社会主义生产结构。所以他们认为即将发生的是欧洲人为经历过的，在某种程度上超越历次资产阶级革命，而又达不到社会主义革命水平的革命。但是对于这些意见，普列汉诺夫并没有予以正视，反而有意识的下压与自己相悖的主张。他声称俄国革命的性质这一问题不是他想出来的，而是无政府主义者提出的，想以此揭露否定俄国资产阶级革命性质的人的无知，但是他的征询活动恰恰使人看到，大部分西方民主党领导都认为把这场革命看成是单纯的资产阶级革命是幼稚的。普列汉诺夫有选择的陈述回复意见，着重强调俄国革命只能是资产阶级民主革命，对于分歧严重的往往一笔带过，避而不谈。普列汉诺夫以征询活动的方式，并未使他在革命策略上作出改变，而是强化了自身观点，当遇到与自己相左的观点时，往往置之不理。

从心理上看，这是普列汉诺夫过分相信自身创造力的衰现。作为俄国的马克思主义之父，"开天辟地传播马克思主义""创建社会民主工党"等一系列卓越功勋给他背上了沉重的思想包袱。久而久之难免骄傲自满。由于他通晓德文和法文，有条件直接研究尚未翻译的马克思、恩格斯原著，所以他常以马克思主义权威自居，自以为对马克思主义有最高的解释权。他常常引经据典，对现实问题侃侃而谈，但是当别人提出不同意见时，他不但不予以接受，反而认为别人歪曲了马克思的原意，背叛了马克思主义。1905年他同列宁争论时说过："难道我们每一个人不应当每时每刻都记住，哪怕我们只有一次承认，简单地指出马克思的断论如何如何，指出老夫子如此说，就可以说明我们的理论上和实践上的一切争论，我们就会变成马克思主义的可怜的学究和可笑的书蠹，我们就会根本上背叛自己学说的精神，就会有损于这个学说吗？"①

高傲的性格使得他与外界的接触越来越少。同样是侨居国外，列宁当时常常因国内带来的各种通讯激动得难以入眠，同来访者亲切攀谈而废寝忘食。而普列汉诺夫则完全两样。克鲁普斯卡娅说，"我试着把通讯和信件拿给普列汉诺夫看，他对这些通讯和信件的反映使我惊奇：他好像失去了立足之地似的，在他脸上表现出一种不相信的神色，后来他从没有谈到过有关这些通讯和信件的事情。"② 当时到国外来的人是很难见到普列汉诺夫的，即便见到，他也"经常象一个显赫的将军和富有的贵族那对待年轻的同志"③。所以尽管工人们钦佩他的才华、知识和机智，"但是不知为什么，工人们离开普列汉诺夫时，只是感到自己与这位出色的理论家之间有着很大的距离，他们的心事，他们想谈出来跟他研究的问题终于没能谈出来"④。高尔基也认为普列汉诺夫"身上的'贵族气'太多了"⑤。

普列汉诺夫的骄傲自大、表里不一的作风由来已久。据克鲁普斯卡娅回忆，早在1903年以前，"在讨论纲领草案的时候，普列汉诺夫感到列宁是对的，他自己在草案中没有把许多应当谈到的东西提出来，可是他猛然地反唇相讥，几乎弄到决裂的地步"⑥。由此可以推断，普列汉诺夫晚年反对列宁革命策略而在私下承认自身错误的现象，并非不可发生，这只是普列汉诺夫式性格的又一次流露。他自身对这样的性格也并非完全没有自知之明。在创办《火星报》期间，普列汉诺夫就表态："对他说来，和我们分裂无异于完全放弃政治活动，他要放弃政治活动而投身于学术工作，纯粹的学术工作，因为他既然不能同我们一起

---

① 《普列汉诺夫机会主义文选》上，虚容译，生活·读书·新知三联书店1964年版，第193页。
② [苏] 娜·康·克鲁普斯卡娅：《列宁回忆录》，哲夫译，生活·读书·新知三联书店1960年版，第45页。
③ [苏] 娜·康·克鲁普斯卡娅：《列宁回忆录》，哲夫译，生活·读书·新知三联书店1960年版，第45页。
④ [苏] 娜·康·克鲁普斯卡娅：《列宁回忆录》，哲夫译，生活·读书·新知三联书店1960年版，第45页。
⑤ 《回忆列宁》第2卷，上海外国语学院列宁著作翻译研究室译，人民出版社1982年版，第307页。
⑥ [苏] 斯大林：《论列宁》，中共中央编译局译，人民出版社1971年版，第118页。

工作，那就是说任何人都不能……"① 这段话一方面反映了他高傲的性格作风，但另一方面，从他后来的经历来看，也真实地反映了他的一种想法。这种性格，到后期已发展为严重的派别斗争。这在普列汉诺夫的身上表现得极为突出。虽然他自身有所察觉，可惜他并没有以戒除烟瘾的顽强毅力把这个更为致命的不良作风改掉，从而在革命工作的开展中，越来越脱离俄国革命实际，把自己关进书房，最终导致晚年的悲剧下场。

（三）思维方法的特殊性：政治立场演变与哲学思想演化的关系

普列汉诺夫是一个孟什维克，并不错误，但说他是一个"特殊的"孟什维主义者更为确切。因为普列汉诺夫同"正统的"孟什维克首领马尔托夫、巴·波·阿克雪里罗德的直接合作仅有一年半。而且严格说来，和"布尔什维克"一样，"孟什维克"也是一个政党概念。② 普列汉诺夫从来没有加入过孟什维克，而且在重要的革命问题上他也多次谴责孟什维克的观点。

过去对普列汉诺夫的研究，往往只字不提列宁这一极其重要的论点。列宁所讲的"特殊立场"的充分含义究竟是什么？这其实涉及普列汉诺夫的政治立场转变与同他哲学思想的关系问题。列宁所谓普列汉诺夫的"特殊立场"有广义和狭义之分。狭义上普列汉诺夫在革命策略和革命组织问题上不同于"正统的"孟什维克分子。而广义上的"特殊立场"，则是除了策略、组织问题之外，还包括哲学、美学、宗教、艺术等社会科学在内一系列理论问题。

其实，列宁对广义的"特殊立场"有过较多论述。例如，列宁在批判孟什维克取消派的合法刊物《光线报》时写道："《光线报》编辑部是马克思主义取消派的联盟。一部分人在取笑地下组织即取笑无产阶级政党……另一部分人在取消无产阶级领导权思想……第三部分人在取消马克思的哲学唯物主义……第四部分人在取消无产阶级社会主义的国际主义……第五部分人在取消马克思的

---

① 《列宁选集》第4卷，人民出版社2013年版，第307页。
② 普列汉诺夫认为，"孟什维克不是政党。他们只是派别。"（参见《在祖国的一年》，生活·读书·新知三联书店1980年版，第261页）这一说法并不完全正确。《联共党史》指出：1905年12月，"虽然布尔什维克和孟什维克形式上还是同在一个社会民主党内，但实际上他们只是两个不同的政党，各有其独特的中央。"到1912年1月布拉格会议，布尔什维克在组织上也同孟什维克彻底决裂了，正式形成独立的政党。（见该书人民出版社1954年版，第105页、182页）

经济理论……，诸如此类。"① 尽管普列汉诺夫对取消派的革命组织和革命策略的批判存在缺陷和不足，但总的来说，在哲学理论上，他还是坚定地捍卫了马克思主义。

正因为如此，列宁多次强调普列汉诺夫作为"马克思主义者——孟什维克"的贡献，指出：马赫主义者"波格丹诺夫早就反对马克思和恩格斯的唯物主义……由于这个原因，马克思主义者布尔什维克早在若干年以前就认为反对波格丹诺夫是责无旁贷的。由于同样的原因，以普列汉诺夫为代表的马克思主义者孟什维克，同波格丹诺夫进行了笔战"②。他极力肯定了普列汉诺夫在孟什维主义时期所进行的反对造神派和寻神派、托尔斯泰主义、无政府工团主义等各反动思潮的斗争。在列宁看来，"最近10年来普列汉诺夫所表现的理论上的激进主义和实践上的机会主义"③ 中的"理论上"不仅仅是哲学理论。这一时期普列汉诺夫也宣扬了无产阶级的革命理论。列宁指出，普列汉诺夫是这样一类"孟什维克正统马克思主义者"④，他"真正同情无产阶级和无产阶级的阶级斗争，赞同无产阶级的革命理论"⑤。

需要注意的是，普列汉诺夫在俄国1905年革命时期的孟什维主义立场，与他"赞同无产阶级革命理论"并不矛盾。这是因为，以列宁为首的布尔什维克与普列汉诺夫之间在是否成立革命政党、是否开展社会革命的问题上是一致的。

---

① 《列宁全集》第23卷，人民出版社1990年版，第154页。
② 《列宁全集》第24卷，人民出版社1990年版，第324页。
③ 《列宁全集》第26卷，人民出版社1990年版，第107页。
④ 《列宁全集》第19卷，人民出版社1989年版，第7页。
⑤ 《列宁全集》第19卷，人民出版社1989年版，第44页。

但在如何进行革命的问题上却存在着严重的根本分歧。① 因此,根据列宁的论述,结合普列汉诺夫这一时期的著作主张,可以得出以下结论:

首先,理论上,普列汉诺夫始终捍卫了马克思主义哲学,这是孟什维主义时期"特殊立场"的一个重要方面。其次,应当肯定,这一时期的普列汉诺夫仍是一个维护"火车头"、反对各种"烂泥"的革命者,只是犯了严重策略错误。最后,1921 年列宁关于"普列汉诺夫所写的全部哲学著作……是整个国际马克思主义文献中的优秀著作"② 的评价,绝非偶然的一时兴起,而是列宁一贯严谨的总结,是列宁对普列汉诺夫全部哲学著作的基本评价,也是当前分析和研究普列汉诺夫理论思想的指导原则。

因此,把普列汉诺夫一切优秀的哲学著作都归属于 1883—1903 年,声称"普列汉诺夫在孟什维克时期内的哲学观点的发展是走下坡路的"③,"哲学上的正统的革命主义'可能'同政治上的机会主义相结合"是"第二国际最有害的教条",是"孟什维克的唯心主义"④,显然与列宁的论断相悖。同样,把普列汉诺夫的哲学演化与政治立场混为一谈,以为他在孟什维主义时期政治策略观点的改变,会导致完全背离马克思主义,放弃辩证唯物主义和历史唯物主义,

---

① 列宁在《"保留"的英雄们》一文末尾打了一个形象生动的比喻,精确地说明了自己同孟什维主义时期的普列汉诺夫在革命问题上的分歧。列宁写道:"在我们有火车头的时候,引起我们最大的意见分歧的就是:这个火车头的坚实程度,储煤量等,是否适合于每小时比如说 25 俄里或者 50 俄里的速度。关于这个问题的争论……是很热烈的,而且往往争论得很凶狠。"现在即 1910 年,"我们中间谁也不想把什么收回,或是因为'争论得很凶狠'而哭泣起来。但是当火车头毁坏了,躺在泥沼里的时候……我们这些昨天的'凶狠的争论者'为了共同的事业,就接近起来。我们什么都不否认,什么也不忘记,也不打任何包票,说不会再有意见分歧,而是一起来进行共同的事业。我们把全部注意力和全部精力用来把火车头立起来,把它修好,巩固和加强它,把它放到轨道上——至于行驶的速度以及在这个道岔还是在那个道岔上转车,我们到了适当的时候再来讨论。在我们最困难的时期,当前的任务是创造一种东西,用它能够反击那些直接或间接支持遍地的'烂泥'的'保留'的人们和'萎靡不振的知识分子'。当前的任务是,即使在最苦难的条件下,也要挖掘矿石,提炼生铁,铸造马克思主义世界观以及与这一世界观相适应的上层建筑的纯钢。"(参见《列宁全集》第 20 卷,人民出版社 1989 年版,第 95 页。)
② 《列宁全集》第 40 卷,人民出版社 1986 年版,第 92 页。
③ [苏]福米娜:《普列汉诺夫的哲学观点》,汝信译,生活·读书·新知三联书店 1963 年版,第 301 页。
④ [苏]福米娜:《普列汉诺夫的哲学观点》,汝信译,生活·读书·新知三联书店 1963 年版,第 288—289 页。

以为 1903 年既是他政治立场变化的转折点,也是他哲学思想发展的转折点,甚至是他美学思想的转折点,也是从根本上违背列宁思想的,也不符合客观事实。

总之,普列汉诺夫的政治错误确实有其哲学根源,这期间确实存在着深刻的内在联系,并不能予以否认。但是如果在本来没有联系的地方硬找联系,到处虚构各种各样的缺点错误①,而对本来已经存在的联系,特别是列宁再三强调的联系却置若罔闻、轻描淡写,这是有悖于历史。只要认真研究下这一时期普列汉诺夫的全部理论著作②,就不会怀疑列宁总结的"特殊的"孟什维克的论断。所以批评普列汉诺夫自 1903 年以来脱离了俄国革命实际就等于脱离了俄国一切实际;不能创造性地把马克思主义运用于帝国主义时期俄国的革命策略上,就等于不能创造性地研究任何问题并取得出色成果;同列宁在政治上的对立就等于两人在哲学、宗教、文艺、伦理等一切领域的对立,这是完全不正确的。

---

① 在 1903 年以后普列汉诺夫的哲学著作中到处寻找所谓"孟什维主义的表现",到处虚构各式各样的缺点错误,甚至把原本正确的或者发展了马克思学说的思想(例如关于地理环境、社会意识两种形式、唯物史观等一系列问题的思想)也指责是孟什维克式堕落的产物,更是错误的。

② 概括地说,普列汉诺夫这一时期撰写了以下 6 个方面的著作:(1)阐明马克思主义哲学的基本原理、(2)批判马赫主义和其他资产阶级哲学、(3)研究宗教史、批判造神说和寻神说、(4)继续分析美学、艺术和社会心理学等观点、(5)批判"革命工团主义"等小资产阶级思潮、(6)关于俄国哲学和社会思想史。

第五章　普列汉诺夫晚年对俄国革命道路的思考

十月革命的爆发是俄国人民解放运动的重大胜利。1917年的短短数月内，由产业工人、农民和士兵所组成的群众性武装起义彻底动摇了封建地主阶级和资产阶级的根基，瓦解了沙皇专制的统治。以列宁为首的布尔什维克党在革命危机中获得了领导权，并努力实现社会平等和无产阶级民主的社会主义理想。但在革命爆发前，围绕着俄国是否具备发动社会主义革命的基本条件？革命的道路该怎么走等重大问题，普列汉诺夫与列宁发生了激烈的争论。双方的分歧归纳起来主要是：一是布尔什维克是否应该发动十月革命，即十月革命的合理性和必要性问题；二是在夺取政权后是否应立即开展向社会主义过渡，即是否应立即实行由民主革命向社会主义革命的转变。这场争论不仅反映了两人不同的革命策略主张，也折射出对马克思主义的不同态度立场。2017年是十月革命胜利100周年。百年来围绕十月革命的争论一直不断。尤其是苏联解体后，相关争论变得更加激烈。因此，重温双方的争论议题，探寻争论的本质，从当今视野作出尽可能客观、公正的评价，既有必要，也有意义。

一、普列汉诺夫晚年对俄国革命道路的主张

作为亦师亦友的关系，普列汉诺夫与列宁对科学社会主义的理解均建立在马克思主义理论之上，所以俄国资本主义发展严重滞后于西方，西方无产阶级革命的成功是俄国无产阶级革命最终胜利的前提等是双方的基本共识。但在具体的革命策略中双方出现严重分歧。普列汉诺夫认为列宁主张用暴力革命跳过

资产阶级革命阶段,这是继承了民粹派的"衣钵",对列宁领导的十月革命,普列汉诺夫更是强烈反对。归纳起来,其主要理由如下:

(一) 关于俄国社会主义革命的物质前提

普列汉诺夫认为,俄国不具备社会主义革命的物质前提,因为俄国社会生产力低下,封建残余势力严重。他批评列宁开展十月革命是重蹈民粹派覆辙,不仅严重阻碍资本主义在俄国发展,更会把俄国革命"推上最大的历史灾难的道路,这样的灾难同时也会是整个俄国最大的灾难"①。针对列宁的"四月提纲",他先根据马克思关于"两个绝不会"的论述,提出,"在一国的生产方式促进该国生产力的发展而不是阻碍它的发展以前,它绝不会退出该国的历史舞台。"② 接着写道:"现在试问,资本主义在俄国的情况如何?我们有没有根据断言,我国资本主义的黄金时代已经过去,也就是说,它达到了这样一个高级阶段,在这个阶段上它不再促进本国生产力的发展,相反,而是阻碍它的发展呢?"③ 他的回答是:"以马克思的学说为依据的社会主义政策当然有自己的逻辑。如果一国的资本主义尚未达到阻碍本国生产力发展的那个高级阶段,那么号召城乡工人和最贫困的农民推翻资本主义就是荒谬的。"④ 因此,他批评列宁的号召"乃是在俄国土地上散播无政府主义混乱状态的一种极其有害的疯狂企图"⑤。社会主义革命在俄国只能在"较远的将来"得到完成。所以普列汉诺夫总结道:"我们没有根据断言,我国资本主义发展的黄金时代已经过去,也就是说,它达到了这样一个高级阶段。"⑥ 在俄国当前的物质条件下,"是不可能谈

---

① [俄] 格·瓦·普列汉诺夫:《在祖国的一年:1917—1918 年言论集》,王荫庭、杨永译,生活·读书·新知三联书店 1980 年版,第 464 页。
② [俄] 格·瓦·普列汉诺夫:《在祖国的一年:1917—1918 年言论集》,王荫庭、杨永译,生活·读书·新知三联书店 1980 年版,第 24 页。
③ [俄] 格·瓦·普列汉诺夫:《在祖国的一年:1917—1918 年言论集》,王荫庭、杨永译,生活·读书·新知三联书店 1980 年版,第 22 页。
④ [俄] 格·瓦·普列汉诺夫:《在祖国的一年:1917—1918 年言论集》,王荫庭、杨永译,生活·读书·新知三联书店 1980 年版,第 23 页。
⑤ [俄] 格·瓦·普列汉诺夫:《在祖国的一年:1917—1918 年言论集》,王荫庭、杨永译,生活·读书·新知三联书店 1980 年版,第 24 页。
⑥ [俄] 格·瓦·普列汉诺夫:《在祖国的一年:1917—1918 年言论集》,王荫庭、杨永译,生活·读书·新知三联书店 1980 年版,第 22 页。

论社会主义变革的。"①

普列汉诺夫虽然看到了俄国落后的"国情",却没体会到大众苦难的"民意"。当前国家已经面临崩溃,百姓民不聊生,在这时反对广大民众为了生存而进行的斗争,便显得毫无道理。难道广大民众只能把自己的命运交给资产阶级政府,坐以待毙?难道马克思说过无产阶级在民主革命中只能跟随资产阶级走,不能奋起自救?当资产阶级不作为时,无产阶级只能耐心等待,而不能发挥主动作用与资产阶级争夺领导权?所以普列汉诺夫的主张虽有"道",却无"理",只能说明他对俄国日益高涨的革命形势缺乏深入了解。

与普列汉诺夫不同,列宁认为俄国在一定程度上已经具备了社会主义革命所需要的经济条件。他主张通过革命创造出先进的社会生产力。列宁辩证地指出,俄国虽是落后国家,但只是帝国主义国家中的落后国家,并非全世界范围内的落后国家。虽然列宁毫不否认俄国的落后性,他承认:"如果社会主义在经济上尚未成熟,任何起义也创造不出社会主义来。"② 但是他认为在垄断资本主义的影响下,俄国资本主义"异常地向国家垄断资本主义转变了"③,这恰恰在经济上和政治上为俄国的社会革命提供了条件。因此,列宁认为俄国并不需要等社会生产力高度发达以后才能进行社会主义革命,他指出:"如果说我们既然承认我国经济'力量'和政治力量不相称,'因而'就不应该夺取政权,那就犯了不可救药的错误。所谓的'套中人'就是这样有推论的,他们忘记了,'相称'是永远不会有的。"④ 基于俄国当前特殊形式,列宁主张首先夺取政权,然后利用先进的上层建筑促进社会生产力的发展。他指出:"既然建立社会主义需要有一定的文化水平(虽然谁也不说出这个一定的'文化水平'究竟是什么样的,因为这在各个西欧国家都是不同的),我们为什么不能首先用革命手段取得达到这个一定水平的前提,然后在工农政权和苏维埃制度的基础上赶上别国人

---

① [俄]格·瓦·普列汉诺夫:《在祖国的一年:1917—1918年言论集》,王荫庭、杨永译,生活·读书·新知三联书店1980年版,第22页。
② 《列宁选集》第3卷,人民出版社2012年版,第266页。
③ 《列宁选集》第3卷,人民出版社2012年版,第266页。
④ 《列宁选集》第3卷,人民出版社2012年版,第531页。

民呢?"①

(二) 关于俄国社会主义革命的阶级基础

普列汉诺夫认为,俄国不具备社会主义革命的阶级基础,因为俄国无产阶级比重低,觉悟差。早在1906年他就批评布尔什维克"狂热地追求超过革命的发展过程;他们发现必须预先实现自己的政治'口号'。他们根本没有想到,实现这些口号要以实现一系列的先决条件为前提,在这些条件中占首要地位的是组织无产阶级的力量和使它的有组织的——因之也就是多少有觉悟的——力量去影响还处于黑帮鼓动家影响下的没有觉悟的无产阶级阶层。"② 十月革命爆发前,他又指出,"社会主义制度至少要以两个必不可少的条件为前提:(一)生产力(所谓技术)高度发展;(二)国内劳动居民具有极高的觉悟水平。在不具备这两个必要条件的地方,根本谈不上组织社会主义的生产方式。"③ 所以普列汉诺夫反对无产阶级专政,他明确指出,"我国劳动群众还没有实行这种专政的准备。正像恩格斯指出过的,对于任何一个特定的阶级说来,最大的不幸莫过于在它还没有充分发展而不能适当的利用政权的时候就得到政权;因为在这种情况下它一定要遭到惨重的失败。至于我国劳动群众,那么,如果它夺取政权,它的失败也会是必然的。"④ 因为"俄国历史还没有磨好将来用它烤成社会主义馅饼的那种面粉"⑤。

在普列汉诺夫看来,列宁想依靠觉悟不高的无产阶级发动社会主义革命,与当年民粹派寄希望于农民一样,都是知识分子劣根性的表现。他批评列宁强调的无产阶级专政"是最不完备的,因为它只是彼得格勒工兵代表苏维埃执行委员会的单独专政,工人阶级专政对俄国(尤其是对俄国劳动居民的利益)不

---

① 《列宁选集》第4卷,人民出版社2012年版,第777页。
② 《普列汉诺夫机会主义文选》下,虚容译,生活·读书·新知三联书店1965年版,第166页。
③ [俄]格·瓦·普列汉诺夫:《在祖国的一年:1917—1918年言论集》,王荫庭、杨永译,生活·读书·新知三联书店1980年版,第121页。
④ [俄]格·瓦·普列汉诺夫:《在祖国的一年:1917—1918年言论集》,王荫庭、杨永译,生活·读书·新知三联书店1980年版,第207页。
⑤ [俄]格·瓦·普列汉诺夫:《在祖国的一年:1917—1918年言论集》,王荫庭、杨永译,生活·读书·新知三联书店1980年版,第207页。

适宜，因而是有害的，那么几十个人的专政就更不适宜和更加有害了"①。他认为工农联盟是完全"不可能的。农民需要土地，社会主义和它们的利益无关，因为农民从经营性质来说更接近于资本主义而不是社会主义……在无产阶级掌握领导权的条件下则不能。无产阶级的领导权明摆着贬低农民，要他们起从属的作用。布尔什维克这样的对农民的态度将赋予上述经济危机以政治色彩"②。所以普列汉诺夫主张无产阶级和资产阶级结盟并支持临时政府，大力发展资本主义经济，以此来增加俄国无产阶级比重和觉悟。"联合政府只能受整个民主俄国的监督，而不能受一些个别政党的监督。联合政府应当得到全体人民的非常的信任。它所需要的不是捣乱而是坚决支持。"③ 在当前资产阶级革命中，无产阶级的同盟军只能是资产阶级。俄国无产阶级与资产阶级进行合作，这是历史赋予的任务，如果双方不合作而大打出手，到头来只能两败俱伤。"结果你们和我们都只会剩下一条尾巴，俄国也只会剩下一条尾巴，却让德国的资本家大开其心。"④

传统观念认为，社会主义革命只有在工人阶级占总人口多数的西方发达国家才能首先取得胜利。普列汉诺夫无疑是这一观念的典型代表。与普列汉诺夫不同，列宁虽然承认俄国无产阶级人数不多，但是他认为俄国无产阶级具有自身独特优势。他根据帝国主义时代资本主义国家工人运动发展的状况和俄国工人运动的实际，得出不同的结论："与各先进国家相比，俄国人开始伟大的无产阶级革命是比较容易的。"⑤ 原因在于：其一，"沙皇君主国在政治上的非常落后（就20世纪的欧洲来说）使得群众的革命冲击力量异常强大"⑥；其二，"俄

---

① ［俄］格·瓦·普列汉诺夫：《在祖国的一年：1917—1918年言论集》，王荫庭、杨永译，生活·读书·新知三联书店1980年版，第74页。
② ［俄］格·瓦·普列汉诺夫：《政治遗嘱》，载《马克思恩格斯列宁斯大林研究》，2000年第2期。
③ 《普列汉诺夫机会主义文选》下，虚容译，生活·读书·新知三联出版社1965年版，第426页。
④ 《普列汉诺夫机会主义文选》下，虚容译，生活·读书·新知三联出版社1965年版，第440页。
⑤ 《列宁选集》第3卷，人民出版社2012年版，第793页。
⑥ 《列宁选集》第3卷，人民出版社2012年版，第794页。

国的落后使得无产阶级反对资产阶级的革命与农民反对地主的革命独特地结合了起来",而"无产阶级同农民的特殊关系便利了从资产阶级革命过渡到社会主义,便利了从城市无产者去影响农村半无产者的贫困劳动阶级"①;其三,战争十倍地增强了工农的力量;其四,工人阶级有一个完全以马克思主义为指导、具有丰富斗争经验的布尔什维克党的正确领导。②所以列宁认为:"现在的形势与马克思和恩格斯所预料的不同了,它把国际社会主义革命先锋队的光荣使命交给了我们——俄国的被剥削劳动阶级。"③

同时,列宁认为,既然沙皇专制制度已经被推翻,政权已经归资产阶级掌握,那么俄国的资产阶级民主革命已经完成。要解决广大人民群众的和平、土地与面包问题,就必须及时把资产阶级民主革命转变为社会主义革命。"觉悟的无产阶级只有在下列条件下,才能同意进行真正证明革命护国主义正确的革命战争……不是口头上而是事实上放弃一切兼并,真正同一切资本利益完全断绝关系。"④为了建立无产阶级专政,列宁要求"不给临时政府任何支持:指出它的任何诺言,特别是关于放弃兼并的诺言,完全是谎话"⑤。由此可见,列宁对和资产阶级合作是持反对态度的。

事实上,在革命阶级基础上的分歧,其实是对俄国革命前途性质的不同理解所致。普列汉诺夫认为俄国应当大力发展资本主义,所以无产阶级应和资产阶级联盟并支持临时政府,如果无产阶级冒然夺取政权实行无产阶级专政是非常危险的。而列宁认为俄国应该立刻开展社会主义革命,所以作为革命对象,资产阶级自然谈不上任何合作可言。历史证明,以无产阶级为核心的工农联盟确实改变了俄国革命力量的分配,为十月革命的胜利和无产阶级专政奠定了基础。但是夺取政权和建设社会主义并不等同,战时共产主义的实践也充分表明:并非靠工农联盟就可以实现社会主义。

---

① 《列宁选集》第3卷,人民出版社2012年版,第794页。
② 《列宁选集》第3卷,人民出版社2012年版,第794页。
③ 《列宁选集》第3卷,人民出版社2012年版,第416页。
④ 《列宁选集》第3卷,人民出版社2012年版,第14页。
⑤ 《列宁选集》第3卷,人民出版社2012年版,第14页。

（三）关于俄国社会主义革命的国际支持

俄国社会主义革命能否得到西方国家的响应和支持？凭借长期国外生活经历和对西欧工人运动的深入研究，普列汉诺夫认为如果俄国发生社会主义革命，将因得不到欧美国家响应而以失败告终。针对列宁把俄国建立社会主义的希望寄托在德、法等西欧国家的观点，普列汉诺夫认为："这是一个很大的错误。不容争辩，就经济意义上说来，德国比俄国要发达得多。德国人的社会革命比俄国人的要更加逼近一些。不过，就是在德国人那里它也不是当前的问题。"① 因为"现在，在德国，不仅没有发生'社会'革命的希望，也没有发生政治革命的希望"②。所以，"德国人不可能去完成将由俄国人开始的事业，无论法国人、英国人、美国人都不可能完成这一事业。俄国无产阶级不适时宜地夺取政权之后，决不能完成社会革命，而只会引起内战。"③ 在普列汉诺夫看来："列宁指望西方无产阶级会响应俄国的革命，这一指望是错误的。欧洲不可能出现什么重大事件，因为西方无产阶级今天几乎如马克思时代那样远离社会主义革命。"④

关于十月革命的国际支持问题，列宁也非常关注。早在革命开始前，列宁的思路是以俄国革命的胜利为导火索，去促进和引发西方社会主义革命的胜利，从而争取世界社会主义革命的胜利。他在1915年写的《论欧洲联邦口号》中明确指出："社会主义可能首先在少数甚至在单独一个资本主义国家内获得胜利。"⑤ 十月革命胜利后不久列宁还坚持认为："毫无疑问，欧洲的社会主义革命应该到来，而且一定会到来。我们对社会主义取得最终胜利的一切希望，都是以这种信心和科学预见为基础的。"⑥ 但是，西方社会主义革命迟迟未能到来，

---

① ［俄］格·瓦·普列汉诺夫：《在祖国的一年：1917—1918年言论集》，王荫庭、杨永译，生活·读书·新知三联书店1980年版，第465页。
② ［俄］格·瓦·普列汉诺夫：《在祖国的一年：1917—1918年言论集》，王荫庭、杨永译，生活·读书·新知三联书店1980年版，第466页。
③ ［俄］格·瓦·普列汉诺夫：《在祖国的一年：1917—1918年言论集》，王荫庭、杨永译，生活·读书·新知三联书店1980年版，第466页。
④ ［俄］格·瓦·普列汉诺夫：《政治遗嘱》，载《马克思恩格斯列宁斯大林研究》，2000年第2期。
⑤ 《列宁选集》第2卷，人民出版社2012年版，第554页。
⑥ 《列宁全集》第33卷，人民出版社1995年版，第248页。

这给列宁提出了两个非常现实的问题：其一，没有取得革命胜利的西方无产阶级的国际支持，苏俄如何与资本主义世界对抗并坚持到社会主义在全世界的胜利？其二，没有取得社会主义革命胜利的西方先进国家的物质帮助，苏俄如何获得建设社会主义所必需的物质基础？① 列宁晚年对此进行了着重思考，并给出了答案：首先，对于建设社会主义所需要的物质基础，俄国必须依靠自己，为此他提出了一系列利用资本主义发展社会主义的"自救"政策；其次，对于俄国坚持社会主义革命胜利所需要的国际支持，列宁寄希望于东方国家。他写道，"斗争的结局归根到底取决于如下这一点：俄国、印度、中国等等构成世界人口的绝大多数。正是这个人口的大多数，最近几年来非常迅速地卷入了争取自身解放的斗争，所以在这个意义上说，世界斗争的最终解决将会如何，是不可能有丝毫怀疑的。在这个意义上说，社会主义的最终胜利是完全和绝对有保证的。"②

按照列宁最初的设想，欧洲社会主义革命的胜利是俄国革命胜利的基础和保障，但是当欧洲爆发社会主义革命无望后，列宁转而把希望寄托在东方国家革命之上。这是对传统马克思主义的丰富和发展，虽然相对于俄国，中国和印度资本主义发展程度更为落后，但人口优势蕴含着巨大的革命潜质。同时也应看到，普列汉诺夫对俄国革命在西方社会主义帮助下取得胜利不抱幻想，也有一定的合理成分。因为资本主义强大生命力远远超出人们的预期，时至今日，西方资本主义国家也没有显现发生社会主义革命的迹象。

二、普列汉诺夫晚年革命主张的实质

十月革命争论的焦点是革命后应否立即开展社会主义建设，本质是对马克思主义关于落后国家社会跳跃的不同理解。这一历史性课题并非是在十月革命

---

① 参见安启念：《东方国家的社会跳跃与文化滞后——俄罗斯文化与列宁主义问题》，中国人民大学出版社1993年版。
② 《列宁选集》第4卷，人民出版社2012年版，第796页。

前才兴起。① 对于社会主义运动在西方兴起以后仍然处于前资本主义阶段的俄国，社会能不能跳跃？普列汉诺夫和列宁都在思考，尽管他们的答案不尽相同，但是他们的相关思想，依然是落后国家在社会主义现代化道路上的一笔财富，值得人们深思。

（一）普列汉诺夫对布尔什维克"社会跳跃"的批判

在俄国社会能否跨越资本主义卡夫丁峡谷的问题上，普列汉诺夫的回答十分明确：俄国资本主义阶段是不能跳跃的。"俄国的马克思主义与一切形式的'俄国社会主义'的区别在于，它确信俄国不可能超越过去俄国已经成为主要生产方式的资本主义。"② 这是成为马克思主义者后贯穿普列汉诺夫一生的重要理论观点。他认为，对于苦于资本主义发展不足的俄国而言，资本主义是社会进步的希望所在，因而"我们完全不害怕资本主义的发展。我们坚决相信资本主义越是有力地发展，资本主义社会固有的矛盾越是大大地尖锐化，社会主义革命的胜利就越会临近"③。他引用倍倍尔的评判准则："当他必须考虑自己的党的任何一项实际要求时，他首先问自己：它是不是会妨碍资本主义的进一步发展，如果他相信会妨碍的话，那就否定它，认为是不合乎社会民主主义精神的东西。这是对问题的唯一正确的态度……像倍倍尔一样，俄国社会民主党人绝对不会同意妨碍资本主义发展的措施。"④

基于上述认识，普列汉诺夫主张对资产阶级民主革命与社会主义革命加以严格的区分。"社会主义的胜利不能同专制制度的崩溃同时并举。这两个时刻之间必须有一个相当长的时间间隔互相分离开来。"⑤ 他反对布尔什维克将推翻沙皇专制的政治因素与社会主义革命因素相结合的做法，而坚持认为："俄国经济的落后使得这种结合不可能……争取政治自由应该是，而且只能是为在多么遥

---

① 早在19世纪，俄国民粹派主张的空想社会主义理论，其核心便是俄国跃过资本主义阶段，在农民村社基础上直接建设社会主义。
② 转引自安启念：《东方国家的社会跳跃与文化滞后——俄罗斯文化与列宁主义问题》，中国人民大学出版社1993年版，第217页。
③ 《普列汉诺夫机会主义文选》上，虚容译，生活·读书·新知三联书店1964年版，第172页。
④ 《普列汉诺夫机会主义文选》上，虚容译，生活·读书·新知三联书店1964年版，第291页。
⑤ 《普列汉诺夫机会主义文选》上，虚容译，生活·读书·新知三联书店1964年版，第126页。

远的未来实现的社会主义革命作准备的必要条件之一。"① 在普列汉诺夫看来，以列宁为代表的布尔什维克，理论核心是主张依靠暴力革命在俄国跃过资本主义阶段，直接建设社会主义，而他的历史使命就在于从各个角度对布尔什维克的跳跃理论进行批判。②

首先，他指责布尔什维克是空想社会主义者。他坚持认为："我们现在正经历着资产阶级革命。只有不可救药的空想主义者，只有失去任何理论思维和任何实践嗅觉的人，才敢断言，俄国目前可以达到社会主义运动的最终目的。"③ 他批评布尔什维克无视俄国生产力落后这一事实而幻想发动社会主义革命的做法无异于"把希望主要寄托在幸运的偶然性上。这就说明为什么——而且只是因此——我国的许多社会民主党人在上述时代居然比马克思更加'急进'得无法比拟……这是加圈加点的空想主义"④。

其次，他认为这种空想社会主义是知识分子劣根性的表现。列宁曾指出，工人阶级单靠本身的力量，只能形成团结起来与工厂主以及政府斗争的工联主义意识，社会主义学说是进步知识分子所创造的理论，只能从外部灌输到工人的头脑中，使他们获得社会主义觉悟。普列汉诺夫针锋相对：社会主义理论确实是知识分子创造的，"但是当知识分子'创造'自己的社会主义理论时，并不是'完全不依赖于工人运动的自发增长'，这是绝对没有也不可能的事情。只要不对这个增长给以应有的一切主义，社会主义就仍然是空想。"⑤ 他指出："列宁把社会主义从群众中驱逐出去，又把群众从社会主义中驱逐出去。他宣布社会主义知识分子是社会主义革命的创世主，而他自己和自己始终不渝的追随者

---

① [俄] 格·瓦·普列汉诺夫：《在祖国的一年：1917—1918年言论集》，王荫庭、杨永译，生活·读书·新知三联书店出版社1980年版，第22页。
② 1903年以后，普列汉诺夫从各个角度对布尔什维克进行批判，仅他加在列宁头上的帽子就有：波拿巴主义者、马基雅弗里派、巴库宁主义者、布朗基主义者、涅恰也夫主义者、民粹主义者、分类主义者、个人主义者、冒险主义者、革命空谈家、假急进派、宗派主义者、无政府主义者、阴谋家、唯心主义者、空想社会主义者、教条主义者、公式主义者，等等。他批判的目的，就是反对俄国跃过资本主义阶段。
③ [俄] 格·瓦·普列汉诺夫：《在祖国的一年：1917—1918年言论集》，王荫庭、杨永译，生活·读书·新知三联书店出版社1980年版，第306页。
④ 《普列汉诺夫机会主义文选》下，虚容译，生活·读书·新知三联书店1965年版，第210页。
⑤ 《普列汉诺夫机会主义文选》上，虚容译，生活·读书·新知三联书店1964年版，第90页。

则是主要的社会主义知识分子,即所谓超知识分子。"①

普列汉诺夫认为,正是由于知识分子的劣根性,使得社会主义与工人群众割裂出来,沦为空想。他分析了知识分子的工作心态,指出当他们"单独工作的时候,其他的人只有作为他的劳动成品的评价者才是他所需要的,而他的'同事',即跟他在一个专业内进行工作的人,与其说是他的同志,不如说是他的竞争者"②。正是知识分子的职业特点对他们的心理和行为都产生了明显影响。一方面,知识分子善于进行抽象理论思维,热衷于派别斗争,"无论什么时候和什么地方,'知识分子'单凭本身的力量是不能超出小组习气和宗派主义的狭小范围的"③。另一方面,知识分子是"大大的个人主义者。而且无论他怎样倾心于社会主义,他仍然是一个个人主义者"④。当知识分子为社会利益而奋斗时,由于内心的"个人主义特征"⑤,"他把这个不容置疑的事实说成是自己的大公无私"⑥,"自认为了不起"⑦。所以,在普列汉诺夫看来,知识分子必然会陷入英雄史观。"一方面是工人群众,他们是消极的、本身不运动的因素……而另一方面有时就是社会主义知识分子……他们是积极的因素,无产阶级的解放运动和社会主义革命获得成功的一切可能性就依赖于他们的活动。"⑧ 这就是"新版的英雄和流氓的理论"⑨。

再次,他批评列宁和布尔什维克是民意党人。早在俄国社会民主工党的"二大"期间,布尔什维克与孟什维克因党章中有关组织问题的条款引起了激烈冲突。针对列宁提出的民主集中制,强调党中央有权解散党内基层组织和剥夺党员个人权利的主张,普列汉诺夫认为,这会导致"中央委员会到处'解散'

---

① 《普列汉诺夫机会主义文选》上,虚容译,生活·读书·新知三联书店1964年版,第105页。
② 《普列汉诺夫机会主义文选》上,虚容译,生活·读书·新知三联书店1964年版,第230页。
③ 《普列汉诺夫机会主义文选》上,虚容译,生活·读书·新知三联书店1964年版,第229页。
④ 《普列汉诺夫机会主义文选》上,虚容译,生活·读书·新知三联书店1964年版,第229页。
⑤ 《普列汉诺夫机会主义文选》上,虚容译,生活·读书·新知三联书店1964年版,第230页。
⑥ 《普列汉诺夫机会主义文选》上,虚容译,生活·读书·新知三联书店1964年版,第230页。
⑦ 《普列汉诺夫机会主义文选》上,虚容译,生活·读书·新知三联书店1964年版,第231页。
⑧ 《普列汉诺夫机会主义文选》上,虚容译,生活·读书·新知三联书店1964年版,第231页。
⑨ 《普列汉诺夫机会主义文选》上,虚容译,生活·读书·新知三联书店1964年版,第103页。

所有它不满意的分子,到处培植亲信"①。最后"亲信把持了所有的委员会……赞成它的全部成功和不成功的行动,和鼓掌欢迎它的计划和倡议"②。在普列汉诺夫看来,布尔什维克的组织理论只是整个革命理论的组成部分,根源在于布尔什维克所追求的是没有任何现实基础的空想社会主义,因此只能与民意党一样,寄希望于少数人的密谋和暴力。他声称,布尔什维克"同我们俄国的布朗基主义即已经不存在的'民意主义'是根本没有任何区别的:同样的'阴谋',同样的'武装起义',同样的革命'夺取政权'"。③

最后,普列汉诺夫坚持认为,俄国无产阶级夺取政权将是国家的最大灾难。十月革命胜利以后,普列汉诺夫公开指出,"我要坦率地对你们说:这些事变使我痛心。"④"我之所以痛心,不是因为我不希望工人阶级取得胜利,相反,而是因为我要竭尽全部心力促其实现。"⑤但是这样不合时宜的发动革命"是整个俄国的最大灾难"⑥。因为俄国无产阶级占人口的少数,农民又不支持它,它的政权不能巩固,只会遭到瓦解,更不能在俄国建立起社会主义制度。他指出:"诚然,工人阶级可以指望得到迄今都占俄国居民绝大部分的农民的支持。然而农民需要的是土地,他们并不需要用社会主义制度代替资本主义制度。其次,将来当农民得到地主的土地以后,他们的经济活动将不是朝着社会主义方向而是朝着资本主义方向发展。"⑦普列汉诺夫认为当前俄国无产阶级既没有能力建设社会主义,又无视俄国农民能够走社会主义道路,所以必将损失惨重。他进一步指出,"如果工人在这一事业中不能指靠农民,那么他究竟能够指靠谁呢?只能指靠自己。但是要知道,像上面所说的,他现在是少数,为了建立社会主

---

① 《普列汉诺夫机会主义文选》上,虚容译,生活·读书·新知三联书店1964年版,第69页。
② 《普列汉诺夫机会主义文选》上,虚容译,生活·读书·新知三联书店1964年版,第69页。
③ 《普列汉诺夫机会主义文选》下,虚容译,生活·读书·新知三联书店1965年版,第75页。
④ [俄]格·瓦·普列汉诺夫:《在祖国的一年:1917—1918年言论集》,王荫庭、杨永译,生活·读书·新知三联书店出版社1980年版,第462页。
⑤ [俄]格·瓦·普列汉诺夫:《在祖国的一年:1917—1918年言论集》,王荫庭、杨永译,生活·读书·新知三联书店出版社1980年版,第465页。
⑥ [俄]格·瓦·普列汉诺夫:《在祖国的一年:1917—1918年言论集》,王荫庭、杨永译,生活·读书·新知三联书店出版社1980年版,第465页。
⑦ [俄]格·瓦·普列汉诺夫:《在祖国的一年:1917—1918年言论集》,王荫庭、杨永译,生活·读书·新知三联书店出版社1980年版,第465页。

义制度却需要多数。由此必然得出一个结论：如果说我国无产阶级在夺取政权以后要完成'社会革命'，那么我国的经济本身就会使它遭到惨重的失败。"①

二月革命后，列宁起初并没有明确提出把资产阶级民主革命转变为社会主义革命的方针，他当时也强调把政权从资产阶级手中"转到无产阶级以及跟随无产阶级的贫困农民手中"②。并没有提出把民主革命转变为社会主义革命，相反他也认为："我们的直接任务并不是'实施'社会主义。"③ 他就二月革命的路线方针与其他领导人争辩时明确指出："我不但没有'指望'我们的革命'立刻转变'为社会主义革命，而且还直接提醒不要有这种想法。"④ 但是不可否认，在十月革命后不久，列宁就领导布尔什维克在俄国开展了一场轰轰烈烈的社会主义革命。是什么原因促使他观点发生改变？除了外部环境的变化和其自身善于把握时机、调整自己观点的个性外，一个很重要的因素就是马克思主义理论内在逻辑的制约：马克思虽然一生都明确肯定社会主义的实现必须依赖资本主义生产力的发展，但是马克思并没有明确说明他所说的建设社会主义所需要的"一定"的资本主义前提究竟是什么？是否有精确的衡量指标给以参考？正如列宁所说："谁也说不出这个一定的'文化水平'究竟是什么样的，因为这在各个西欧国家都是不同的。"⑤

基于这种内在逻辑的制约，在列宁思想深处形成了两种互相冲突的观点。"一方面，列宁根据俄国社会主义经济的发展程度以及俄国无产阶级的觉悟和组织程度，认为俄国当前的革命都是资产阶级性质的，俄国社会缺乏社会主义革命的条件，革命将加强资本主义的统治，革命后俄国将走上资本主义发展道路。另一方面，列宁有时又认为，工农民主专政之后无产阶级有可能在一定的条件（按：无产阶级的觉悟和组织程度的提高及欧洲革命的胜利并援助俄国革命）下通过斗争把民主革命转变为社会主义革命。1917 年二月革命后列宁发挥的正是

---

① ［俄］格·瓦·普列汉诺夫：《在祖国的一年：1917—1918 年言论集》，王荫庭、杨永译，生活·读书·新知三联书店出版社 1980 年版，第 465 页。
② 《列宁全集》第 29 卷，人民出版社 1985 年版，第 113—114 页。
③ 《列宁全集》第 29 卷，人民出版社 1985 年版，第 116 页。
④ 《列宁选集》第 3 卷，人民出版社 2012 年版，第 34 页。
⑤ 《列宁全集》第 43 卷，人民出版社 1987 年版，第 371 页。

这后一思想。但是在这之前，在列宁的思想中占主导地位的还是前一想法。"①"在关于工农民主专政的正是这后一思想。但是在这之前，在列宁的思想中占主导地位的还是前一想法。""在关于工农民主专政前途的第一种考虑（按：即资本主义前途）中，对俄国客观条件的尊重无疑占了上风……而在后一种设想（按：即社会主义前途）中，俄国'客观条件'的不足已为无产阶级的政治能动性和国际无产阶级的援助……所克服，因此在这种思想中政治斗争、无产阶级在革命时期的能动性就被提到首位，通向社会主义之路上物质条件的匮乏可以由这种能动性的发挥而得到克服。"②

另外，列宁在二月革命后很快放弃之前的观点，主张将资产阶级革命迅速转变为社会主义革命，还有一个重要原因在于：生产力与生产关系的矛盾问题。由于工农民主专政只是在资产阶级民主革命中的主要力量，那么在资产阶级民主革命完成后这一革命工具就存在是否存废的问题，其蕴含的是非资产阶级领导政权与资本主义发展的关系问题。马克思关于生产力与生产关系的矛盾告诉人们，在和平发展时期，资本主义的经济基础之上不可能存在一个工农政权，所以在资产阶级革命完成后关于工农政权只能有两种选择：要么将工农政权化为资产阶级政权，以顺应资本主义经济更好的发展；要么将这么政权快速转变为无产阶级专政，在全国范围开展社会主义革命。"在1917年以前，列宁倾向于认为前者是俄国革命的前途，但二月革命爆发不久，列宁的看法改变了。"③

其实，对社会主义的美好愿景，就连普列汉诺夫本人也充满向往。面对列宁激进地坚持开展社会革命，普列汉诺夫作出了退让。他指出："这两个时刻（按：资产阶级革命和社会主义革命）的接近是取决于我们的。我们应当效法德国共产主义者的光辉榜样，他们如《共产党宣言》所说的，'当资产阶级还采取革命行动时，同资产阶级一起去反对君主专制'，同时，'一分钟也不停止在工人中间努力培养尽量明了资产阶级和无产阶级间敌对情形的意识'。当这样做

---

① 曹浩瀚：《列宁革命思想研究》，中央编译出版社2012年版，第96—97页。
② 曹浩瀚：《列宁革命思想研究》，中央编译出版社2012年版，第97页。
③ 曹浩瀚：《列宁革命思想研究》，中央编译出版社2012年版，第165页。

时，共产党人是要使'德国资产阶级革命成为无产阶级革命的直接序幕'。"①

通过这场争论可以明显发现，普列汉诺夫与列宁有着不同的革命特质：列宁是一个革命策略大师，"与时俱进"、善于抓住稍纵即逝的革命机会是他的天性，而普列汉诺夫是一位知识渊博的理论家，始至终坚持："我们的劳动居民不仅吃资本主义的苦头，而且也吃资本主义不够发达的苦头。"②

所以，普列汉诺夫认为十月革命后俄国会出现"不可估量的灾难"③，其实并无道理。无产阶级政党联合广大农民共同推翻资产阶级临时政府，不仅拯救了自身，也把国家从大难临头中解救出来。十月革命后虽然布尔什维克曾出现政策上的错误，但是通过工农群众组织打退了外国武装势力，保护了新兴的无产阶级政权，在随后实施的新经济政策，与农民的关系得以调整，国内经济开始走向好转。所以无论革命前，还是革命后，普列汉诺夫主张的"灾难论"都没有必然的依据。普列汉诺夫在十月革命胜利后给革命泼冷水，虽有一定价值，可以使更多人从革命胜利的喜悦中清醒，但是接二连三的"灾难论"则反映出他与群众的脱离。

（二）普列汉诺夫反对俄国社会跳跃的主观原因

表面上看，在俄国的社会跳跃问题上，普列汉诺夫的观点似乎与马克思、恩格斯有着很大不同：前者否认跳跃的可能性，后者则承认这种可能性的存在。事实上二者的主张实质相同。马克思认为，只要有某种条件，俄国社会的跳跃是可能的；而普列汉诺夫则以事实证明这种条件已经不可能出现，因此俄国社会不存在跳跃的可能性。

具体而言，普列汉诺夫之所以反对俄国社会跳跃是因为他看到了这一跳跃带来的滞后性及其深远影响。他在十月革命前夕，反复强调，"并不是在任何特定的时候都能按照社会主义原则来改造社会的。社会主义制度至少要以两个必

---

① ［俄］格·瓦·普列汉诺夫：《普列汉诺夫文选》，张光明编，人民出版社2010年版，第79页。
② ［俄］格·瓦·普列汉诺夫：《普列汉诺夫文选》，张光明编，人民出版社2010年版，第416页。
③ 《普列汉诺夫机会主义文选》下，虚容译，生活·读书·新知三联书店1965年版，第17页。

不可少的条件为前提:(一)生产力(所谓技术)高度发展;(二)国内劳动居民具有极高的觉悟水平。在不具备这两个必要条件的地方,根本谈不上组织社会主义的生产方式。"① 这里的两个条件,其实是马克思对共产主义建设的基本要求,普列汉诺夫秉承了这一理念,坚持认为,社会主义只能是资本主义高度发展的产物,否则,社会主义革命就将脱离社会发展的客观需要,沦为空想,由此产生的滞后性将造成很多严重后果。

在这些后果当中,首当其冲的是对社会经济生产的不良影响。普列汉诺夫认为,在不具备上述条件时,如果企图组织社会主义生产方式,"那么他们的企图决不会得到好结果。他们能组织的只是饥饿……'组织饥饿'的必然后果就是残酷的经济危机"②。普列汉诺夫的分析显而易见,按照马克思的基本观点,如果生产力条件不匹配,那么更新、更高的生产方式不可能建立起来,即使强行建立,也难以立足,对社会经济生产会产生危害。

除了经济后果之外,普列汉诺夫认为广大群众缺少政治觉悟,强行跨越也必然导致一系列严重后果。普列汉诺夫认为劳动居民具有极高的觉悟水平是建设社会主义所必需的重要条件。当前俄国是一个农业大国,农民占俄国人口的多数,而农民根本不具备开展社会主义革命所必需的思想觉悟,他们只具有自发的资本主义倾向。因此,俄国的社会主义只有在农民摆脱资本主义倾向之后才能建立,这必将导致向农民宣战。同时,在政治上也根本不可能建立起真正的社会主义制度。这是普列汉诺夫反复强调的一个问题。他指出:"既然经济上极端落后的俄国使这些广大的群众暂时还完全不能自觉地和有组织地进行社会主义活动,革命就只能依靠群众性格中那些代表着可悲的黑暗时代和奴隶时代可悲的遗产的各个方面,而越是向群众性格的这方面求援,就越是对彼得大帝的改革的野蛮的反动,这将导致恢复旧制度。"③ 而这样,将"不得不在'家长

---

① [俄]格·瓦·普列汉诺夫:《在祖国的一年:1917—1918 年言论集》,王荫庭、杨永译,生活·读书·新知三联书店出版社 1980 年版,第 121 页。
② [俄]格·瓦·普列汉诺夫:《在祖国的一年:1917—1918 年言论集》,王荫庭、杨永译,生活·读书·新知三联书店出版社 1980 年版,第 121 页。
③ 转引自安启念:《东方国家的社会跳跃与文化滞后——俄罗斯文化与列宁主义问题》,中国人民大学出版社 1993 年版,第 228 页。

专制共产主义'的理想中寻求解放,在这些理想中只作一点改变,即由一个社会主义者阶层代替秘鲁的'太阳之子'和它们的官员们,来管理全国的生产"①,这将导致"东方专制主义"。普列汉诺夫明确指出,靠夺取政权,然后颁布法令来建设社会主义,"将导致一个像古代中国或秘鲁帝国一样的政治怪胎,即导致一种以共产主义做装饰的更新了的沙皇专制制度"②。

普列汉诺夫之所以措辞激烈,是因为他极为看重社会主义制度的政治内容,看重社会主义民主的价值。③ 民粹派认为,只要推翻沙皇专制制度,政权掌握在革命者手里,甚至不要国家政权,社会主义就可以在俄国实现。这种论调的荒谬,只要有少许的马克思主义常识就可识破。因此,当普列汉诺夫强调由于生产力落后在俄国不可能完成社会主义改造时,只是对唯物史观的再运用,并没有值得注意的新火花。但是他关于俄国多数人口是农民,而且农民文化素质低下不可能建立起社会主义政治制度,甚至连资产阶级民主都实现不了的主张,明确阐明了个别先进人物发动社会跳跃时引发的滞后性这一深刻现象。

普列汉诺夫的上述主张,并不孤立,而是和社会心理④有着必然联系。社会心理是一切思想体系的共同根源,它的特点反映在一切意识形态之中,进而在全部社会生活中得到体现。⑤ 关于十月革命,他认识到如果在落后的俄国发动社会跳跃,靠政治的力量建设社会主义,不仅在经济方面要受到生产力的限制,而且由于广大群众在社会心理上远达不到社会主义所需要的政治觉悟,因此只

---

① 转引自安启念:《东方国家的社会跳跃与文化滞后——俄罗斯文化与列宁主义问题》,中国人民大学出版社1993年版,第228页。
② 转引自[俄]弗·舒布京:《忧郁的真理》,载《新世界》,1991年第6期。
③ 普列汉诺夫认为,即使出现了这样一个国家,这个国家(不给你政治权利)愿意而且能够保证你的物质福利,在那种情况下(假使你接受那种境地),你将不外乎是吃饱的奴隶,喂养得很好的役畜。
④ 社会心理,是指特定时代、特定国家和民族(在阶级社会里则是特定阶级、阶层和集团)里普遍流行的习惯、感觉、情感、动机、理想、道德风尚与审美情趣等精神状况。(参见李清昆、王秀芳:《普列汉诺夫与唯物史观》,河北人民出版社1984年版,第184页)
⑤ 社会心理最终取决于经济基础,也受到为经济基础服务的政治制度强烈影响,但是作为社会思想体系的基础,社会心理又通过哲学、艺术、宗教、法律、政治、伦理等理论反过来影响、决定着社会的政治制度。社会心理形成于人们的日常生活,深深扎根于传统与习惯之中,变化缓慢,构成了社会文化的核心内容,因此对它加以改造难度巨大。

能依靠群众性格中"那些代表着可悲的黑暗时代和奴隶时代可悲的遗产的各个方面",而这只能导致落后的、前资本主义制度的恢复,形成东方式的专制主义。①

普列汉诺夫这一思想是针对列宁等布尔什维克的革命路线,站在反对的立场提出来的。苏联解体后很多人为普列汉诺夫的深刻洞察力所叹服,但是事情也绝不是像普列汉诺夫所言那样简单,苏联解体并非是所谓"宿命论",但是这一思想表明出普列汉诺夫对社会主义事业的复杂和困难程度有着深刻的认识,保持着清醒的头脑,这确实难能可贵。

(三) 普列汉诺夫反对俄国社会跳跃的客观依据

回顾1917年俄国的国情,社会生产力低下,资本主义发展严重不足,俄国并不具备开展社会主义革命的经济文化条件,因此,不但普列汉诺夫反对列宁领导的布尔什维克夺取政权,孟什维克内部各组织人士也对此不赞成,但此时俄国的政治舞台却完全是另一出戏。二月革命之后,俄国整个政治潮流急剧左倾,一方面是民众长期对受沙皇庇护的俄国资本主义的敌视,对资产阶级要求继续帝国主义战争充满厌恶;另一方面列宁领导的布尔什维克积极宣传反对帝国主义战争,化帝国主义战争为本国无产阶级战争的理论。两方面的相互作用,使得民众对社会主义的渴望达到了最高峰。民众希望发动社会主义革命夺取政权,而根本无瑕理论上的顾虑。

随着帝国主义战争的持续深入,发动社会主义革命已经成为俄国民众呼声的最强音,任何稍有不同的意见都被视为反动主张。因此,不仅是普列汉诺夫,一大批政治派别,在这场革命前的"运动"中,昨天还受到夹道欢迎,今天就像旧抹布一样被抛弃。列宁顺应民意发动了十月革命,俄国革命就沿着这场民意达到了最高峰:无产阶级取得了政权。在这样非黑即白的革命风暴中,大文豪高尔基仅针对革命摧残文化的现象发表评论就遭到布尔什维克的强烈批判,更不用说普列汉诺夫针对革命主张而提的反对意见了。因此普列汉诺夫晚年政

---

① 转引自安启念:《东方国家的社会跳跃与文化滞后——俄罗斯文化与列宁主义问题》,中国人民大学出版社1993年版,第231页。

治上的失败其实是不可避免的。

从客观上来看,普列汉诺夫早期对俄国资本主义发展的研究,参照的是以马克思主义为指导的西欧的社会民主主义革命进程。虽然普列汉诺夫在理论上批驳了民粹派的"跨越"思想,但随着俄国革命进程的不断发展,当他将马克思主义运用到俄国实际时,却面临着两个难题:

第一,普列汉诺夫原本以为,将马克思对西欧社会的理论指导照搬到俄国,可以按部就班地促使俄国实现社会主义革命目标。但是,包括普列汉诺夫在内的俄国所有马克思主义者,都忽视了资本主义自身发展的复杂性。当今看来,资本主义的生命力远高于人们之前的预期,而且资本主义自身强大的对内部矛盾的调节能力对工人运动产生了潜移默化的同化作用,使得阶级斗争的革命运动开始向"体制内"的改良运动转变,从而在一个无法预见的漫长时期内很难看到社会主义革命爆发的迹象。这种发展态势在20世纪初的西欧已经显露,当时俄国是否会出现这种趋势,普列汉诺夫很难预先考虑。

第二,普列汉诺夫在俄国资本主义发展刚起步时就开始传播马克思主义,实际上是希望在资本主义发展之前就培养出无产阶级的"阶级意识"和一个独立的社会主义运动。但是,普列汉诺夫同时却又要求这一运动服从科学认识意义上的"历史意识",即希望革命"主体"的阶级意识既走在资本主义发展这一"客体"之前,又必须遵从马克思对"客体"自身的内在规律性。事实上,这种相互作用的过程,普列汉诺夫从早年到晚期一直都在经历,只是角色不同。早年他作为马克思主义的传播者,依靠马克思主义路线与他曾经亲身经历过的民粹主义运动作斗争。随后,在建立马克思主义政党,传播马克思主义的过程中,普列汉诺夫所做的一切都是基于"先发展资本主义而后建设社会主义"这一规划。直到19世纪末20世纪初,俄国马克思主义政党的发展,都依然遵循着"自然的历史过程"。这里普列汉诺夫存在一种设想,即革命"主体"掌握了马克思主义理论之后,会更好地促进资本主义"客体"的发展,并自觉服从客体自身的内在规律。

但是俄国革命现实的特殊性违背了他的设想。从1903年产生布尔什维克党诞生到1917年十月革命爆发的历史表明:虽然俄国的工人阶级和革命知识分子培养起了积极的革命"阶级意识",但此后他们并没有服从"历史规律"的严格要求,而是将他们之间的位置倒转,用自身的"阶级意识"去统帅俄国的"历史规律"。在这种背景下,人们会依据马克思主义的基本纲领重新设计出所谓符合本国实际的、"新的"和"跳跃的"发展规划,革命政党以此规划为革命奋斗目标,开始建立严密的革命组织,策划灵活机动的革命实施方案,充分调动人民的革命情绪,造就具有更大规模和更深影响力的革命运动,从而确保在资本主义发展起来之前就夺取政权。

所以从这一历史逻辑看,也再次论证了,十月革命并非是列宁等人的个人行动,而是俄国革命运动长期发展的结果。普列汉诺夫面对日渐失控的局面,已无能为力。他原本对社会的发展规划以及本人所坚守的马克思主义理论设想,都因"背叛革命事业"而遭到了无情的批判和抛弃。所以俄国社会出现了一个新的三段式:从民粹派主张的"跳跃论"到普列汉诺夫强调的"不可跳跃论"再到十月革命出现的"新的跳跃论"。面对这种新的跳跃,普列汉诺夫颇感惆怅悲凉。的确,对于他这位马克思主义在俄国的创始人而言,这确实是一场悲剧。所以他也在反复思考这样的问题:"我们在落后的、半亚细亚的俄国宣传马克思主义,是否开始得太早了呢?"[①]

如何看待普列汉诺夫的这席话?其实涉及对十月革命的价值判断问题。但是应当承认,正是历史的复杂性,当俄国因落后的物质文化水平还远没有达到开展革命的要求时,历史却以理性的"激将法"将整个俄国的头脑、身心、四肢一并激发出来,达到"不成功,便成仁"、一定要冒险开展的状态。回顾20世纪东方社会主义国家,普遍都存在这样的问题,所以在研究经济与政治不协调发展的奇特进程时,务必考虑历史的复杂性。既不避讳革命可能"功亏一篑"的残酷事实,又要牢记高尔基在1917年的忠告:不要一味喊"吊死、枪毙、消灭",而要"做到处事公正"[②],要对革命事件要保持清醒、理性、客观的认识,给出其经得起历史、人民检验的公正评论。

---

① 据史料记载,普列汉诺夫对这样的问题有所察觉。参见 Samuel. H. Baron, Plekhanhov – The Father of Russian Marxism, Stanford Univ, Press, 1963.

② [俄] 高尔基:《不合时宜的思想》,余一中、董晓译,作家出版社2010年版,第195页。

回顾俄国的十月革命，不可否认一方面取得了前人未及的惊人成果，但另一方面却由于缺乏物质文化条件而在随后的发展中遭受挫折的历史事实。十月革命对整个 20 世纪社会主义运动都产生了巨大影响。在这场革命浪潮中，普列汉诺夫虽然正确看出了他早期的理论活动与这场大革命之间的因果关联，但晚年的普列汉诺夫由于政治理念与革命现实的相悖而不可逆免地陷入悲剧之中，被革命人士扣上了各种"彻底否定"的帽子。其实不管是普列汉诺夫的选择，还是列宁的规划，都是关于经济文化落后国家开展社会主义革命的历史争论，这种争论会长期在国际范围内继续持续下去。所以，摒弃各种政治有色眼镜，以一种平和心态去研究双方的各项主张，不仅是为了重新认识复杂性的历史，也是为当今现实提供借鉴。

三、普列汉诺夫晚年革命主张的缺陷

晚年普列汉诺夫的革命主张中暴露出一些原则性错误，这和他早年理论上的不彻底有密切联系。当他的政治立场转变之后，在同革命实践斗争越发紧密的领域里，这些错误的表现越发突出，而且互为因果，相互影响。一方面理论的错误导致了他晚年革命策略的缺陷，成为其晚年反对十月革命的思想理论根源；另一方面他反对十月革命的立场又进一步加深了其理论的错误性，陷入恶性发展。因此，秉承实事求是的原则，对他晚年革命主张的错误作出恰如其分的分析和批判，不仅对于正确评价普列汉诺夫这一个重要历史人物是十分必要的，对于加深对马克思主义的理解，也是很有益处的。

（一）回避无产阶级革命中对待国家的态度问题

普列汉诺夫晚年革命主张的最大缺陷，便是忽视了无产阶级应当如何对待资产阶级国家机器的问题。这是马克思主义革命观的基本内容。自 1871 年马克思提出"工人阶级不能简单地掌握现成的国家机器，并运用它来达到自己的目的"[①] 以来，这一重要思想便遭到曲解——马克思这里强调缓慢发展的思想，并

---

① 《马克思恩格斯选集》第 3 卷，人民出版社 2012 年版，第 95 页。

不主张夺取政权。其实恰恰相反。马克思的本意是工人阶级应当打碎和摧毁现成的国家机器，而不仅是简单夺取这个机器。普列汉诺夫多次引证这句名言，但他从未批判过修正主义者对其进行的歪曲。

例如，普列汉诺夫在1908年批评意大利工团主义者恩·列昂奈时写道，"工人阶级不能简单地掌握现成的国家机器和运用它来作为改造社会的工具，但工人阶级必须根据自己的目的改造这个政治工具本身……任何工具都必须符合它所服务的那个目的……如果不把一件工具夺到手，不掌握它，不能任意支配它，那就不可能改造它。"① 在普列汉诺夫看来，革命的无产阶级不应当打碎、摧毁或破坏现存的资产阶级国家机器，而只需要夺取它，按照自己的目的改造它。这一观点在《无政府主义和社会主义》一文中也有反映，文中他把雅各宾党人"致力于改组国家机器"同无政府主义者"破坏国家"对立起来。② 在《夏波夫》一文中，普列汉诺夫明确表示："工人阶级不应当毁灭他花费了如此昂贵的代价的国家机器，而应当为了自己的目的改变它的形式和利用它。"③

普列汉诺夫的言论表明他对无产阶级在革命中对待国家的态度问题始终没有正确理解。他错误地把破坏国家机器同无政府主义混为一谈。他不了解除了无政府主义者外，马克思、恩格斯也主张"打碎""摧毁"旧的国家机器。在普列汉诺夫看来，只有无产阶级有目的地"改造""改组"资产阶级国家机器才是唯一正确的道路。如何"改造""改组"？除了在早期著作中提到的用"人民的直接立法"代替"代表制度"以外，他并没有做过详细的论述。④

其实要说明怎样"改造""改组"，首先就必须弄清楚资产阶级国家机器有哪些主要特征，它们何以不适应无产阶级的需要，必须弄清楚无产阶级国家不同于资产阶级国家的本质特征是什么。普列汉诺夫缺乏对资产阶级国家的深入考察，所以不懂得究竟应该用什么东西来代替被打碎的旧国家机器。正如列宁

---

① ［俄］格·瓦·普列汉诺夫：《工团主义和社会主义》，王荫庭译，生活·读书·新知三联书店出版社1984年版，第122页。

② ［俄］格·瓦·普列汉诺夫：《无政府主义和社会主义》，王荫庭译，生活·读书·新知三联书店出版社1980年版，第78页。

③ 转引自王荫庭：《普列汉诺夫哲学新论》，北京出版社1988年版，第451页。

④ 在这一点上福米娜和谢萨理雅批评普列汉诺夫向拉萨尔主义做了让步，是完全正确的。

所说，普列汉诺夫把"巴黎公社这一特别类型的国家的实质"即无产阶级国家的实质"忘掉了和歪曲了"。

在这一点上，马克思、恩格斯多次对巴黎公社的革命经验作珍贵的理论总结。他们指出，巴黎公社终于发现了无产阶级的国家形式，其"基本标志"就是："（1）政权的本源不是由议会预先讨论和通过的法律，而是人民群众在各地从下面发起的直接行动，用流行的话来说，就是直接的'夺取'；（2）用全民的直接武装代替脱离人民、同人民对立的警察和军队，在这种政权下，国家的秩序由武装的工农自己，即武装的人民自己来持续；（3）官吏（即官僚）或者由人民的直接政权代替，或者至少受人民的特别监督，成为由人民选举、一经人民要求即可罢免的代表，使他们从领取资产阶级高额薪金的'地位'的特权阶级，变为使用这种'工具'的工人，他们的报酬不得超过熟练工人的一般工资。"①

因此，马克思认为："破坏官僚军事国家机器是任何一次真正人民革命的先决条件。"② 由于普列汉诺夫不了解什么是真正的人民革命，所以在他的革命理论中，更多的是资产阶级革命和无产阶级革命的抽象对立。马克思强调："打碎这个机器，摧毁这个机器，这就是'人民'，人民的多数，即工人和大多数农民的真正利益，这就是贫困农民同无产者自由联盟的'先决条件'，没有这个联盟，民主制就不能稳固，社会主义改造就不能完成。"③ 这个道理普列汉诺夫并没有深入理解。此时的普列汉诺夫，将更多的精力投入阶级斗争的学理成分，他没有考察过资产阶级国家机器在欧洲历史上是怎样演进的。

由于普列汉诺夫回避了无产阶级在革命中对待国家的态度问题，因而也就不可能提出无产阶级专政的国家形式问题。既然他没有认识到公社不同于议会制的特征，所以资产阶级就议会制民主国家的政治形式在他那里成了不可逾越的极限。他对资产阶级议会制度的真正本质和根本缺陷缺乏正确的认识。他错误地把对议会制的任何批评都看成是无政府主义的。他不知道对待议会制，除

---

① 《列宁全集》第29卷，人民出版社1985年版，第132页。
② 《列宁全集》第31卷，人民出版社1985年版，第36页。
③ 《列宁全集》第31卷，人民出版社1985年版，第37页。

了无政府主义批评或反动批评以外，还有真正的革命无产阶级的批评。

巴枯宁反对无产阶级进行整治活动时提出了这样一个论据：无产阶级进行整治活动的环境是议会制资产阶级的环境，这个环境必然要败坏工人议员。普列汉诺夫反驳道："但是也有选举人的环境、完全自觉地追求自己的目的和组织得很好的工人政党的环境，难道这个环境对于无产阶级的当选人不能有任何影响吗？"① 应当承认，这个反驳是有说服力的。巴枯宁的结论是错误的，用来证明其结论的论据也是片面的。但是普列汉诺夫忽视了巴枯宁论据中合理因素的重大意义："议会环境对工人议员的腐化影响"，无论在 19 世纪末期，还是在以后的年代都是相当严重的，它是这个时期机会主义思潮成为工人政党内部主要危险的社会根源之一。普列汉诺夫认为，"即使对德国社会党的历史只有最肤浅的认识也足以相信：实际生活如何破坏着无政府主义者的担忧。"② 事实证明普列汉诺夫的这种乐观估计完全错误了。产生这种乐观估计的一个重要原因就是他不了解议会制的根本本质和根本缺陷。他虽然多次引证过马克思的名言："现代国家政权不过是管理整个资产阶级共同事务的委员会罢了"，但他从来没有揭示资产阶级议会制的真正本质在于每隔几年决定究竟由统治阶级中的什么人在议会里压迫和镇压人民，不管在议会制君主立宪国还是民主共和国都是如此。他同样不理解马克思对议会制度的批评："公社不应当是议会式的，而应当是同时兼顾立法和行政的工作机关"。

（二）忽视阶级矛盾对国家产生的首要意义

普列汉诺夫之所以不了解什么是真正的人民革命，很大程度上是因为他没有完整、全面地阐述马克思关于国家本质的学说。虽然他承认国家是经济发展到一定阶段的产物，是社会上出现了阶级和阶级斗争的结果，是阶级统治的机关。他并不否认阶级矛盾的不可调和性，也不反对国家是从社会中产生、凌驾于社会之上、并日益同社会脱离的一种特殊力量。他并没有充分阐明马克思主

---

① ［俄］格·瓦·普列汉诺夫：《无政府主义和社会主义》，王荫庭译，生活·读书·新知三联书店出版社 1980 年版，第 70 页。

② ［俄］格·瓦·普列汉诺夫：《无政府主义和社会主义》，王荫庭译，生活·读书·新知三联书店出版社 1980 年版，第 70—71 页。

义关于国家本质的学说，此外，还流露出了国家超阶级性的民粹主义幻想的残余。

从本质上看，国家是社会陷入自身不可解决矛盾的产物，是社会分裂为不可调和的对立面而又无力摆脱这种对立状况的表现。对于国家而言，只有在阶级矛盾客观上达到不能调和的程度才能产生。而普列汉诺夫却将此看作次要的特征，他批评拉勃里奥拉所提出的国家是一个社会阶级对另一个社会阶级统治组织的定义，认为此定义未必是表达"全部真理"的观点。他认为："在像中国或古代埃及那样的国家里，在那里如果没有在调解巨大的河流的流水和泛滥方面和组织灌溉方面的非常复杂和繁多的工作，文明的生活就是不可能的，在极大的程度上，国家的产生就能够用社会生产过程的需要的直接影响去解释。"①

因此，他没有把阶级矛盾对国家产生的意义提到首位，而是把各阶级在对自然界的斗争中一定的共性放到首位。虽然这样的阐述有一定的正确性，但是普列汉诺夫却认为，只要估计到抽象地取出社会生产过程的"需要"，就能正确地去说明国家，就能避免"关于国家的历史作用的不正确的和片面的概念"②。受此影响，普列汉诺夫对构成国家权力的主要标志的常备军、警察、官吏和监狱，缺乏具体分析。他对国家的本质和职能只是停留在理论层面，并没有结合实际深入挖掘两者的区别和联系。

列宁指出，同分析任何问题一样，分析国家问题，最可靠、最必须、最重要的也是不要忘记基本的历史联系，考察某种现象时应该看它在历史上怎样产生，在发展中经历了哪些主要阶段，并且根据这一发展去说明它现在怎样以及怎么会这样。以此标准来评判普列汉诺夫对国家问题的分析，就不难发现，如果说他对于国家的起源还深有研究，那么对国家在历史发展中如何演进的问题就没有予以重视。以《俄国社会思想史》为例，书中用大段篇幅叙述俄国农奴制如何影响14—19世纪的俄国社会发展，但是对于这种国家制度本身如何在俄国封建化和资本主义化过程中形成和演变的问题却避而不谈。又如资产阶级所

---

① 转引自[苏]福米娜：《普列汉诺夫的哲学观点》，汝信译，生活·读书·新知三联书店出版社1963年版，第217页。
② 转引自[苏]福米娜：《普列汉诺夫的哲学观点》，汝信译，生活·读书·新知三联书店出版社1963年版，第219页。

需要的国家机器在历史上怎样产生？资本主义社会所特有的集中的国家政权，最能表现这个国家机器特征的两种机关即官吏和常备军，怎样产生于专制制度崩溃的时代？在历次资产阶级革命进程中，面临着各被压迫阶级独立行动的时候，国家机关如何演变？对于这些直接关系到无产阶级在革命中应当如何对待国家机器的重要理论问题，普列汉诺夫同样采取了沉默态度。他多次引用《拿破仑第三政变记》，但是马克思在这本著作中关于上述问题的出色论述却没有引起普列汉诺夫的注意。

对国家学说本质的忽视一方面突出表现在他没有全面阐释恩格斯的国家消亡学说。他没有认识到，恩格斯关于国家自行消亡的著名原理不仅是反对无政府主义的，而且主要是反对机会主义的。恩格斯认为，"国家自行消亡"是同"无产阶级取得了国家政权……也就是消灭了国家之为国家"的原理紧密地联系在一起的。换言之，是同把马克思的阶级斗争理论和无产阶级暴力革命理论贯彻到国家学说紧密结合在一起的。恩格斯指出，资产阶级国家是不可能自行消亡过渡到无产阶级国家的，只能靠暴力革命来实现。而无产阶级国家的消灭，却只能通过自行消亡。所以说，被摧毁的是资产阶级国家，而逐渐消亡的是无产阶级国家制度残余。国家的消逝是社会主义革命的结果，因为这时的国家已经不是原来意义上的阶级国家，不是少数剥削者镇压大多数居民的一种特别力量，而是大多数居民为了镇压少数剥削者而自动组成的专政力量。随着无产阶级专政的巩固，国家痕迹自行消亡，无须再用暴力"废除"国家机关。

无可否认，普列汉诺夫高度评价了暴力革命的历史作用，有力地反对了修正主义等谬论，这是他重要的理论功绩。但是在捍卫暴力革命的必要性时也做了让步，他肯定伯恩施坦关于现代社会制度"不经动荡"而过渡到更高的社会制度中，也有真理的部分。他过分夸大了和平的、议会斗争的作用，却没有把马克思的暴力革命学说同国家消亡联系起来考察。所以在他的革命主张中，并没有就"国家自行消亡"一词做具体阐释，而是抽象大谈其实力和暴力的相互关系，从而把在巨大事变和政治危机一旦发生就会自然而然地提到日程上来的最现实、最迫切、最重要的问题，即革命对国家的态度和一般关于国家的问题掩盖起来。

普列汉诺夫没有严肃认真地考虑马克思、恩格斯关于无产阶级国家形式的学说，也表现在对待联邦制的态度上。伯恩施坦曾在《社会主义的先决条件和社会民主党的任务》一书中歪曲马克思的思想，把马克思关于消灭寄生虫式的国家政权的观点同蒲鲁东的联邦制混为一谈，似乎马克思也赞成建立同集中制对立的联邦制。对于这一歪曲，普列汉诺夫在同伯恩施坦论战时绝口不谈。又如在《无政府主义和社会主义》中，他虽然正确地批评了蒲鲁东的联邦制主张，指出"革命运动要在这里取得成功比在集中化的国家里困难得多"①，但是他从没有像恩格斯那样细致地分析国家的这种过渡形式，没有根据不同场合的具体历史特点来估计作为过渡的国家形式的联邦制是如何过渡，从而确定联邦制的历史作用：一般说来马克思主义者拥护集中制，但不否认在一定条件下联邦制可以是一种进步的国家形式。

（三）对俄国革命进程考察的机械化色彩

早期的普列汉诺夫，虽然在社会历史领域中也表现出机械化的倾向，但是总体而言，他在社会存在与社会意识、生产关系与生产力、经济基础与上层建筑、社会发展客观规律与人的主观能动性方面，坚守了彻底的唯物主义一元论阵地，发展了马克思主义唯物史观。但是随着政治立场的转变，到了晚年，普列汉诺夫在考察俄国革命进程中的的机械化色彩越发严重。具体表现在以下两方面：

一方面，普列汉诺夫在政治与经济的关系上日益陷入了片面性，过多地强调了经济因素的作用而忽视了政治因素的影响力，最终以"庸俗的生产力论"作为晚年革命策略的主要理论支撑。在普列汉诺夫看来，俄国的生产力水平低下，经济状况落后，根本不具备开展社会主义革命的物质条件。他强调：当前俄国无产阶级政党的首要任务是促使资本主义的发展，只有资本主义在俄国充分发展，才能为无产阶级将来实现社会主义创造条件。他坚信经济比政治更具有影响力，如果俄国在一战期间失败，必将阻碍社会经济的发展，这将大大推

---

① ［俄］格·瓦·普列汉诺夫：《无政府主义和社会主义》，王荫庭译，生活·读书·新知三联书店出版社1980年版，第55页。

迟俄国政治解放时刻的到来。所以他号召无产阶级政党只有积极支持沙皇政府，力争在帝国主义战争中取得胜利，才能促使社会生产力发展，为将来实现社会主义革命创造条件。

抽象看，普列汉诺夫的论述似乎并没有过错，因为当一个国家特定生产方式还能促进生产力发展而非阻碍生产力发展时，是不会退出历史舞台的。但是普列汉诺夫将俄国社会主义的实现放在遥不可及的未来，且把这一渺茫希望寄托在沙皇侵略战争的胜利之上，这实质是完全脱离时间地点看问题，教条般理解马克思主义。一战期间的俄国，就生产力发展水平而言，虽然较英、美、德、法等西方资本主义国家相对落后，但俄国已经进入帝国主义阶段，沙皇俄国的经济、政治制度，已经严重阻碍生产力发展。此外，俄国已经汇聚了帝国主义一切矛盾的焦点，成为世界帝国主义链条中的薄弱环节。与普列汉诺夫相反，列宁洞察到了俄国社会矛盾的尖锐和突出，他运用唯物辩证法全面深刻地分析了帝国主义时代的新情况和俄国自身的特点，揭示了帝国主义时代资本主义经济政治发展不平衡的规律，提出了社会主义可能在个别资本主义国家首先取得胜利的原理，极大地丰富和发展了马克思主义。

另一方面，同"庸俗的生产力"密切相关的，普列汉诺夫机械化色彩的另一个表现，是过多地强调社会发展中客观因素的作用，而越来越忽视主观因素的能动性，特别是低估人民群众的重要作用。这与早期论证人民群众创造历史的伟大作用形成鲜明反差。理论上的低估导致在实践上忽视人民群众的伟大革命作用，具体表现在普列汉诺夫对俄国无产阶级和农民在革命中作用的错误认识，以及对待革命运动的错误态度上。

首先，在俄国革命的转变时期，普列汉诺夫认为俄国无产阶级人数少，觉悟低，其中绝大多数还受小资产阶级的影响，因而无力单独肩负起俄国资产阶级民主革命的领导重任，也不可能领导俄国劳动人民夺取社会主义革命的胜利。正因为普列汉诺夫忽视无产阶级伟大历史人物，所以他把俄国社会主义革命的实现看作是遥远未来虚无缥缈的目标。

其次，普列汉诺夫虽然谈及过农民是俄国革命强大有力的后备军，但论述过于抽象，实际上晚年他不仅没有看到农民在俄国资产阶级革命中的重要作用，反而极力贬低。在他看来，俄国农民的政治觉悟"非常之低"，他们根本没有社会主义革命的要求。他认为，只有当农民放弃了私有者的观念时才具有革命性，同时，也只有当俄国资产阶级丧失其革命性的时候，农民才会代替资产阶级出现在历史舞台上。因此，俄国农民在资产阶级民主革命中的作用，与其说是革命的，不如说是保守的。他称农民是"俄国布朗基主义者的空想主义希望赖以支持的一条大鲸鱼"①。他认为倡导建立工农联盟思想是'美化劳动农民"，而美化劳动农民也就是"美化资产阶级"。他的逻辑是：劳动农民是小资产阶级，而小资产阶级也就是资产阶级，正如婴儿仍然是小孩一样。② 所以他得出结论，在资产阶级民主革命中，无产阶级不应该也不能依靠农民，如果无产阶级同农民结成同盟，就会吓跑资产阶级，使革命规模缩小，"就会违反革命的直接和明显的利益"③。直到十月革命期间，他依然坚持农民问题上的错误观点，他批评农民对地主的斗争是"野蛮的反动"，即使在十月革命胜利后，他依然坚持工人阶级在这一事业中"不能指靠农民"④。

其次，在对待革命群众运动的问题上，普列汉诺夫也采取了错误态度。在1905年革命期间，他明确反对第二次和第三次总罢工，指责工人阶级的罢工斗争是错误的。到十月革命期间，他明确反对发动十月革命，反对无产阶级和广大群众所进行的推翻资产阶级统治建立社会主义制度的斗争，他对群众运动也由早期的热情支持转为冷嘲热讽。

最后，在论述革命的指导原则上，普列汉诺夫倡导所谓的"合乎目的性"原则，即"凡是可以最快地达到目的的东西都是最好的；凡是在达到目的的道路上造成最多的障碍的东西都是最坏的。这是一条基本策略原则。"⑤

列宁并不否认合目的性原则，但是问题在于，普列汉诺夫的"合目的性"并没有突出原则的无产阶级革命性。因此，列宁指出，真正无产阶级的革命策

---

① 《普列汉诺夫机会主义文选》下，虚容译，生活·读书·新知三联书店1965年版，第38页。
② 《普列汉诺夫机会主义文选》下，虚容译，生活·读书·新知三联书店1965年版，第39页。
③ 《普列汉诺夫机会主义文选》上，虚容译，生活·读书·新知三联书店1964年版，第258页。
④ ［俄］格·瓦·普列汉诺夫：《在祖国的一年：1917—1918年言论集》，王荫庭、杨永译，生活·读书·新知三联书店1980年版，第465页。
⑤ 转引自王荫庭：《普列汉诺夫哲学新论》，北京出版社1988年版，第782页。

略原则是：一切策略问题都从属于如何估计特定时期的总的革命形式。列宁认为："马克思主义者无论如何不应当忘记，一个直接面临的斗争的口号不是能简简单单地直接从某一个纲领的一般口号中得出来的……为此必须估计具体的历史形式。"① "研究革命的全部发展和整个连贯的过程，不仅仅从纲领原则中，而是从运动已往的步骤和阶段中得到我们的任务。只有这样的分析才是辩证唯物主义者所应当作的真正的历史分析。"② 而"在以普列汉诺夫为首的右翼社会民主党人中间，却时常出现一种相反的议论问题的方法，即他们力图在关于我国革命的基本性质的一般真理的单纯逻辑发展过程中去寻找具体问题的答案，这是把马克思主义庸俗化，并且完全是对辩证唯物主义的嘲弄"③。

可见，尽管普列汉诺夫也强调"没有抽象的真理，真理是具体的"，但在论述俄国革命时，却把各种因素"非此即彼"的形而上学对立起来。这其实是辩证法和认识论统一性的不足所致，他忽视了辩证规律在思想领域的表现，他所阐述的辩证法多半是历史辩证法，在他的著作中很少提到历史和逻辑的统一、具体和抽象的统一、个别和一般的统一、相对和绝对的统一等。这在他的革命指导原则中也深有体现，虽然每次表现形式不同，但本质是相同的，都是"只限于肯定不同阶级的行动方针，而不分析它们的斗争形式"④，"从科学方面说来，就是不全面的、不辩证的，从政治实践方面来说，就是退化成死板的说教"⑤。如果把普列汉诺夫的指导原则与列宁相比较，差别便很明显：一个悬在高空，一个脚踏实地；一个反复强调各种抽象真理，另一个则力求具体把握革命形势的全部发展内容，这也是二人晚年革命策略分歧的基础。

---

① 《列宁全集》第13卷，人民出版社1987年版，第310页。
② 《列宁全集》第13卷，人民出版社1987年版，第310页。
③ 《列宁选集》第1卷，人民出版社2012年版，第161页。
④ 《列宁全集》第17卷，人民出版社1988年版，第35页。
⑤ 《列宁全集》第17卷，人民出版社1988年版，第35页。

第六章　普列汉诺夫社会主义革命思想的历史地位及现实启示

作为俄国极具影响力的历史人物，普列汉诺夫在国际共产主义运动和俄国无产阶级革命运动的斗争中，扮演了重要角色。他是对马克思主义和哲学社会科学深有研究的杰出理论家，一生复杂多变，盖棺犹未定论。几十年来，由于人们的立场观点殊异，分析视角不同，加上政治形势复杂多变，对他的评论难免出现高低起伏，左右偏颇，褒贬各异。所以评价像普列汉诺夫这样重要而又复杂的历史人物，既要肯定其卓越的历史功绩，同时也应看到他令人遗憾的历史过失。尽管普列汉诺夫拥有很高的理论水平、丰富的斗争经验、卓越的领导才能，但这并不意味着他的认识和行动可以不受时代条件限制。不能因为他伟大就把他像偶像那样顶礼膜拜，也不能因为他有失误和错误就全盘否定，抹杀他的历史功绩。事实上，普列汉诺夫的社会主义革命思想还是具有深刻的现实启示的。

一、普列汉诺夫社会主义革命思想的历史地位

在普列汉诺社会主义革命思想中，既有值得珍视的思想瑰宝，需要我们坚持和发展；也有存在一些片面或不足，需要反思警示，避免犯同样的失误。对他的评价，应该像评价其他具有争议的马克思主义者一样，"应该放在其所处时代和社会的历史条件下去分析，不能离开对历史条件、历史过程的全面认识和对历史规律的科学把握，不能忽略历史必然性和历史偶然性的关系。不能把历

史顺境中的成功简单归功于个人,也不能把历史逆境中的挫折简单归咎于个人。不能用今天的时代条件、发展水平、认识水平去衡量和要求前人,不能苛求前人干出只有后人才能干出的业绩来。"① 因此,分析普列汉诺夫革命思想的历史地位时,既不能鼓吹"前功卓越不计过",也不能宣扬"晚节不终全勾销"。只有综合衡量,辩证分析,才能作出客观评述。

(一) 应以历史视角分阶段加以考察

普列汉诺夫自 1876 年作为职业革命家登上历史舞台直到逝世,其革命理论与实践活动整整经历了 43 个年头。期间波澜起伏,百转千回,是他革命生涯的真实写照。如何评价他的革命理论与实践活动,必须放在具体历史环境中的各阶段具体分析考察,不能混为一谈。

首先,既要肯定前期的贡献,也要看到晚年的错误。自普列汉诺夫走上革命道路以后,他经受住了一系列考验,表现出了无产阶级革命家和理论家的气概和素养。19 世纪 80 年代初,面对沙皇专制政府的残酷迫害,一部分革命民粹派分子妥协投降,变成了自由主义民粹派;另一部分则铤而走险,继续坚持民粹派的错误观点,成为社会革命党人,顽固反对马克思主义和无产阶级革命派。此时的普列汉诺夫犹如鹤立鸡群,从民粹主义阵营冲杀出来,率先转向马克思主义,成为俄国第一个杰出的马克思主义者,第一个马克思主义团体的主将,第一个反击民粹主义的先锋。到 19 世纪末,国际共产主义出现了修正主义逆流,马克思主义横遭歪曲和攻击,一些马克思主义者对修正主义的危害性估计不足,未能马上起来回击,在这紧要关头,普列汉诺夫带头批判伯恩施坦修正主义,旗帜鲜明地保卫了马克思主义,有力地回击了修正主义的进攻,接连又批判了伯恩施坦的变种——米勒兰主义、合法马克思主义、经济主义等各种错误思潮。在 20 世纪初,俄国社会民主工党遇到了思想分离、政治动摇、组织涣散的危机。在这一转折关头,普列汉诺夫与列宁并肩作战,挽救并重建了党,成为党的正式领袖。同时也应看到,晚年的普列汉诺夫在政治上的不断摇摆。

---

① 习近平:《在纪念毛泽东同志诞辰 120 周年座谈会上的讲话》,参见《人民日报》,2016 年 12 月 27 日。

1903年俄国社会民主工党第二次代表大会后倒向孟什维克成为他转变的起点。在1905年俄国革命爆发后，他提出孟什维主义革命策略，起义失败后又向革命群众泼冷水。在第一次世界大战期间，他持护国主义立场，支持帝国主义军事战争。十月革命期间，他忽视俄国日益复杂多变的革命局势，以"庸俗生产力论"坚决反对社会主义革命直到逝世。

其次，既要看到后期与列宁分歧的尖锐性，也要看到他无产阶级革命立场的坚定性，避免对其错误简单化"一刀切"的评判。如果以1903年为界，把普列汉诺夫截然划分为马克思主义者和孟什维主义者，不利于对他的功过是非作出恰如其分地评价。在过去很长一段时间内，人们对普列汉诺夫的评价之所以存在简单化、绝对化的倾向，同这种"一刀切"的划分是不无关系的。事实上，俄国第一次革命遭受失败，党受到严重摧残，在党内动摇、消沉、叛变成风的严峻时刻，已经成为孟什维克领袖的普列汉诺夫，毅然同列宁领导的布尔什维克一起，建立护党联盟，共同反对取消派，批判马赫主义等形形色色的唯心主义思潮，捍卫了马克思主义，保护了俄国社会民主工党。所以从1903—1914年长达11年期间，普列汉诺夫并不是同布尔什维克一刀两断，而是在布尔什维克和孟什维克之间反反复复，游离不定。当他在政治上和思想上倾向于布尔什维克，甚至站在布尔什维克一边时，他对无产阶级革命事业在理论上和实践上都曾作出过贡献，反之，当他倾向于孟什维克并成为孟什维克的思想领袖时，则做了些不利于无产阶级革命的策略主张。这样的具体分析，显然避免了简单化和绝对化的弊病，对实事求是评价普列汉诺夫的革命思想大有裨益。

再次，既要看到十月革命期间他革命主张的错误性，也要注意他拒绝资产阶级政府的坚定性。通常人们将普列汉诺夫的晚年称为"沙文主义时期"，其实这种称谓值得商榷，如以"十月革命的反对派时期"描述可能更加贴切也较为符合历史事实。在此期间，普列汉诺夫反对列宁领导布尔什维克举行武装起义。在十月革命胜利后的第三天，普列汉诺夫便在《统一报》上发表了《致彼得格勒工人的公开信》，信中他直截了当地否定十月革命，反对革命胜利后布尔什维克所建立的苏维埃无产阶级专政政权。但是如果仅以此就评判普列汉诺夫晚年背叛了马克思主义，则是以偏概全。因为在普列汉诺夫的公开信发表数日之后，曾先后担任过克伦斯基资产阶级临时政府陆军部副部长兼彼得格勒军事总督的萨文科夫，以被推翻的资产阶级政府高官身份并代表武装叛乱首领克拉斯诺夫拜访普列汉诺夫，请求他支持反对苏维埃政权的武装叛乱，并许诺事成以后让他担任政府首脑时，却遭到了普列汉诺夫的断然拒绝。他对萨文科夫说："我已经献身无产阶级40年，即使当它沿着错误的道路前进的时候，我也不会把它击毙。"① 普列汉诺夫这一态度，清晰表明：即使他与列宁存在严重分歧，但他依然是一位马克思主义者。

最后，既要强调他晚年革命主张的错误性，也应肯定其后期理论成果的丰富性。对于以"前期卓越，中期反复，晚节不保"的三段论来评价普列汉诺夫的革命实践活动而言，始终面临一个困难：既然1903年以后普列汉诺夫已演变成为一个孟什维主义者，为什么他还能够写出一些有分量的马克思主义理论著作？对于这一无法逃避而又难以回答的问题，人们往往以贬低普列汉诺夫在1903年以后发表著作的理论价值来寻找出路。例如，否定他在1903年以后反对唯心主义、马赫主义和造神说、寻神说的重要哲学著作的意义，过分夸大这些著作中的缺点和错误，甚至否定这些著作中所体现的马克思主义思想。② 按照这种逻辑，既然1903年以后的普列汉诺夫已经演变成为孟什维主义者，所以就不可能再有马克思主义理论著作问世。但是这样的主张又引起了新的麻烦，即同列宁对普列汉诺夫这一时期理论著作的肯定性评价又发生了矛盾。列宁对普列汉诺夫在1908年发表的《马克思主义的基本问题》一书有着极高的评价，认为这本书和他的《论一元历史观之发展》一样，对"马克思主义哲学及历史唯物主义等问题……有很好的论述"③。事实上，这也正是普列汉诺夫政治立场摇摆性在革命理论上的反映，既然在政治上动摇于布尔什维克与孟什维克之间，在理论上也就不可避免地存在于两者之间的动摇。所以，我们批判他晚年错误主张时，也应注意到后期丰富的理论成果。

---

① 转引自高放、高敬增：《普列汉诺夫评传》，中国人民大学出版社1985年版，第615页。
② 这种倾向，在20世纪50年代苏联学者的相关论述，特别是福米娜的《普列汉诺夫的哲学观点》一书中，表现得相当明显。
③ 《列宁全集》第26卷，人民出版社1990年版，第89页。

况且，就其学术成就而言，作为杰出的马克思主义理论家，普列汉诺夫可谓硕果累累。一方面，他同除列宁以外国内同时期的理论家相比，站得更高，贡献也更大。另一方面，在国际上，他的理论贡献也在许多其他国家马克思主义者之上。恩格斯称赞普列汉诺夫的才能"不亚于拉法格，甚至不亚于拉萨尔"①。即使他转为孟什维克后，列宁在1911年还认为普列汉诺夫是"精通马克思主义的唯物主义者"②。除了极其敬仰马克思、恩格斯以外，列宁从来没有对其他人给予过这么高的评价。

综上所述，普列汉诺夫是在马克思、恩格斯之后，列宁之前俄国革命活动的重要人物之一，在研究和传播马克思主义理论方面，作出了突出贡献。从某种意义上说他是介于马克思、恩格斯与列宁之间的中间环节。当然他晚年也犯了严重错误，但这是一个伟大马克思主义者所犯的错误，他与列宁晚年就俄国革命道路问题的争论，更多是革命策略的分歧。总之，他乃不愧于一位杰出的马克思主义理论家。

（二）应以辩证方法分角度加以评析

对普列汉诺夫社会主义革命思想的评价，除了以历史观角分析他各时期的革命主张外，还应注意到后人对他的评判。受时代影响，评判难免带有色政治眼睛，所以应以辩证方法，即肯定其评判的合理成分，又指出其主张的片面性。具体而言，代表性的评判有以下三种：

首先，认为普列汉诺夫在"劳动解放社"时期"只有理论贡献"。这种说法最早源自《联共（布）党史简明教程》，书中把普列汉诺夫在"劳动解放社"时期的历史贡献局限于1895年以前，并强调"劳动解放社"只是在理论上创立了社会民主运动和实行了迎接工人运动的第一步。这其实是对列宁评判的曲解。因为反对俄国党内的第一个机会主义思潮——经济主义便是在1894—1903年进行的。"反对经济派的起先只有普列汉诺夫和整个'劳动解放社'（《工人》作

---

① ［苏］米·约夫楚克、伊·库尔巴托娃：《普列汉诺夫传》，宋洪训、纪涛、谢梅馨、李兴耕译，生活·读书·新知三联书店1980年版，第156页。
② 《列宁全集》第20卷，人民出版社1989年版，第129页。

者文集等），后来是《火星报》（从 1900 年到 1903 年 8 月……）。"① 19 世纪 90 年代末，面对伯恩施坦为代表的全面修正马克思主义思潮，普列汉诺夫针锋相对，予以坚决批判。列宁指出："普列汉诺夫，对伯恩施坦的最时髦的'批判'作了无情的批判，他做得完全正确。"② 虽然普列汉诺夫反对"合法马克思主义"的斗争并不及时，而且也存在各种缺点，但是他毕竟进行了有力的批判，和列宁一样，不止一次地说明过经济主义和司徒卢威主义之间的联系。

事实上，俄国工人运动的历史也就是不断同马克思主义相结合的历史。它始于 1894—1895 年，直到 1903 年秋俄国社会民主工党第二次代表大会的召开标志着结合的第一阶段的完成。普列汉诺夫在此过程中贡献杰出。列宁指出："俄国社会民主党的建立，是劳动解放社即普列汉诺夫、阿克雪里罗德和他们的朋友们的主要功绩……'俄国社会民主工党'的建立（1898 年春）③，是大踏步向这种结合迈进的标志。"④ 列宁多次称呼普列汉诺夫是俄国社会民主党的创立者和领袖，认为"劳动解放社"的这些"为俄国社会民主党奠定了基础并一直领导党的理论家和著作家"，"为党在理论上和实践上的发展做了许多事情"。所以，依据列宁的正确评判，并不能把"劳动解放社"后 10 年的革命活动一笔抹杀，更不能评判普列汉诺夫在"劳动解放社"期间"只是理论上"有突出贡献。

其次，认为普列汉诺夫在孟什维主义时期"放弃阶级斗争"这一说法最早是由福米娜提出。普列汉诺夫在《俄国社会思想史》中写道："任何一个特定的划分为阶级的社会发展进程，都取决于这些阶级的发展进程和它们的相互关系，即第一，在涉及国内社会制度的场合，取决于它们的相互斗争，以及第二，在涉及保卫国土不受外来攻击的场合则取决于它们或多或少的友好合作。"⑤ 福米娜对此批评道："普列汉诺夫实质上放弃了马克思主义关于阶级斗争是历史的动

---

① 《列宁全集》第 25 卷，人民出版社 1988 年版，第 103 页。
② 《列宁选集》第 4 卷，人民出版社 2012 年版，第 274 页。
③ 1893 年 3 月在明斯克召开第一次代表大会，宣布成立俄国社会民主工党。列宁和普列汉诺夫都没有参加这次大会。
④ 《列宁全集》第 4 卷，人民出版社 2013 年版，第 214 页。
⑤ 转引自王荫庭：《普列汉诺夫哲学新论》，北京出版社 1988 年版，第 424 页。

力的学说,他企图证明,与西方不同,俄国历史的特点与其说各阶级在保卫国家免受外来进攻的视野中的或多或少的友好合作,而俄国专制制度则是超阶级的组织,是为了对外部敌人进行斗争所必须的组织。"① 所以她宣称普列汉诺夫放弃了阶级斗争。

但事实而言,至少在理论著作和1903年以前的革命活动中,普列汉诺夫并没有放弃阶级斗争。普列汉诺夫绝对没有否定俄国历史上阶级斗争的存在,也没有否定阶级斗争是俄国社会发展的动力。他着力要探讨的问题是阶级斗争在俄国历史上的作用与它在西方历史上的不同作用。"现在一个严肃的研究者必须问自己的不是我国是否有阶级斗争(现在已经证明有),而是俄国的阶级斗争是否像以及在何种程度上像其他国家中所进行的阶级斗争。"② 在普列汉诺夫看来,俄国大量的拓殖疆土,妨碍着俄国国内阶级斗争的激化。"俄国的历史是一个在自然经济条件下进行垦殖的国家的历史。垦殖意味着——正如索洛维也夫早就指出的——职业的单一化和居民的经常迁移,这两种情况,正如我经常补充的,都会妨碍由于社会的劳动分工而产生的那些阶级差别的加深。这就是说,由于上述条件,社会各阶级之间强化的斗争不可能成为俄国内部历史的特点。"③ 接着他阐述了俄国的经济特征造成不同于西方的政治后果和思想后果。所以可以争论垦殖对于阶级斗争产生的作用,以及垦殖到底有没有阻碍或者在多大程度上阻碍了俄国国内阶级斗争的强化,但是不能硬说普列汉诺夫这些言论"实质上放弃了马克思主义关于阶级斗争是历史的动力的学说",这是绝不能混为一谈的两个问题。

最后,认为普列汉诺夫在晚年"背叛了马克思主义"。这种说法认为,"劳动解放社"时期普列汉诺夫是一位坚定的马克思主义者,而到了后期,他背叛了马克思主义。事实上如果对他晚年的著作稍做研读,便可发现,晚年普列汉诺夫的革命主张在一定程度上是早年思想的延续和发展。

---

① [苏]福米娜:《普列汉诺夫的哲学观点》,汝信译,生活·读书·新知三联书店出版社1963年版,第317页。
② 转引自王荫庭:《普列汉诺夫哲学新论》,北京出版社1988年版,第425页。
③ 转引自王荫庭:《普列汉诺夫哲学新论》,北京出版社1988年版,第425页。

在反对民粹派时,普列汉诺夫便坚持主张落后的俄国不能立即开展社会主义,应放弃夺取政权的念头。他强调在沙皇制度垮台以后,只有经历一个较长的资本主义发展时期,社会主义革命才有开展的物质条件。在他早期的一系列著作中都有阐述:在《社会主义与政治斗争》中,普列汉诺夫便强调资产阶级在历史上的革命作用。他认为在生产力落后的俄国根本不可能立刻开展社会主义革命,只有在资本主义生产关系发展到一定阶段才具备开展的物质条件。在《我们的意见分歧》一书中,普列汉诺夫加大了对俄国资本主义的经济分析,再次论证了资本主义在历史上的进步作用。他认为资本主义虽不和谐但却是充满动态,它内部的社会矛盾会随生产力的发展不断积蓄,最终为无产阶级开展社会主义革命创造客观条件。在《论一元论历史观之发展》中,普列汉诺夫以近代以来欧洲社会思想演变为视角,在对唯物史观的丰富阐述中,再次指出资本主义在俄国社会发展的必然性,并总结道:"只有跟着生产者自觉发展的程度才有可能和我们资本主义发展的有害的后果作斗争。"① 此外,普列汉诺夫还拒绝了西欧无产阶级革命会援助俄国的设想。他指出:"西方是西方,而俄国是俄国,换句话说,'不要垂涎别人的蛋糕,趁早起来做自己的去'吧。不管欧洲革命可能的影响如何伟大,我们必须关心创造那些使得这一影响能确实发生的条件。"②

可见,普列汉诺夫晚年的主张,和早期的观点在一定程度上有着相同的逻辑脉络:都是认为俄国不可能跳跃资本主义直接进入社会主义;都是警告革命者不要过早夺取政权;都是坚信西欧无产阶级革命不会援助俄国革命。所以仅仅凭政治上的"宣判"将其主观臆断地分为前后判若两人,其实是有失公允的。普列汉诺夫晚年自己也承认:"我现在写文章的语调,也就是从《我们的意见分歧》的时代起我所写文章的那种语调。"③

之所以指出对普列汉诺夫的各种评判,并非为了刻意拔高普列汉诺夫的地

---

① [俄]格·瓦·普列汉诺夫:《普列汉诺夫文选》,张光明编,人民出版社2010年版,第240页。
② 《普列汉诺夫哲学著作选集》第1卷,生活·读书·新知三联书店1961年版,第365页。
③ [俄]格·瓦·普列汉诺夫:《在祖国的一年:1917—1918年言论集》,王荫庭、杨永译,生活·读书·新知三联书店1980年版,第38页。

位。而是因为这涉及对俄国革命运动史评判的原则问题。时过境迁，都应该承认，不管列宁和普列汉诺夫之间就十月革命的分歧多么严重，但二者以及二者所代表的布尔什维克和孟什维克，都是马克思主义者，只不过站在各自立场对革命形势、革命策略的分析产生了不同意见，是属于同一组织的不同流派、不同意见之争。普列汉诺夫的革命理论同列宁相衡量，确实存在不足。但是个别的不足不能掩盖对其理论的基本评价，否则就是以偏概全，混为一谈。

二、普列汉诺夫社会主义革命思想的现实启示

同为俄国著名的理论家和革命导师，普列汉诺夫晚年与列宁就俄国革命道路的争论引起了世人的广泛关注和一再深思。这既加大了普列汉诺夫一生政治立场的复杂性，也增添了对他革命思想的评价难度。尽管十月革命的胜利以及由此开创的苏维埃社会主义国家已经给这场争论做了历史评判，但后来的苏东剧变又促使人们从不同角度重新审视普列汉诺夫的革命主张。从本质上看，这是关于社会主义发展道路的严肃讨论，通过这场争论，我们可以获得不少现实启示。

（一）对待马克思主义既要坚持基本原理，又要寻求发展创新

对待科学的理论必须有科学的态度。根据科学社会主义理论的设想，社会主义革命是资本主义基本矛盾激化的产物，只有当资本主义生产力充分发展的情况下才能开展社会主义革命。当时马克思、恩格斯处在自由资本主义时期，他们根据资本主义生产力与生产关系的基本矛盾提出了这一伟大设想。但随着生产力的发展，资本主义进入垄断阶段之后，发生很大变化：政治经济发展的不平衡已经成为垄断时期的普遍规律。此时，俄国已经卷入帝国主义体系当中，成为新的世界革命中心。俄国能否实现社会跨越？"面对新的形势，俄国革命者对马克思、恩格斯的前述设想应该采取什么态度呢？使用他们的结论来苛求现实，要求现实去适应理论，还是理论主动去适应现实，并根据新的现实得出新

的结论?"① 事实上,马克思、恩格斯在自身的研究过程中已经告诉了答案。之前他们对俄国社会跳跃问题的研究,已经体现出高度灵活性和有机原则性的完美结合。作为唯物史观的创始人,马克思、恩格斯揭示了人类历史的发展规律和依次交替的几种社会形态,并把这些思想通过大量的历史事实所证实。但是他们在分析俄国现代化道路时,并没有囿于成见,把已有的正确原则教条化,而是一切从实际出发,把历史唯物主义的基本原则与现实实际有机结合起来,创新地丰富和发展了马克思主义。恩格斯指出:"结论如果变成一种故步自封的东西,不再成为继续发展的前提,它就毫无用处。"② 他以毋庸置疑的态度宣布:"我们的理论是发展着的理论,而不是必须背得烂熟并机械地加以重复的教条。"③

随着自由资本主义向帝国主义时代的过渡,第二国际的部分理论家由于忽视了帝国主义时代的新变化、新任务,墨守成规,把马克思、恩格斯的论述当做一成不变的教条,最终成了时代的落伍者。在这一转折时期,为适应帝国主义资产阶级的需要,工人运动出现了理论上系统修改马克思主义的修正主义,并变成具有统一色彩的国际现象。列宁曾指出这"不是偶然的现象,不是个别人物的罪孽、过错和背叛,而是整个历史时代的社会产物"④。

普列汉诺夫无疑是通晓马克思、恩格斯著作的大家,对马克思主义怀有极其虔诚的信仰。虽然他早期挺身而出,出色地批判了修正主义思潮,但是由于受其思维方式的影响,加之常年旅居国外、习惯埋于书斋等原因,他未能及时准确地把握俄国革命形势的急剧变化,因而对俄国革命的认识还停留在旧时水平。直到晚年还坚持把帝国主义看作是工业资本的一种政策。此外,他常常将马克思、恩格斯的话当做一成不变的金科玉律,习惯于从马克思、恩格斯的原著中来寻找和设计俄国革命道路,其结果必然是"只会抓住书中的一些引文,像一个脑袋里似乎装着引文卡抽屉的学者一样,随时可以把引文抽出来,可是

---

① 孙来斌:《列宁与普列汉诺夫关于俄国革命道路的争论及启示》,载《政治学研究》,2009 年第 1 期。
② 《马克思恩格斯全集》第 1 卷,人民出版社 1956 年版,第 642 页。
③ 《马克思恩格斯文集》第 10 卷,人民出版社 2009 年版,第 562 页。
④ 《列宁全集》第 26 卷,人民出版社 1990 年版,第 264 页。

一旦遇到书中没有谈到的新情况，就束手无策，从抽屉里抽出恰恰不该抽出的引文来"①。因此，虽然他曾经反对过教条主义，最终却成为教条主义者的典型。斯大林曾正确地把普列汉诺夫称之为"和平时期的领袖"，他指出：这种人"在理论上很强，但在组织工作和实际工作方面却很弱。这种领袖只是在无产阶级的上层中间有威信，而这也只能到一定的时期为止。革命时代一到来，当要求领袖拿出革命实践口号的时候，理论家就退出舞台，让给新人物了"②。这不得不说是无产阶级应吸取的教训。

与此同时，虽然列宁也在西欧生活，但是他忠于马克思主义的是它的精神而不是它的字句。他在20世纪初期逐步认识到时代在发生变化，革命的形势、任务也随之发生变化，所以他努力把马克思主义与新时代相结合。到1916年，他对帝国主义时代的本质有了明确的认识，写成了著名的《帝国主义是资本主义的最高阶段》，提出了"帝国主义是无产阶级社会革命的前夜"的著名论断。十月革命前，面对俄国复杂多变的局势，列宁反复强调："我们不是学理主义者。我们的学说不是教条，而是行动的指南。我们并不苛求马克思或马克思主义者知道社会主义的道路上的一切具体情况。"③ 他审时度势，运筹帷幄，及时制定适应新形势的斗争方针和策略，最终领导人民夺取了十月革命的胜利，为我们树立了理论联系实际、在实践中坚持和发展马克思主义的光辉典范。邓小平评价说："列宁之所以是一个真正的伟大的马克思主义者，就在于他不是从书本里，而是从实际、逻辑、哲学思想、共产主义理想上找到革命道路，在一个落后的国家干成了十月社会主义革命。"④ 邓小平还指出，毛泽东也不是在马克思、列宁的书本里寻求在落后的中国夺取新民主主义革命胜利的途径，而是在实践中追寻发展马克思主义。

所以，"真正的马克思列宁主义者必须根据现有的情况，认识、继承和发展马克思列宁主义。"⑤ 当代中国的伟大社会变革，不是简单延续我国历史文化的

---

① 《列宁全集》第36卷，人民出版社1985年版，第346页。
② 《斯大林全集》第4卷，人民出版社1956年版，第279页。
③ 《列宁全集》第32卷，人民出版社1985年版，第111页。
④ 《邓小平文选》第3卷，人民出版社1993年版，第292页。
⑤ 《邓小平文选》第3卷，人民出版社1993年版，第291页。

母版,不是简单套用马克思主义经典作家设想的模板,不是其他国家社会主义实践的再版,也不是国外现代化发展的翻版。社会主义并没有定于一尊、一成不变的套路,正如邓小平所说,"只有把科学社会主义基本原则同本国具体实际、历史文化传统、时代要求紧密结合起来,在实践中不断探索总结,才能把蓝图变为美好现实"①。这既是对待马克思主义的正确态度,也应是对普列汉诺夫革命思想的态度。

(二) 对待复杂历史人物既要坚持党性原则,又要坚持辩证历史态度

历史上一贯有益于人民的正面人物和一贯与人民为敌的反面人物易于判明。难的是像普列汉诺夫这样一生复杂多变,功过掺和的复杂历史人物,盖棺定论,如何准确而公正地对他进行评价,这需要运用辩证唯物主义进行具体分析。列宁树立了良好的榜样。

一方面,列宁立党为公,战斗为公。虽然他和常人一样,与普列汉诺夫发生争执让他心情低落,但是为了捍卫马克思主义不受曲解,他毅然抛弃了一切个人好恶。为此可能要牺牲友谊,要忍受痛苦。克鲁普斯卡娅曾生动地描绘了列宁为了坚持原则,与普列汉诺夫发生激烈分歧时的心灵痛苦。她指出,普列汉诺夫在列宁思想的发展上起过巨大的作用,帮助他找到了正确的革命道路,因此,在很长一段时间内,对他来说,普列汉诺夫身上是带有光环的,同普列汉诺夫发生任何微小分歧,都使他感到万分痛心。② 尽管如此,列宁在党性原则与私人感情两者发生冲突必须作出抉择时,他都是毫不犹豫地选择党性原则,在自己的政治判断和政治行动中抛弃一切个人的好恶。他说:"交情是交情,公事是公事。"③

另一方面,对于普列汉诺夫为俄国革命所作的贡献,列宁给予了充分肯定,他毫不隐讳地承认自己"曾从普列汉诺夫那里学到很多东西"④。他肯定普列汉

---

① 习近平:在纪念马克思诞辰 200 周年大会上的讲话,参见《人民日报》,2018 年 5 月 5 日。
② [苏] 娜·康·克鲁普斯卡娅:《列宁回忆录》,哲夫译,生活·读书·新知三联书店 1960 年版,第 753—755 页。
③ 《列宁全集》第 46 卷,人民出版社 1990 年版,第 215 页。
④ 《回忆列宁》第 1 卷,上海外国语学院列宁著作翻译研究室译,人民出版社 1982 年版,第 748 页。

诺夫一生的学术成就，称赞其为杰出的马克思主义理论家。即使在晚年普列汉诺夫犯了很多错误、双方发生了激烈争论的情况下，列宁也从不否认他对马克思主义理论的突出贡献。十月革命期间，针对部分群众包围、搜查普列汉诺夫住所的事件，列宁得知后及时制止，并指示下属要确保普列汉诺夫安全。在十月革命胜利后，他又郑重向年轻党员推荐普列汉诺夫的著作，并强调："不研究——正是研究——普列汉诺夫所写的全部哲学著作，就不能成为一个自觉的、真正的共产主义者，因为这些著作是整个国际马克思主义文献中的优秀作品。"①

总之，在列宁看来，虽然普列汉诺夫犯过严重错误，但仍不愧是马克思主义发展史和国际共产主义运动史上一位杰出的理论家。"列宁对待普列汉诺夫的这些态度和做法，充分体现了一个真正的马克思主义者的修养和胸襟，永远值得后人学习。"②

（三）对待发展道路既要尊重客观规律，又要发挥革命能动性

恩格斯曾指出："社会发展史却有一点是和自然发展史根本不相同的。在自然界（如果我们把人对自然界的反作用撇开不谈）全是没有意识的、盲目的动力……相反，在社会历史领域内进行活动的，是具有意识的、经过思虑或凭激情行动的、追求某种目的的人；任何事情的发生都不是没有自觉的意图，没有预期的目的的。"③这表明，社会发展不仅具有决定性，而且具有选择性。正是因为社会历史的主体是"具有意识的、经过思虑或凭激情行动的、追求某种目的的人"④，"所以在一定的历史条件下，主体可以在社会发展的多种可能性中做出自己的能动选择"⑤。

回顾十月革命前俄国的特殊局势：首先，社会经济的落后要求俄国尽快融入世界现代化发展的潮流。20世纪之初，俄罗斯在社会和经济领域显著落后于

---

① 《列宁全集》第40卷，人民出版社1986年版，第292页。
② 孙来斌：《列宁与普列汉诺夫关于俄国革命道路的争论及启示》，载《政治学研究》，2009年第1期。
③ 《马克思恩格斯文集》第4卷，人民出版社2009年版，第302页。
④ 《马克思恩格斯文集》第4卷，人民出版社2009年版，第302页。
⑤ 孙来斌：《列宁与普列汉诺夫关于俄国革命道路的争论及启示》，载《政治学研究》，2009年第1期。

西方发达国家。1904—1905 年日俄战争中俄国的失败，以及第一次世界大战中俄国的失败，更加深了俄国的落后性，必须改变俄国的落后面貌，尽快融入世界现代化发展的潮流，这是当时俄国社会生产力发展的要求。而为了适应生产力的发展，生产方式、社会关系也必须作出相应的改变。俄罗斯学者海莫松明确指出："这场即将发生的革命不仅是由于仍然保留的半农奴制和等级制在社会关系的不成熟性所决定的，而且是由于国家必须实现社会经济、文化、政治发展的'现代化'要求决定的。在城市和乡村、在'上层'和'下层'正日益尖锐的矛盾就是这种要求的反映。"① 其次，落后腐朽的沙皇专制制度是俄国实现现代化的最大障碍。沙皇政府的经济政策集中体现了大地主、大资产阶级利益，极大地压抑了广大民众的经济和生活需求，从根本上阻碍了俄国经济发展。沙皇专制机构的高压手段，大肆镇压社会革命党人，压制言论自由和出版自由，封闭进步报刊和出版物，也充分表明了沙皇专制体制是实现现代化民主政治的最大障碍。再次，资产阶级临时政府以巩固资产阶级统治为目的抑制革命深入发展。在战争问题上，临时政府处于资产阶级利益扩张的需要，继续参加世界大战；在土地问题上，为了维护大地主的利益，反对把土地分给农民；在国内经济发展上，政府反对罢工、反对工人监督、反对增加工资，拖延召开立宪会议。总之，成千上万的工人因失业而被抛弃街头，国内物价飞涨，国家面临崩盘危险。

在此背景下，俄国革命的前途何在？列宁认为，俄国在一定程度上具备了进行社会主义革命所必需的经济、阶级和国际条件，正是这些条件，体现了俄国十月革命的历史必然性。当然，相对于西方发达国家，俄国经济文化发展水平确实不高，革命条件也有不成熟的一面，但是，如果等客观条件完全成熟再去进行社会主义革命，不仅会痛失有利革命时机，而且连民主革命成果也难保存。在历史发展的紧要关头，面对着国内民众革命热情的日益高涨，是借口条件不充分，给行动起来的革命群众泼上一瓢冷水，还是积极参加并科学指引群众的革命行动，带领他们走向胜利？以列宁为首的布尔什维克充分利用特殊的

---

① 转引自李慎明：《十月革命与当代社会主义》，社会科学文献出版社 2008 年版，第 185 页。

革命形势，顺应历史发展的要求，提出了把资产阶级革命转为社会主义革命的任务：第一，革命的领导权由资产阶级变为工人、贫苦农民和士兵实行的专政；第二，建立从下而上由全国工人、雇农和农民代表苏维埃组成的共和国，废除资产阶级的议会制；第三，废除地主土地所有制、一切土地归国家所有，实行工人监督社会产品的生产和分配，建立苏维埃政府。列宁的这些思想，不仅继承马克思主义，而且把马克思主义和俄国具体实践相结合，指导布尔什维克和广大群众取得了十月革命的伟大胜利，充分体现了无产阶级政党的革命能动性。所以"社会主义革命对俄国来说不是徒劳的'布尔什维克实验'，在很大程度上是在很多'社会主义前提'不成熟的情况下被迫迈出的一步，是在经济崩溃、国土沦丧、地主—资本家执政集团完全失去活动能力的状况下使民族—国家得以生存的唯一现实机遇。正因为如此，广大人民接受并捍卫了十月革命"[1]。

如何把握历史的决定性与选择性，长期以来存在不同看法。针对普列汉诺夫等人的责难，列宁以其十月革命的理论和实践告诉我们，真正的马克思主义者要将尊重客观规律性与发挥主观能动性结合起来，"既要做历史规律的自觉遵守者，又要做历史发展的积极促进派"[2]。

（四）对待落后国家建设社会主义既要直面困难，又要充满信心

在俄国革命道路问题上，普列汉诺夫晚年确实犯了严重错误，但是他的意见也从侧面反映出落后国家走社会主义道路将遇到前所未有的难题，这是普列汉诺夫晚年革命主张的深刻之处。遗憾的是，普列汉诺夫并没有解决这一难题，而是抱着马克思的原著不放，被问题所吓倒。

相对于普列汉诺夫而言，列宁的伟大之处就在于他对难题进行了深刻思考和无畏探索，他坚持马克思主义而又不受本本教条的束缚，将马克思主义和俄国革命实际紧密结合，开创了落后国家建设社会主义的伟大先河。对于在经济文化相对落后的俄国建设社会主义的困难，列宁毫不回避。他指出："与各先进

---

[1] 中央编译局世界社会主义研究所编：《当代国外社会主义：理论与模式》，中央编译出版社1998年版，第66页。
[2] 孙来斌：《列宁与普列汉诺夫关于俄国革命道路的争论及启示》，载《政治学研究》，2009年第1期。

国家相比，俄国人开始伟大的无产阶级革命是比较容易的，但是把它继续到获得最终胜利，即完全组织起社会主义社会，就比较困难了。"① 在列宁看来，俄国社会主义建设道路如同攀登一座人迹罕至的高峰，其必将经历各种困难曲折，但是列宁以"咬定青山不放松"的毅力，直面困难。在领导俄国开始的社会主义建设实践中，虽然遭到战时共产主义政策的失败，但并没被挫折吓倒，经过一系列探索，成功实施了新经济政策，以迂回过渡的方法，找到了一条经济文化落后国家通向社会主义的可行道路。

在十月革命的影响下，包括中国在内的一批东方落后国家先后走上了社会主义道路，掀起了 20 世纪社会主义运动的高潮。但是社会主义运动既有高奏凯歌，也有重大曲折。苏联解体后，在戈尔巴乔夫倡导"新思维""公开性"的政治气候下，苏联国内围绕"十月革命是 20 世纪的重大历史事件还是悲剧性的错误"问题展开了激烈的争论。有学者重谈西方自由派的老调，从根本上否认十月革命②，甚至认为苏联剧变的原罪在于十月革命，历史"验证"了普列汉诺夫临终前的"天才预言"。事实上，苏联的演变固然有各种原因，但戈尔巴乔夫推行的"人道的民主的社会主义"改革路线是最主要的原因，苏联的解体，不是十月革命所致，它不仅没有验证普列汉诺夫所谓的"预言"，反而从反面以惨痛的结果证明了十月革命道路的正确性。

历史清晰表明：十月革命及其苏维埃的功绩不仅仅是挽救了当时被"一战"拖到崩溃边缘的俄国，而且通过社会主义改造，使俄国获得了快速发展的生机。纵观俄国 20 世纪以来的百年历史中，苏联的 70 年是各方面迅猛发展的时期，正是在这一时期，俄国实现了从一个落后的农业国向现代化的工业国的跨越。正是社会主义制度使苏联跻身于世界强国之林，为人类的文明进步做出了巨大贡献。所以，社会主义制度的优越性并没有因苏联解体而被抹杀，十月革命及其社会主义制度的科学价值充分得到了历史的检验，我们不能以偏概全，"把孩子与洗澡水一起泼掉"。相反，社会主义国家只有坚持十月革命的道路，才能不

---

① 《列宁选集》第 3 卷，人民出版社 2012 年版，第 793—794 页。
② 苏联解体后，以雅科夫列夫、沃尔科戈诺夫、菲拉托夫为代表的少数俄罗斯右翼政治家公开谴责十月革命，强调十月革命是各种偶然事件巧合的结果，是历史上的反常现象。

断取得社会主义建设和改革的新成果。

今天看来，如果说普列汉诺夫的"预言"还有一定意义的话，就是它从反面提醒人们，经济文化落后的国家建设社会主义，确实有许多先天不足，存在着巨大困难，这需要人们的精心呵护。列宁早就告诫人们："设想世界历史会一帆风顺、按部就班地向前发展，不会有时出现大幅度的跃退，那是不辩证的，不科学的，在理论上是不正确的。"[①] 邓小平在苏东剧变之后指出："从一定意义上说，某种暂时复辟也是难以完全避免的规律性现象。一些国家出现严重曲折，社会主义好像被削弱了，但人民经受锻炼，从中吸收教训，将促使社会主义向着更加健康的方向发展。因此，不要惊慌失措，不要认为马克思主义就消失了，没用了，失败了。哪有这回事！"[②]

所以，真正的马克思主义者应向列宁和邓小平学习，既要敢于直面困难，经得住曲折考验，又要敢于战胜困难，始终对前途充满信心。"在胜利和顺境时不骄傲不急躁，在困难和逆境时不消沉不动摇，牢牢占据推动人类社会进步、实现人类美好理想的道义制高点。"[③] 唯有如此，才能弥补社会主义国家的先天不足，无愧于社会主义的伟大实践；才能经受起西方资本主义的冲击，不断发展壮大社会主义！

---

① 《列宁全集》第 28 卷，人民出版社 1990 年版，第 6 页。
② 《邓小平文选》第 3 卷，人民出版社 1993 年版，第 383 页。
③ 习近平《在庆祝中国共产党成立 95 周年大会上的讲话》，参见《光明日报》，2016 年 7 月 2 日。

参考文献

（一）马克思主义经典著作及党的文献

1. 《马克思恩格斯全集》第 1—8、27—29、33—39 卷，人民出版社第 1 版。
2. 《马克思恩格斯选集》第 1—4 卷，人民出版社 2012 年版。
3. 《马克思恩格斯文集》第 1—10 卷，人民出版社 2009 年版。
4. 《纪念马克思诞辰 200 周年马克思恩格斯著作特辑》，人民出版社 2018 年版。
5. 《列宁选集》第 1—4 卷，人民出版社 2012 年版。
6. 《列宁专题文集》第 1—5 卷，人民出版社 2009 年版。
7. 《列宁全集》第 1—60 卷，人民出版社 2014 年版。
8. 《列宁全集遗补》，人民出版社 2001 年版。
9. 《列宁全集索引》（主题索引卷），人民出版社 1997 年版。
10. 《斯大林选集》上、下卷，人民出版社 1979 年版。
11. 《论列宁主义基础》，人民出版社 1959 年版。
12. 《毛泽东选集》第一至四卷，人民出版社 1991 年版。
13. 《毛泽东文集》第一至八卷，人民出版社 1993 年版。
14. 《邓小平文选》第一至三卷，人民出版社第 1 卷 1996 年版、第 2 卷 1994 年版、第 3 卷 1993 年版。
15. 《邓小平文集：1949—1974》第一至三卷，人民出版社 2014 年版。

16. 《江泽民文选》第一至三卷，人民出版社2006年版。

17. 《论构建社会主义和谐社会》，中央文献出版社2013年版。

18. 《胡锦涛文选》，人民出版社2016年版。

19. 《习近平关于实现中华民族伟大复兴的中国梦论述摘编》，中央文献出版社2013年版。

20. 《习近平关于社会主义文化建设论述摘编》，中央文献出版社2017年版。

21. 《习近平关于党风廉政建设和反腐败斗争论述摘编》，中央文献出版社2015年版。

22. 《习近平关于严明党的纪律和规矩论述摘编》，中央文献出版社2016年版。

23. 《习近平关于全面从严治党论述摘编》，中央文献出版社2016年版。

24. 《习近平关于社会主义社会建设论述摘编》，中央文献出版社2017年版。

25. 《习近平关于全面依法治国论述摘编》，中央文献出版社2015年版。

26. 《习近平关于青少年和共青团工作论述摘编》，中央文献出版社2017年版。

27. 《习近平关于社会主义经济建设论述摘编》，中央文献出版社2017年版。

28. 《习近平谈治国理政》，外文出版社2014年版。

29. 《习近平谈治国理政》第2卷，外文出版社2017年版。

30. 《决胜全面建成小康社会　夺取新时代中国特色社会主义伟大胜利——在中国共产党第十九次全国代表大会上的报告》，人民出版社2017年版。

31. 《国际共产主义运动文献史料选编》第3卷，中国人民大学出版社1985年版。

32. ［俄］普列汉诺夫：《普列汉诺夫哲学著作选集》第1卷，生活·读书·新知三联书店1961年版。

33. ［俄］普列汉诺夫：《普列汉诺夫哲学著作选集》第 2 卷，生活·读书·新知三联书店 1961 年版。

34. ［俄］普列汉诺夫：《普列汉诺夫哲学著作选集》第 3 卷，生活·读书·新知三联书店 1962 年版。

35. ［俄］普列汉诺夫：《普列汉诺夫哲学著作选集》第 4 卷，生活·读书·新知三联书店 1974 年版。

36. ［俄］普列汉诺夫：《普列汉诺夫哲学著作选集》第 5 卷，生活·读书·新知三联书店 1984 年版。

37. ［俄］普列汉诺夫：《普列汉诺夫机会主义文选（1903—1908 年）》上、下册，生活·读书·新知三联书店 1964—1965 年版。

38. ［俄］普列汉诺夫：《在祖国的一年：1917—1918 年言论集》，生活·读书·新知三联书店 1980 年版。

39. ［俄］普列汉诺夫：《普列汉诺夫文选》，人民出版社 2010 年版。

40. ［俄］普列汉诺夫：《俄国社会思想史》第 1—3 卷，商务印书馆 1999 年版。

41. ［俄］普列汉诺夫：《普列汉诺夫美学论文选》，陕西人民出版社 1983 年版。

42. ［俄］普列汉诺夫：《普列汉诺夫美学论文集》第 1、2 册，人民出版社 1983 年版。

43. ［俄］普列汉诺夫：《工团主义与社会主义》，人民出版社 1984 年版。

44. ［俄］普列汉诺夫：《跨进 20 世纪的时候：旧〈火星报〉论文集》，东方出版社 1998 年版。

45. ［俄］普列汉诺夫：《论战争》，生活·读书·新知三联书店 1964 年版。

46. ［俄］普列汉诺夫：《无政府主义和社会主义》，生活·读书·新知三联书店 1980 年版。

47. ［俄］普列汉诺夫：《普列汉诺夫的政治遗嘱》，载《马克思恩格斯列宁斯大林研究》，2000 年第 2 期。

48. ［俄］普列汉诺夫：《社会科学的基本问题》，上海社会科学院出版社 2017 年版。

49. ［德］罗莎·卢森堡：《卢森堡文选》，李宗禹编，人民出版社 2012 年版。

50. ［俄］列·托洛茨基：《俄国革命史》，丁笃本译，商务印书馆 2014 年版。

51. ［俄］列·托洛茨基：《托洛茨基文选》，郑异凡编，人民出版社 2010 年版。

52. ［俄］列·托洛茨基：《托洛茨基言论》，生活·读书·新知三联书店 1979 年版。

53. ［俄］列·托洛茨基：《不断革命论》，生活·读书·新知三联书店 1966 年版。

54. ［俄］列·托洛茨基：《俄国局势真相》，生活·读书·新知三联书店 1963 年版。

55. ［俄］列·托洛茨基：《背叛了的革命》，生活·读书·新知三联书店 1963 年版。

46. ［俄］布哈林：《过渡时期经济学》，余大章等译，生活·读书·新知三联书店 1981 年版。

57. ［德］爱德华·伯恩施坦：《伯恩施坦文选》，殷叙彝编，人民出版社 2008 年版。

58. ［德］卡尔·考茨基：《考茨基文选》，王学东编，人民出版社 2008 年版。

59. ［德］卡尔·考茨基：《考茨基言论》，生活·读书·新知三联书店 1966 年版。

60. ［苏］尼古拉·伊·布哈林：《布哈林文选》，郑异凡编，人民出版社 2014 年版。

61. ［匈］卢卡奇：《历史与阶级意识——关于马克思辩证法的研究》，杜章智等译，商务印书馆 2004 年版。

（二）国内著作

1. 中国人民大学马列主义发展史研究所：《马克思主义史》第 1—4 卷，人民出版社第 1、3、4 卷 1996 年版，第 2 卷 1995 年版。

2. 顾海良：《马克思主义发展史》，中国人民大学出版社 2009 年版。

3. 顾海良：《马克思主义的历史命运》，吉林人民出版社 1996 年版。

4. 顾海良：《斯大林社会主义思想研究》，中国人民大学出版社 2008 年版。

5. 王荫庭：《普列汉诺夫哲学新论》，北京出版社 1988 年版。

6. 陈启能：《普列汉诺夫》，商务印书馆 1964 年版。

7. 何梓焜：《普列汉诺夫哲学思想评述》，中山大学出版社 1987 年版。

8. 李清崑、王秀芳：《普列汉诺夫与唯物史观》，河北人民出版社 1984 年版。

9. 高放、高敬增：《普列汉诺夫评传》，中国人民大学出版社 1985 年版。

10. 高放、黄达强：《社会主义思想史》，中国人民大学出版社 1987 年版。

11. 高放：《科学社会主义的理论与实践》，中国人民大学出版社 2008 年版。

12. 俞良早：《东方视域中的列宁学说》，中共中央党校出版社 2001 年版。

13. 唐鸣、俞良早：《党执政与社会主义建设》，人民出版社 2008 年版。

14. 俞良早：《马克思主义东方学》，人民出版社 2011 年版。

15. 俞良早：《经典作家东方学说的当代发展》，人民出版社 2013 年版。

16. 俞良早：《经典作家东方落后国家社会发展的重要著作和基本理论》，人民出版社 2015 年版。

17. 俞良早：《经典作家探索理想社会与实现中国梦》，人民出版社 2017 年版。

18. 春阳：《科学社会主义专题讲座》，北京大学出版社 1991 年版。

19. 刘佩弦、马健行：《第二国际若干人物的思想研究》，中国人民大学出版社，1994 年版。

20. 王文英：《著名马克思主义哲学家评传》第 1 卷，山东人民出版社，1990 年版。

21. 中国社会科学院哲学研究所《无产阶级专政学说史》编写组：《无产阶级专政学说史》（1842—1895），吉林人民出版社 1979 年版。

22. 张友谊：《马克思恩格斯党的建设思想研究》，中央党校出版社 2007 年版。

23. 韦定广：《"世界历史"语境中的人类解放主题》，人民出版社 2004 年版。

24. 林红：《民粹主义：概念、理论与实证》，中央编译出版社 2007 年版。

25. 中央编译局编：《俄国民粹派文选》，人民出版社 1983 年年版。

26. 方章东：《第二国际理论家马克思主义观研究》，安徽大学出版社 2007 年版。

27. 衣俊卿：《20 世纪的新马克思主义》，中央编译出版社 2001 年版。

28. 孙来斌：《列宁的马克思主义理论教育思想研究》，中国社会科学出版社 2003 年版。

29. 孙来斌：《"跨越论"与落后国家经济发展道路》，武汉大学出版社 2006 年版。

30. 左亚文：《列宁晚年社会主义建设理论与中国的改革实践》，武汉大学出版社 1998 年版。

31. 张一兵：《回到列宁》，江苏人民出版社 2008 年版。

32. 周尚文、叶宗书、王斯德编：《苏联兴亡史》，上海人民出版社 2002 年版。

33. 中共中央党校：《社会主义思想史》，中共中央党校出版社 1988 年版。

34. 曹浩瀚：《列宁革命思想研究》，中央编译出版社 2012 年版。

35. 李会滨：《社会主义：20 世纪的回顾与前瞻》，华中师范大学出版社 1999 年版。

36. 中国人民大学马列主义发展史研究所：《列宁思想史》，上海人民出版社 1988 年版。

37. 萧贵毓：《社会主义思想史纲》，中共中央党校出版社 1998 年版。

38. 殷叙彝：《第二国际研究》，中央编译出版社 1998 年版。

39. 陈之骅：《苏联史纲 1917—1937》，人民出版社 1991 年版。

40. 安启念：《东方国家的社会跳跃与文化滞后》，人民出版社 1994 年版。

41. 尹彦：《列宁时期的党内民主》，厦门大学出版社 2003 年版。

42. 彭大成：《列宁的社会主义观》，湖南师范大学出版社 2002 年版。

43. 任玉秋：《列宁主义与现时代》，浙江人民出版社 1997 年版。

44. 王长江：《苏共：一个大党衰落的启示》，河南人民出版社 1997 年版。

45. 蔡亚志：《源头·活水——列宁利用资本主义思想与当代中国》，新华出版社 2008 年版。

46. 王邦佐：《列宁晚期政治思想研究》，学林出版社 2008 年版。

47. 戴世平：《东方社会的思想和历程——从马克思到邓小平》，云南人民出版社 2000 年版。

48. 王贵秀：《论民主和民主集中制》，中国社会科学出版社 1995 年版。

49. 李会滨：《社会主义：二十世纪的回顾与前瞻》，华中师范大学出版社 1999 年版。

50. 黄苇町：《苏共亡党十年祭》，江西高校出版社 2002 年版。

51. 李永全：《俄国政党史——权力金字塔的行程》，中央编译出版社 2006 年版。

52. 金雁：《倒转红轮——俄国知识分子的心路回溯》，北京大学出版社 2012 年版。

53. 金雁：《从"东欧"到"新欧洲"：20 年转轨再回首》，北京大学出版社 2011 年版。

54. 金雁：《农村公社、改革与革命：村社传统与俄国现代化之路》，东方出版社 2013 年版。

55. 柳植：《世纪性的实践》，安徽大学出版社 2005 年版。

56. 刘淑春等编：《"十月"的选择——90年代国外学者论十月革命》，中央编译出版社1997年版。

57. 王丽华主编：《历史性突破——俄罗斯学者论新经济政策》，人民出版社2005年版。

58. 王占阳：《新民主主义与新社会主义》，中国社会科学出版社2006年版。

59. 宋朝龙：《边缘社会主义的起源》，中国政法大学出版社2007年版。

60. 洪韵珊：《无产阶级专政学说的历史与现实》，四川省社会科学院出版社1983年版。

61. 洪韵珊主编：《现实社会主义：实践与再认识》，四川省社会科学院出版社1988年版。

62. 黄宗良：《书屋论政——苏联模式政治体制及其变易》，人民出版社2005年版。

63. 许明达：《第三个台阶——科学社会主义理论的超越与回归》，社会科学文献出版社2005年版。

64. 王沪宁等编：《政治的逻辑——马克思主义政治学原理》，上海人民出版社2004年版。

65. 李兴中：《不发达国家社会主义问题探讨》，法律出版社1990年版。

66. 赵玉霞等：《外国政治制度史》，青岛出版社1998年版。

67. 杜秀达：《不断革命论和革命发展阶段论》，安徽人民出版社1960年版。

68. 孙继红：《马克思主义发展史上的论争》，知识产权出版社2011年版。

69. 俞敏：《列宁后期重要著作与理论创新》，人民出版社2012年版。

70. 王东：《改革之路的真正源头》，北京大学出版社1990年版。

71. 王东：《系统改革论——列宁遗嘱，苏联模式，中国道路》，吉林人民出版社2014年版。

72. 张一兵：《资本主义理解史》第2、3卷，江苏人民出版社2009年版。

73. 黄楠森：《马克思主义哲学史》，高等教育出版社1998年版。

74. 薛汉伟、辛仲勤等：《革命与不断革命研究》，甘肃人民出版社1984

年版。

75. 张光明：《社会主义从西方到东方的演进》，云南人民出版社2004年版。

（三）国外相关著作

1. 《苏联共产党代表大会、代表会议和中央全会决议汇编》第1—5卷，人民出版社1964年版。

2. 《苏联共产党和苏联政府经济问题决议汇编》第1卷，中国人民大学出版社1984年版。

3. 《联共（布）党史简明教程》，人民出版社1975年版。

4. 《国际共运史研究资料》第1—16辑，人民出版社1981—1986年版。

5. 《第二国际第一次代表大会文件》，中国人民大学出版社1989年版。

6. 《第二国际第二次、三次代表大会文件》，中国人民大学出版社1991年版。

7. ［苏］米·约夫楚克、伊·库尔巴托娃《普列汉诺夫传》，宋洪训译，生活·读书·新知三联书店1980年版。

8. ［苏］福米娜：《普列汉诺夫的哲学观点》，汝信译，生活·读书·新知三联书店1957年版。

9. ［苏］福米娜：《普列汉诺夫的哲学遗产》，郭从周译，上海人民书店1957年版。

10. ［苏］福米娜：《普列汉诺夫的文学和艺术观》，张祺译，新文艺出版社1958年版。

11. ［苏］费·雅·波梁斯基：《普列汉诺夫的经济观点》，季谦译，上海人民出版社1957年版。

12. ［法］尼古拉·韦尔特：《1917年，革命中的俄罗斯》，宫宝荣译，上海人民出版社2007年版。

13. ［美］阿尔伯特·里斯·威廉斯：《论列宁和十月革命》，叶冬心译，生活·读书·新知三联书店1962年版。

14. ［英］艾瑞克·霍布斯鲍姆：《极端的年代：1914—1991 年》上册，马凡、赵勇、李霞译，江苏人民出版社 2010 年版。

15. ［苏］祖波克：《第二国际史》第二卷，南开大学外文系译，人民出版社 1984 年版。

16. ［德］连茨：《第二国际的兴亡》，学庆译，生活·读书·新知三联书店 1964 年版。

17. ［苏］布拉斯拉夫斯基：《第一国际第二国际历史资料：第二国际》，生活·读书·新知三联书店 1964 年版

18. ［英］拉克劳、墨菲：《领导权与社会主义的策略》，尹广树等译，黑龙江人民出版社 2003 年版。

19. ［法］米歇尔·博德：《资本主义史（1500—1980）》，吴艾美等译，东方出版社 1986 年版。

20. ［美］保罗·斯威齐：《资本发展论》，陈观烈等译，商务印书馆 1997 年版。

21. ［法］泰克西埃：《马克思恩格斯论革命与民主》，姜志辉译，社会科学文献出版社 2012 年版。

22. ［美］凯文·安德森：《列宁、黑格尔和西方马克思主义：一种批判性的研究》，张传平译，南京大学出版社 2012 年版。

23. ［苏］格·季诺维也夫：《列宁主义》，郑异凡、郑桥译，东方出版社 1989 年版。

24. ［英］尼尔·哈丁：《列宁主义》，张传平译，南京大学出版社 2014 年版。

25. ［美］约瑟夫·熊彼特：《资本主义、社会主义与民主》，吴良健译，商务印书馆 1999 年版。

26. ［俄］尼古拉·伊万诺维奇·雷日科夫：《大国悲剧：苏联解体的前因后果》，徐昌翰译，新华出版社 2013 年版。

27. ［英］斯图亚特·汤姆森：《社会民主主义的困境：思想意识、治理与

全球化》，贺和风等译，重庆出版社 2008 年版。

28. ［德］鲁道夫·巴罗：《抉择——对现实存在的社会主义的批判》，严涛译，人民出版社 1983 年版。

29. ［德］罗伯特·米歇尔斯：《寡头统治铁律》，任军锋译，天津人民出版社 2003 年版。

30. ［法］夏尔·贝特兰：《苏联国内阶级斗争（1917——1923）》，上海《国际问题资料》编辑组译，上海人民出版社 1975 年版。

27. ［捷］奥塔·希克：《第三条道路——马克思列宁主义理论与现代工业社会》，张斌译，上海人民出版社 1982 年版。

31. ［南］密·德热拉斯：《新阶级——对共产主义制度的分析》，陈逸译，世界知识出版社 1963 年版。

32. ［美］R. V. 丹尼尔斯：《革命的良心——苏联党内反对派》，高德平译，北京出版社 1985 年版。

33. ［美］约翰·里德：《震撼世界的十天》，郭圣铭等译，东方出版社 2005 年版。

34. ［美］巴达·斯考切波：《国家与社会革命》，何俊志、王学东译，上海人民出版社 2007 年版。

35. ［美］巴林顿·摩尔：《民主与专制的社会起源》，拓夫等译，华夏出版社 1987 年版。

36. ［美］大卫·科兹：《来自上层的革命——苏联体制的终结》，曹荣湘、孟鸣歧等译，中国人民大学出版社 2002 年版。

37. ［美］J·美格代尔：《农民、政治与革命》，李玉琪、袁宁译，中央编译出版社 1996 年版。

38. ［意］安东尼拉·萨洛莫尼：《列宁与俄国革命》，卡佳、吉娜、文娟译，生活·读书·新知三联书店 2006 年版。

39. Baron, Samuel Haskell, *Plehannov. the father of Russian Marxism*, Stanford, Stanford University Press, 1963.

40. Robert L. Simon, *The Blackwell Guide to Social and Political Philosophy*, Blackwell Publisher, 2002.

41. Fitzpatrick Sheila, *The Russian Revolution*, Oxford University Press, 1994.

42. Flaherty Patrick A, *Lenin and Russian Revolution: A Study on the Dialectics of Revolutionary Thought and Plebian Social Mobilization*, Harvard University, 1984.

43. Wolfe, Bertram David, *Lenin and the Twentieth Century*. Hoover Institution pre. , Stanford University, California, 1984.

44. A. F. Dowlah, *Soviet political economy in transition: from Lenin to Gorbachev*, Greewood press, 1992.

45. Ronald Grior Suny, *A state of nations: empire and nation—making in the age of Lenin and Stalin*. edited by Ronald grigor Suny and Terry Martin. Oxford University Press, 2001.

46. Blance. Paul Le, *Marx, Lenin, and the Revolutionary Experience*, Routledge, 2006.

47. Draper. Hal, *KarlMarx's The Theory of Revolution*, vol. 1—3, Monthly Review Press , 1978.

48. Draper. Hal, *The Dictatorship of Proletariat – from Marx to Lenin*, Monthly Review Press, 1987.

49. Gooding John, *Socialism in Russia – Lenin and his Legacy*, 1890—1991, Palgrave, 2002.

50. Haimson Lepold H. , *The Russian Marxists and the Origins of Bolshevism*, Beacon Press, 1955.

51. Harding Neil, *Lenin's Political Thought: Theory and Practice in the Democratic and Socialist Revolution*, Macmillan Press, comb. Ed, 1983.

52. Harold Shukman, *The Russian Revolution*, Sutton Publishing, 1998.

53. Ralph Miliband, *Marxism and Politics*, Merlin Press, 2003.

54. Pipes Richard, *Russia under Bolshevik's Regime*, A. A. Knopf, 1993.

55. Pipes Richard, *The Unknown Lenin*, Yale University Press, c1996.

(四) 期刊文章

国内学者

1. 顾海良:《马克思主义发展史上的罗莎·卢森堡》,载《学术月刊》,2006年第8期。

2. 顾海良:《马克思主义中国化历史过程研究的启示》,载《新视野》,2016年第1期。

3. 高放,高敬增:《普列汉诺夫功过之源》,载《武汉师范学院学报(哲学社会科学版)》,1984年第4期。

4. 高放,高敬增:《纵观一生功大于过——评普列汉诺夫》,载《湖南师院学报(哲学社会科学版)》,1983年第1期。

5. 高敬增:《列宁在建立新型无产阶级政党时期对普列汉诺夫的评论》,载《理论探讨》,1992年第1期。

6. 高放:《普列汉诺夫在历史上的作用》,载《江西社会科学》,1994年第7期。

7. 高放:《马克思恩格斯确实设想无产阶级革命将在几国同时发生——与赵易亚同志商榷》,载《社会主义研究》,1999年第2期。

8. 高放:《关于社会主义"同时胜利"和"一国胜利"问题辨析》,载《当代世界社会主义问题》,1995年第2期。

9. 王荫庭:《评普列汉诺夫〈无政府主义和社会主义〉》,载《南京政治学院学报》,2017年第1期。

10. 王荫庭:《我为什么重新翻译普列汉诺夫〈唯物主义史论丛〉》,载《南京政治学院学报》,2015年第5期。

11. 王荫庭:《普列汉诺夫对历史唯物主义理论的创新性贡献》,载《南京政治学院学报》,2008年第2期。

12. 王荫庭:《传统地理环境理论之反思》,载《哲学研究》,1990年第

4 期。

13. 王荫庭：《评普列汉诺夫〈俄国社会思想史〉》，载《上海社会科学院学术季刊》，1988 年第 2 期。

14. 王荫庭：《再论普列汉诺夫的地理环境学说》，载《武汉大学学报（社会科学版）》，1984 年第 6 期。

15. 王荫庭：《普列汉诺夫道德学说简论》，载《江汉论坛》，1983 年第 8 期。

16. 王荫庭：《论普列汉诺夫对发展马克思主义辩证法理论的贡献》，载《武汉大学学报（社会科学版）》，1983 年第 3 期。

17. 格·瓦·普列汉诺夫；王荫庭：《评列·伊·梅奇尼柯夫的书》，载《教学与研究》，1982 年第 4 期。

18. 朱传棨；王荫庭：《略论普列汉诺夫关于唯物史观形成史的研究》，载《中国社会科学》，1981 年第 6 期。

19. 王荫庭：《普列汉诺夫对马克思主义地理环境学说的重大贡献》，载《哲学研究》，1980 年第 10 期。

20. 王荫庭：《普列汉诺夫论哲学史方法论的若干问题》，载《江汉论坛》，1980 年第 2 期。

21. 孙来斌：《列宁与普列汉诺夫关于俄国革命道路的争论及启示》，载《政治学研究》，2009 年第 1 期。

22. 孙来斌：《如何对待马克思恩格斯的"跨越论"——关于跨越"卡夫丁峡谷"问题的思考》，载《当代世界与社会主义》，2007 年第 6 期。

23. 左亚文：《社会主义建设史上的首次改革——列宁新经济政策的实质及其意义再评》，载《江西社会科学》，2015 年第 9 期。

24. 左亚文：《列宁晚年社会改良思想解读》，载《理论探讨》，2010 年第 5 期。

25. 左亚文：《普列汉诺夫的"地理环境决定论"再探》，载《湖北行政学院学报》，2012 年第 5 期。

26. 左亚文：《列宁晚年思想发展的三个阶段和两次飞跃》，载《武汉大学学报（哲学社会科学版）》，1997年第6期。

27. 俞良早：《关于列宁社会政治观的若干问题》，载《社会主义研究》，2009年第3期。

28. 俞良早：《评"西方列宁学"关于列宁政党学说的观点》，载《理论学刊》，2004年第2期。

29. 俞良早：《论十月起义后列宁关于俄国革命的三个思想转变》，载《国际共运史研究》，1990年第2期。

30. 俞良早：《论列宁十月革命胜利初期的思想与1921年后的思想具有相同的性质》，载《河南师范大学学报（哲学社会科学版）》，2001年第2期。

31. 俞良早：《对社会主义思想史上一个疑难的在解析——研究列宁的〈无产阶级革命的军事纲领〉》，载《当代世界与社会主义》（季刊），2000年第2期。

32. 方章东、刘莉：《普列汉诺夫"工会中立论"及卢森堡对其批驳》，载《安徽农业大学学报（社会科学版）》，2013年第6期。

33. 李先灵、祝振中：《关于普列汉诺夫思想的研究综述》，载《文教资料》，2008年第35期。

34. 王进芬：《列宁与普列汉诺夫在党内民主问题上的争论及其现实启示》，载《马克思主义研究》，2012年第2期。

35. 王进芬，李东明：《普列汉诺夫党内民主思想评析》，载《社会主义研究》，2013年第3期。

36. 潘锦全：《列宁与普列汉诺夫关系探析——基于政治实践与哲学思想的双重维度》，载《福建论坛》（社科教育版），2011年第4期。

37. 陈启懋：《列宁和普列汉诺夫：世界社会主义运动中跨世纪的大辩论》，载《俄罗斯研究》，2008年第6期。

38. 包毅、田启波：《列宁是布朗基主义者吗？——答普列汉诺夫对列宁革命理论的责难》，载《山东师范大学学报》（人文社会科学版），2011年第3期。

39. 周宏、曹克：《试论普列汉诺夫关于无产阶级革命斗争和意识形态的思考》，载《马克思主义研究》，2007年第1期。

40. 吴炜、周全华：《普列汉诺夫和列宁关于在俄国能否实行社会主义的争论》，载《社会科学》，2014年第7期。

41. 徐芹：《普列汉诺夫和列宁对俄国资本主义道路论证方式之比较》，载《井冈山大学学报》（社会科学版），2012年第2期。

42. 欧阳向英：《普列汉诺夫"政治遗嘱"真伪辨》，载《马克思主义研究》，2013年第7期。

43. 高放：《列宁对党内民主建设的探索——兼评〈列宁晚年民主思想〉》，载《厦门特区党校学报》，2003年第5期。

44. 姚顺良，夏凡：《重新审视考茨基理解资本主义现代形态的"另类"模式》，载《南京社会科学》，2008年第10期。

45. 姚顺良：《第二国际关于资本主义现代形态理论的当代审视——兼论列宁经典帝国主义理论的贡献和缺陷》，载《南京大学学报》，2007年第1期。

46. 任晓伟：《阶级民主和程序民主——考茨基和列宁政制之争再思考》，载《当代世界社会主义问题》，2011年第2期。

47. 杨光斌：《民主的社会主义之维——兼评资产阶级与民主政治的神话》，载《中国社会科学》，2009年第3期。

48. 赵家祥：《对"跨越资本主义卡夫丁峡谷"问题的商榷意见》，载《北京大学学报》（哲学社会科学版），1998年第1期。

49. 张光明：《关于所谓"跨越资本主义卡夫丁峡谷设想"的真相》，载《当代世界与社会主义》，2003年第1期。

50. 吴茜：《对"跨越资本主义卡夫丁峡谷"的再认识——关于社会历史阶段超越问题》，载《中共云南省委党校学报》，2003年第5期。

51. 陈卫：《列宁"一国胜利"理论的历史发展及反思》，载《实事求是》，1993年第4期。

52. 李心华、辛桂清：《列宁"一国胜利"论的再探讨》，载《烟台师范学院学报（哲学社会科学版）》，1997 年第 2 期。

53. 姜大为：《试析马克思恩格斯 1848 年革命中所论述的不断革命理论——兼与匡萃坚、陈成发等同志商榷》，载《河南师范大学报》（社会科学版），1984 年第 3 期。

54. 吴茜：《对"跨越资本主义卡夫丁峡谷"的再认识——关于社会历史阶段超越问题》，载《中共云南省委党校学报》，2003 年第 5 期。

55. 王久高：《近十年来关于"一国建成社会主义"理论研究综述》，载《当代世界与社会主义》（双月刊），2004 年第 3 期。

56. 郑亦凡：《"一国建成社会主义"理论中的若干问题》，载《当代世界社会主义问题》，1995 年第 4 期。

57. 师建军：《俄国现代化道路探索——评析俄国社会革命党土地社会化纲领的命运》，载《俄罗斯研究》，2006 年第 3 期。

58. 春阳：《十月革命前夕列宁同普列汉诺夫围绕革命转变问题而展开的一场论战》，载《国际政治研究》，1984 年第 2 期。

59. 孙凌齐：《国内外关于十月革命研究综述》，载《当代世界与社会主义》，2007 年第 5 期。

60. 秦晖：《"无产阶级专政"与"人民专政"——1848—1923 年国际社会主义政治理念的演变》，载《当代世界社会主义问题》，2007 年第 3 期。

61. 李鹏涛：《革命研究在西方——20 世纪"革命学"述评》，载《社会科学评论》，2006 年第 4 期。

62. 赵诗清：《对十月革命性质的再探讨》，载《江汉论坛》，1994 年第 4 期。

63. 姜长斌：《探讨十月革命的社会内容是认识前苏联社会主义历程的"入口"》，载《东欧中亚研究所》，1998 年第 2 期。

64. 赵大朋：《新经济政策时期列宁对执政党党内民主建设的探索》，载《社会主义研究》，2008 年第 5 期。

65. 王力军：《列宁的"直接过渡"思想与三个过高的估计》，载《济南大学学报》（社会科学版），2004年第3期。

66. 任晓伟：《苏联计划经济模式的历史原点——论德国"一战"期间的计划经济及其对列宁的影响》，载《当代世界社会主义问题》，2007年第3期。

67. 李述森：《列宁关于俄国革命性质看法的变化与说明的问题》，载《东岳论丛》，2007年第6期。

68. 贾孝敏：《论普列汉诺夫的社会心理思想及其当代价值》，载《江汉论坛》，2018年第2期。

69. 朱哲；郑伟：《列宁对普列汉诺夫一元论历史观的继承与超越》，载《马克思主义理论学科研究》，2017年第3期。

70. 邓超：《对普列汉诺夫评价的几点思考》，载《当代世界与社会主义》，2017年第2期。

国外学者：

1. ［英］亚历克斯·卡利尼科斯：《列宁主义过时了吗？》，刘旭东译，载《国外理论动态》，2014年第4期。

2. ［苏］西多罗夫：《论普列汉诺夫在政治上和哲学上的演化》，载《哲学译丛》，1956年第3期。

3. ［美］塞缪尔·H·巴伦：《普列汉诺夫、国际社会主义和一九〇五年革命》，解宇红译，载《世界历史》，1986年第2期。

4. 尤·安·克拉辛：《共产国际对马克思列宁主义的理论贡献》，谷松译，载《国际共运史研究资料》，1984年第2期。

5. ［美］奥古斯特·H·尼姆兹《回到列宁，却脱离马克思恩格斯？》李白玲译，载《马克思主义与现实》，2010年第2期。

6. ［法］路易斯·阿尔都塞：《论资本主义社会的再生产》，吴志峰译，载《国外理论动态》，2013年第6期。

7. Avrich Paul, "*Bolshevik Opposition to Lenin：G. T. Miasnikov and the Workers' Group*", *Russian Review*, Vol. 43, No. 1, pp. 1—29.

8. Bender Frederic L., "*Marxism East and West: Lenin's Revisions of Orthodox Marxism and Their Significance for Non-Western Revolution*", *Philosophy East and West*, Vol. 23, No. 3, *Philosophy and Revolution* (Jul., 1973), pp. 299—313.

9. Bordyugov Gennadii, "*The Policy and Regime of Extraordinary Measures in Russia Under Lenin and Stalin*", *Euro-Asia Studies*, Vol47, No. 4, pp. 615—632.

10. John, A. Debrizzi, "Marx and Lenin: Class, Party and Democracy", Studies in Soviet Thought, Vol. 24, No. 2, 1982, pp. 95—116.

11. Kautsty K., "*Triebkrafte and Aussichten der russisen Revolution*", *Die Neue Zeit*, 1906, Band 1, s284—290, s324—333.

12. Levine Norman, "*The Germanization of Lenin*", *Studies in Soviet Thought*, Vol. 35, No. 1, pp. 1—37.

后 记

  呈现在大家面前的这部学术专著，是我在 2016 年 11 月通过的博士论文的基础上修改而成的，它是我三年多博士研究的一个总结。

  2010 年 9 月，我有幸成为武汉大学马克思主义发展史专业的硕士研究生，2013 年 9 月，我再次回"珈"，继续攻读马克思主义发展史博士研究生。"山水一程，三生有幸"，能在风景秀丽、底蕴深厚的武汉大学读书，是我人生之奢求。更为幸运的是，我的老师孙来斌教授，以正为人，以真治学，以严律己，跟随他让我受益颇多。

  本书的选题源自与导师的一次闲谈。梳理普列汉诺夫的社会主义革命思想让我觉得论题之有趣。但趣味并不代表易做，真正着手时，依旧心存顾虑：其一，论题所涉及的俄文原著较多，但相关中文版本却屈指可数，担心无法弥补自身不懂俄文的缺陷；其二，论题的学科范围超出了我原本知识结构，而可借鉴的研究成果又不多，担心不能按期完成。随后的经历表明，上述担心绝非多余。读书、思考较长时间后，依然无法明确写作主线，虽偶尔为一启发而欣喜若狂，但更多是为思路中断而彻夜难寐。为此，我也有过动摇，在导师的鼓励下，我坚持了下来……现在看来，本书的完成让我对重要而又复杂的历史人物有了更深刻的认识，借用恩格斯当年评价黑格尔哲学体系时的一段话来说："人们只要不是无谓地停留在它们面前，而是深入到大厦里面去，那就会发现无数的珍宝，这些珍宝就是在今天也还保持充分的价值。"① 对我而言，虽然涉及这

---

① 《马克思恩格斯文集》第 4 卷，人民出版社 2009 年版，第 272 页。

一论题，但也仅仅是个开始，充其量是才疏学浅的"一脚门里，一脚门外"，今后我将继续致力于这一论题的学习和研究。

在珞珈山度过的6年时光里，我得到了众多师友们的关爱和支持。本书的写作，更是得到了他们无私的关心和指导。

本书凝聚了导师大量心血和殷切期望。在论文选题、资料搜集、提纲拟定、修改润色等各环节，导师多次约我悉心长谈，为我答疑解惑。在审读本书的初稿后，提出了宝贵的修改意见及相关批注，并为本书拨冗赐序。整个写作过程导师要求严格又尽显关爱，即使毕业之后，导师也始终关心我学术上的进展情况，他语重心长的教导使我铭记在心。"学问千古事，只怕有心人"，导师对学问的敬畏之心让我深受感染。

本书得到了北京大学顾海良教授和武汉大学左亚文教授的指导和帮助。顾海良教授对写作思路的梳理让我受益匪浅，他的肯定给了我莫大的鼓励，让我更加明确了今后的努力方向。左亚文教授是我攻读硕士期间的导师，他带我进入了马克思主义研究的殿堂，不仅学术上指导我，生活上也悉心关照。左老师风趣儒雅的授课风格让我羡慕不已，读书期间给予我的支持和鼓励让我今生难忘。此外，本书初稿作为博士论文申请答辩时，武汉大学颜鹏飞教授、张乾元教授、杨军教授、余永跃教授、华中师范大学刘从德教授、湖北大学贺祥林教授等评审专家对论文进行了鞭辟入里的剖析与评论，充分肯定了论文的成功之处，也中肯地提出了论文需要改进与加强的方面。专家老师对一些重大理论问题的精湛分析，极大开阔了我的学术视野，启发了本书的思路。应该说，本书的写作，凝聚着各位专家老师太多的关怀和垂爱。每念至此，我便忐忑不安，唯恐自己交出的答卷辜负老师们的厚爱。

本书的写作和完成，还得益于同门及本学科点同学的支持。感谢高鑫、郑伟等学长的指导，感谢王会民、姚小飞在写作过程中的鼓励与支持，感谢胡倩倩、王晓楠、张留财、张圆梦等学弟学妹们的帮助。他们的关心让我倍感温暖。

本书有幸入选马克思诞辰200周年纪念文库并得以正式出版，离不开中央编译出版社的热心扶植和大力支持，在此谨表示衷心的感谢。

我还要特别说明，本书直接利用了导师孙来斌教授关于列宁及其同时代马克思主义者思想研究的相关成果，参考借鉴了国内外许多学者的研究成果（凡引用之处，均已注明），在此一并致谢。

由于在职攻读博士学位，难免要平衡工作与学业。单位领导、同事的理解与支持让我充满感激。读博期间，我完成了从丈夫到父亲的转变，不养儿不知父母恩，果果的出生让我懂得了责任和担当，家人的关爱是我能够潜心钻研的重要保障，感谢父母的养育之恩，感谢爱人王燕的默默奉献，感谢家人！

总之，寥寥数语，难言心中感恩之情，唯有以生命不息、奋斗不止的精神努力工作来回报所有关心我的人，引一对联共勉：

左文右法　一张一弛　张弛有度皆学问

前山后水　一刚一柔　刚柔并济是人生

由于学识能力的限制，本书对普列汉诺夫社会主义革命思想的梳理很可能是挂一漏万，理解也难免存在错谬之处，敬请各位专家、学者批评指正。

张驰

2018 年 6 月 21 日于上海·梅陇